데 레 코퀴나리아

로마요리에 대하여

데 레 코퀴나리아

초판 1쇄 | 2018년 4월 25일

지은이 | 마르쿠스 가비우스 아피키우스
옮긴이 | 박믿음
편　집 | 이재필
디자인 | 김남영
펴낸이 | 강완구
펴낸곳 | 도서출판 써네스트
브랜드 | 우물이 있는 집

출판등록 | 2005년 7월 13일 제 2017-000293호
주　소 | 서울시 마포구 망원로 94 2층 203호
전　화 | 02-332-9384　팩 스 | 0303-0006-9384
이메일 | sunestbooks@yahoo.co.kr
홈페이지 | www.sunest.co.kr
ISBN | 979-11-86430-69-9 (93920)　　　값 28,000원

우물이 있는 집은 써네스트의 인문브랜드입니다.

이 도서의 국립중앙도서관 출판예정도서목록(CIP)은 서지정보유통지원시스템 홈페이지(http://seoji.
nl.go.kr)와 국가자료공동목록시스템(http://www.nl.go.kr/kolisnet)에서 이용하실 수 있습니다.
(CIP제어번호: CIP2018009868)

로마요리에 대하여

데 레 코퀴나리아
APICIUS
DE RE COQUINARIA

마르쿠스 가비우스 아피키우스 지음 | 박믿음 옮김

우물이 있는 집

브라운스펠트의 디아트레트 유리잔
330-340년 사이 제작, 로마-게르만 박물관, 쾰른
로마의 호화스럽고 화려한 유리공예 기술을 볼 수 있는 유리잔이다.
라틴어로 '바스 디아트레툼' 이라고 부르는 이 잔의 이름은 '찔러서 뚫다' 라는 그리스어
'디아트레톤' 에서 유래하였다. 이는 잔의 겉면을 그물구조로 깎아 장식하는 기법
때문에 붙은 이름이다. 잔의 윗부분에는 그리스어로 "마시라 그리고 누리라!" 라고 새겨져 있다.

생일 잔치 초대장
97-105년 사이에 제작, 나무판에 손글씨, 하드리아누스의 방벽 남쪽부근, 빈돌란다에서 발견. 클라우디아 세베라는
이름의 여인이 레피디나라고 부르는 여자형제에게 보낸 생일 잔치 초대장 : "클라우디아 세베라가 레피디나에게 안부
를 전해요. 9월의 이덴 전 세 번째 날(9월 11일)에 나는 기꺼이 나의 생일잔치에 초대합니다. 자매여. 당신이 부디 오
셨으면 해요. 그날 그대가 오신다면 나는 정말 기쁠거에요. [...] 당신의 케리알리스가 인사를 전해요. 나의 아일리우스
와 어린 아들도 인사를 전합니다. 자매여, 나는 진심으로 그대가 잘 지냈으면 해요. 나의 영혼이여, 나도 잘 지내고 있
어요. 나의 사랑. 그럼 잘 지내요."

식탁용 후추통
300-400년, 금, 은,
높이 10.3cm, 혹슨, 서퍽
식탁용 작은 후추통으로 '혹슨 여제 후추통'
이라고도 부른다. 여제의 흉상모양의
이 후추통은 금과 은으로 만들어졌다.
눈과 왕관의 뾰족한 부분에 후추 구멍이 있다.

폼페이 유적을 토대로 고대 로마 부엌을 재현한 모습, 아샤펜부르크
화면 왼쪽의 화덕 위에 냄비, 화로, 곰솥이 놓여있다. 뒤쪽 조리대 위 양끝에 화로가 보이고 석쇠, 울라라고 부르는
물병과 액체를 섞을 때 사용하는 단지, 달걀팬이 놓여있다. 벽에는 커다란 팬과 크기가 작은 카세롤들이 걸려 있다.
천장에 걸려있는 대저울도 보인다. 화면 오른쪽에는 암포라가 세워져 있다. 암포라는 와인이나 리쿠아멘 따위를
나르거나 저장하는 데 사용하였다.

트리클리니움이라고 부르던 고대 로마의 식당을 복원한 모습
1세기경, 사라고사

잔치 모습, 프레스코, 폼페이

고대 로마의 가룸을 생산하던 시설로 대규모의 기업형 공방이라 할 수 있다. 로마 유적지 바엘로 클라우디아.
스페인 타리파에서 17km 떨어진 곳에 있으며, 기원전 2세기경 이른바 '산업도시'로 조성된 곳이다.
이곳의 특산품인 가룸이 여기서 생산되어 로마제국의 전역으로 수출되었다.

폼페이 유적을 토대로 고대 로마의 식당을 재현한 모습
아샤펜부르크

목차

잠시 지나가는 유행일 것이라 생각했던 '먹방'이 대중매체를 통해 꽤나 오래 꾸준하게 인기를 얻고 있다. 이러한 관심 속에 많은 동서양의 요리 관련 서적들이 출판되고 있기에 이제 우리말로 편안하게 '서양요리고전'도 읽을 수 있게 되리라는 은근한 기대를 갖고 있었지만 생각보다 그렇지 못했다. 문화를 이해하기 위한 밑바닥 다지기는 바로 그 근원에 다가갈 수 있는 1차 문헌들에 대한 활발한 연구와 그 결과물들을 끊임 없이 소개하려는 의지로 이루어진다고 생각한다. 요리 분야도 마찬가지일 것이다. 서양요리에 관한 문헌자료를 찾다 보면 가장 먼저 만나게 되는 이름이 아피키우스가 아닌가 싶다. 티베리우스가 로마를 통치하던 시기에 살았다는 아피키우스의 저서로 알려진 〈De re coquinaria〉는 현존하는 가장 오래된 서양의 요리책이지만 아직까지 국내에 출판되지 않아 늘 아쉬운 마음이었다. 이 책을 처음 만나게 된 것은 옮긴이가 고고학과를 다니면서 매 학기 저녁 시간에 들었던 고전 강독 수업 때였던 것으로 기억한다. 정규수업이 끝난 저녁 느지막하게 시작하던 이 수업에서 나는 많은 고대 그리스와 로마의 고전들을 읽었다. 그중 기억에 남는 몇몇 책이 있는데, 그중 하나가 바로 아피키우스의 요리서다. 그때 정리해 놓은 내용들이 이 책을 우리말로 옮기는 데 적잖은 도움이 되었던 것 같다.

고대 로마의 요리라고 하면 먼저 요란한 음악과 춤이 있는 매우 호화로운 연회와 상상 이상의 퇴폐스러운 요리들이 노예들의 손에 들려 끊임없이 줄지어 나오는 모습을 떠올릴지도 모른다. 사실 요리에 집중하기보다는 분위기에 압도되었던 것 같다. 이처럼 오랜 기간 가지고 있던 고대 로마의 요리에 대한 선입견은 대학에서 고전 고고학을 공부하면서 깨지기 시작하였다. 당시 상황에 어울릴 만한 식도락이 있었다고는 하지만 고대 로마의 요리는 현재를 살아가고 있는 우리의 시각에서 보자면 한 마디로, 매우 절제되어 있고 화려하면서도 낯선 방식이라고 특징지을 수 있을 것 같다. 식재료나 조리방법은 물론이고 식사예절도 오랜 세월을 거쳐 변화한다. 고대 로마에서는 오랜 세월 동안 빵이 아니라 죽을 먹었다는 사실을 우리는 잘 알지 못한다. 그들이 물처럼 마시던 와인에 항상 다른 것을 섞어 마셨다는 사실도 우리는 잘 알지 못한다. 로마는 정복사업을 통해 자신들의 식사에 대한 관습까지도 멀리 있는 속주로 수출한다. 뿐만 아니라 지중해 동부지역과의 끊임없는 교류는 일상에서 올리브기름과 복숭아, 대추야자, 실피움, 오레가노, 고수, 후추 같은 이국적인 채소와 과일, 허브, 향신료의 소비를 부추겼다. 이러한 변화는 로마 본토의 토착요리에 새로운 생명력을 불어넣는 계기가 된다. 우리는 이 책을 통하여 고대 로마의 요리법에 대해 극도로 빈약한 정보만을 얻을 수 있다는 사실에는 동의한다. 고대 로마의 전반적인 음식문화보다는 특정 계층들만이 향유한, 이른바 '오트 퀴진'의 한정적인 정보에만 접근 할 수 있다는 것이 아쉬움으로 남는다. 심지어 별로 중요하지 않아 보이는 내용들이 마치 유적지의, 터져 굴러다니는 항아리의 파편들처럼 여기저기 널부러져 반복되고 있다. 이 책이 고대의 요리 실용서인 점은 분명하나 오늘날 우리의 부엌에서 유용하게 사용할 수 있는 친절한 조리법이 담겨 있는 요리서는 아니다. 이 책에 관심을 갖고 있는 독자라면 이러한 특징을 반드시 염두에 두어야 실망하지 않을 것이다. 그러나 이렇듯 부족한 내용 안에서도 대략 2천 년 전 로마 시대부터 오늘날까지 요리와 음식문화의 역사가 어떻게 발전하였는지 그 과정들을 단편적으로나마 경험할 수 있을 것이다. 음식이나 재료를 저장하는 방법, 그들이 주로 사용했던 조리법이나 식재료를 손질하는 법, 주로 사용했던 양념, 이국적인 식재료의 생산지 같은 정보들을 수집하여 종합해 본다면 고대 로마의 요리에 대한 대략적인 그림을 그려 볼 수 있을 것이다. 텃밭에서 기른 다양한 재료들을 사용한 조리법을 기록한 요리고서(古書)는 아마 이 책이 유일할 것이다. 뿐만 아니라 이 책을 통하여, 오늘날까지도 가정에서 유용하게 사용되고 있는 소다를 넣고 삶아 녹색 채소를 선명한 녹색으로 만드는 방법이나 우리에게 친숙한 달걀 부침을 더 맛있게 먹는 법 그리고 프렌치 토스트, 라자냐, 겨울에 마시는 와인음료인 뱅쇼나 글뤼바인, 19세기 유럽의 예술가들이 사랑했던 압생트의 '원조'를 만날 수 있는 신선한 즐거움을 경험할 수 있을 것이다.

번역에 사용한 원전은 1969년 라이프치히에서 출간되고 M. E. Milham이 편집한 〈APICIVS DE RE COQVINARIA〉이다. 이 책은 이 판본의 라틴어 본문 내용만을 기본으로 삼았다. 권, 제목, 그 외의 소제목 번호는 Milham 판을 따랐다.

오늘날 익숙하게 사용하고 있는 지명을 뺀 나머지 고대의 지명과 인명은 모두 라틴어 발음대로 적었고, '-y'는 모두 '-위'로 통일하였다. 원문의 특성상 누락된 부분에 대해서는 대괄호([ ])를 사용하여 내용을 보충하였다. 원문의 내용만으로 의미 전달이 확실하지 않다고 생각되는 몇몇 문장들을 제외하면 원칙적으로 라틴어 원문에 충실하려고 노력하였다. 몇몇 구어체 문장은 원문의 분위기를 최대한 살려 그대로 유지하였다. 본문의 내용만으로 이해가 어렵거나 보충설명이 필요한 부분에는 각주를 달았다. 조리기구, 식료품, 멸종된 종은 필요에 따라 라틴어 원문의 표현을 그대로 사용하였다. 단, 원문에서 오탈자로 생각되는 애매한 표기는 고전 라틴어 사전의 어휘를 사용하였다. 원문에서 누락되거나 불완전하게 전해지는 부분은 여러 판본을 종합하여 완성하였다. 또, 기본으로 삼은 원전의 내용에서 빠져있는 부분은 다른 판본에서 가져와 보충하였다. 도량형은 라틴어를 그대로 사용하였고, 괄호 안에 오늘날 사용하는 도량형으로 환산하여 표기하였다. 비교하기 쉽도록 부피는 '리터', 무게는 '그램'을 사용하였다. 각 권 머리에 소개되어 있는 목차가 본문의 내용과 일치하지 않는 이유는 원문의 오류를 있는 그대로 옮겼기 때문이다.

고전 작품의 특성상 독자들이 작품을 이해하는 데 오랜 시간이 걸릴 수도 있기에 이 책의 뒤쪽에 작품에 관련된 해설을 실었으며, 원전에 없는 몇 가지 내용을 부록으로 덧붙였다. 많이 모자라는 실력이지만, 옮긴이가 고고학적 자료를 수집, 정리하여 그린 삽화도 함께 실어 내용의 이해를 최대한 돕도록 하였다. 삽화의 식물과 동물은 분류 체계에 따르지 않고 옮긴이가 임의로 정리하였으며 그것들의 현재의 모습과 고대의 모습에 차이가 있을 수도 있음을 미리 일러둔다. 로마제국의 지도도 작품의 이해를 돕기 위해 따로 덧붙인 것이다. 짧은 원문에 비해 긴 시간 동안 작업을 하였으나 부족한 점이 많다. 이러한 부분들은 수정하고 다듬도록 하겠다.

끝으로 이 책이 출판될 수 있도록 아낌없이 지원해주신 써네스트 대표님과 편집장님 그리고 오래된 자료들을 열람할 수 있도록 도와준 독일 에얼랑엔 대학, 고전 고고학과의 R. Nawracala 박사에게 무한한 감사의 마음을 전한다.

2018년 3월
박믿음

아피[키우스는]
저녁만[찬을] 시작[한다.][1]

1   원본의 제목은 유일하게 필사본 V에서만 부분적으로 전해진다.
    INCIP⟨IT⟩ API⟨CI⟩ CAE⟨NA⟩

I

아피키우스의 열 권의 책

검소한 살림꾼

APICIUS
DE RE COQUINARIA

대접에 담겨 있는 체리
모자이크, 튀스드루소 (오늘날 엘 젬)

1. 향신료와인[2]

향신료와인은 다음과 같은 비율로 섞어 만든다: 먼저 꿀 15폰두스(약 4,912그램)와 와
인 2섹스타리우스(약 1.1리터)를 청동항아리에 붓고 끓인다. 마른 장작으로 불을 지펴
약한 불에서 막대기로 저어가며 끓인다. 부글부글 거품이 끓어 오르면, 따로 준비한
와인을 뿌리거나 청동항아리를 잠깐 불에서 내린다. 이렇게 하면 끓어 넘치지 않는
다. 온도가 내려가면 다시 불에 올려 따뜻하게 데운다. 두세 번 이렇게 반복한 뒤에
불에서 내린다. 다음 날 위에 뜬 거품찌꺼기를 걷어낸 다음, 후추 4운키아(약 109.2그
램), 빻은 마스틱스 3스크리풀룸(약 3.42그램), 월계수 잎과 사프란은 각각 1드라크마
(약 4.4그램)씩, 미리 와인에 담가 불려서 부드럽게 만든 씨를 뺀 대추야자 5개와 따
로 빼서 볶은 대추야자씨 5개를 넣는다. 이 모든 재료는 먼저 와인에 담가 불려서 부
드러운 페이스트로 만들어 놓아야 한다. 이때 반드시 용량을 정확하게 계산해서 준
비한다. 모두 섞어 다 만들었으면, 부드러운 와인 18섹스타리우스(약 9.9리터)를 부어
섞는다. 마지막으로 숯[3]을 넣는다.

2. 여행 중에 유용한 향신료를 넣은 꿀음료

여행 중에 마시기 좋은 향신료를 넣은 꿀음료: 후추를 섞은 꿀을 작은 통에 붓고 거
품을 걷어낸다. 입맛에 따라 꿀이나 와인의 양을 조절하여 섞는다. 만약 커다란 병에
담아 왔다면, 꿀이 제대로 섞이지 않고 가라앉지 않도록 와인을 충분히 붓는다.

3. 로마 압생트

---

2 향신료와인의 라틴어는 콘디툼 파라독숨이다. 콘디툼 파라독숨이라고 라틴어 그대로 사용하기도 한다.
3 쓴맛을 제거하기 위한 방법으로 숯을 이용했다.

로마 압생트는 다음과 같은 방법으로 만든다.

향쑥[4]이 없으면 카메리노[5] 향신료와인 만드는 방법으로 대체할 수 있다. 만드는 방법은 깨끗하게 씻어서 잘게 부순 폰투스[6]산(産) 향쑥과 테바이[7]산(産) 대추야자를 각각 1운키아(약 27.3그램)씩 넣는다. 마스틱스와 마스틱스 잎[8] [3]스크리풀룸(약 3.42그램), 코스투스 뿌리[9] 6스크리풀룸(약 6.84그램), 사프란 3스크리풀룸(약 3.42그램), 묵은 와인 18섹스타리우스(약 9.9리터)도 넣는다. 숯은 쓴맛을 없앤다.

4. [장미와인과 제비꽃와인][10]

1) 장미와인은 다음과 같은 방법으로 만든다

하얀 부분을 제거한 깨끗한 장미꽃잎을 실로 꿰어 다발을 만들면 와인을 간편하게 담글 수 있다. 이렇게 꿴 장미꽃잎을 7일 동안 와인에 담가 둔다. 7일이 지난 후 장

---

4 로마 압생트는 원래 향쑥(*Artemisia absinthium L.*)으로 만든다. 이 향쑥을 구할 수 없을 때 폰투스산(産) 향쑥(*Artemisia pontica L.*)으로 대신하였다.

5 카메리노는 이탈리아 마르케 주에 속한 도시이다. 아펜니노 산맥에 위치한 이 도시는 마르케 주와 움브리아 주의 경계에 있다.

6 폰투스는 흑해 연안 아나톨리아 지방 북동부에 있던 옛 왕국의 이름이다. 오늘날 터키의 영토에 속한다.

7 이집트의 테베를 말한다. 이집트어로 와세트라고 부르며, 그리스의 테베(테바이)와는 다른 곳이다.

8 마스틱스는 야생피스타치오라고도 부른다. 또, 이 나무에서 분비되는 진이 향기나는 우윳빛이라 유향나무라고도 부른다. 지중해 지역을 비롯하여 카나리아 제도가 원산지이다. 진을 말려서 만든 천연수지도 마스틱스라고 부르는데, 소나무와 비슷한 특이취를 가지고 있다. 고대 이집트에서 미이라의 방부처리에 사용하던 재료 중 하나였고, 그 외에도 종교적인 의식에서 향을 피우는 데 필요한 중요하고 값진 재료 중 하나였다. 오늘날에도 껌, 화장품, 향수, 접착제, 포셀린, 물감 따위를 만들 때 사용하고 있다. 터키의 유명한 디저트 로쿰에도 마스틱스가 재료로 들어간다.

9 코스투스과는 전 열대지역에 자생하는 외떡잎식물과의 하나이다. 바나나가 속한 홍초과, 극락조화과, 생강과 따위가 속한다. 7개 속에 100여 종이 있으며, 아시아와 아프리카 그리고 중부/남부아메리카의 열대기후 지역에서 발견된다. 종종 쑥국화로 번역되기도 하는데, 이것은 오류라고 생각한다. 아피키우스가 언급한 코스투스뿌리는 *Costus arabicus L.*로 인도가 원산지로 알려져 있다. 플리니우스는 코스투스 뿌리가 타들어가는 맛과 훌륭한 향이 난다고 묘사하였다.

10 장미와 제비꽃 와인을 만드는 방법을 팔라디우스와 플리니우스도 언급하고 있다. 이 조리법은 팔라디우스가 소개한 방법과 거의 일치한다. 플리니우스는 장미꽃잎을 실로 꿰는 대신 잘게 부순 다음 리넨 천에 싸서 3개월 정도 머스트에 담가 놓는다고 설명하고 있다.

미꽃잎 묶음을 와인에서 건져낸 다음, 다시 새로 묶은 장미꽃잎을 넣어 7일 동안 와인을 숙성시킨다. 7일이 지나면 다시 장미를 건져낸 뒤, 와인을 걸러내면 장미와인이 만들어진다. 음용을 원하는 경우에는 완전히 말린 최상품의 장미꽃잎을 넣어야 한다. 위의 내용과 같은 방법으로 제비꽃을 넣어 제비꽃 와인을 만들 수 있다. 그리고 장미와인과 바이올렛 와인 둘 다 꿀로 간을 맞춘다.

2) 장미 없이 장미와인을 만드는 법은 다음과 같다

시트론 나무[11]에서 금방 딴 신선한 시트론 잎을 종려나무 잎을 엮어 만든 작은 바구니에 채운다. 이렇게 준비한 시트론 잎을 머스트[12]를 저장해 둔 독에 넣는다. 40일이 지난 후 시트론 잎을 건져낸다. 단맛을 원한다면 꿀을 섞어도 되는데, 이것은 장미 잎으로 제대로 만든 와인 대신 사용할 수 있다.

5. 리부르니아[13]식(式) 기름은 다음과 같이 만든다[14]

11 시트론이 정확히 어떠한 식물인지에 대해서는 오늘날 서로 다른 의견이 있다. 시트론과 비슷한 모양을 가졌거나 시트론 맛이 나는 박과의 식물이라는 의견도 있으나, 현재까지는 시트론을 지칭한다는 의견이 지배적이므로 옮긴이도 그 의견을 따랐다. 시트론(Citrus medica L.)은 동남아가 원산지인 귤속의 식물이다. 유럽대륙에서 경작된 최초의 귤속 식물로, 로마에 유입된 초기에는 아시리아의 사과 또는 메디아의 사과라고 불렀다. 나중에 열매보다는 나무의 이름으로 부르게 되는데, 나무는 키트루스(citrus), 열매는 키트룸(citrum)이라고 부른다. 이러한 시트론은 고대 서양에서 널리 사용하던 과일로 껍질은 매우 두껍고 딱딱하며 과육은 껍질에 비해 양이 적다. 노란색이나 노란색에 가까운 연두색에 울퉁불퉁하고 매끄럽지 않은 껍질은 생긴 것과는 다르게 과육보다 유용하게 사용되었는데, 과육은 쓴맛이 강하기 때문이다. 유럽에서는 기원전 3/4세기에 에레소스의 테오프라스토스가 시트론에 대해 처음으로 소개한다. 전해내려오는 이야기에 따르면 알렉산드로스 대왕이 처음으로 유럽에 들어왔다고 한다.

12 머스트란 일반적으로는 과일을 압착해서 얻은 주스를 일컫는다. 경우에 따라서 발효된 것도 머스트라고 부르는데, 주로 포도, 사과, 서양배로 만든다. 다른 과일로 만든 것은 일반적으로 머스트라 부르지 않는다. 역사적으로 증명된 사실로는 켈트 족이 소화를 돕기 위해 마시던 과일주로 알려져 있다. 좋은 머스트는 부유물이 없이 맑고, 과일향이 나야 한다. 종종 발효과정에서 자연적으로 생성된 탄산을 함유하기도 한다. 사과나 서양배로 담근 머스트에는 6~8%의 알코올이 함유되어 있다. 라틴어로 무스툼이라 부르는데, '젊은 와인'이라는 뜻으로 이 책의 머스트는 모두 와인이 완성되기 전단계인 과즙을 의미하며 압착하여 얻은 포도주스나 발효 과정에 있는 '숙성이 덜 된 와인'을 뜻한다.

13 아드리아해 동쪽 연안과 마케도니아 지방의 북서쪽에 위치한 로마의 속주 일뤼리아에 속해 있던 곳이다.

14 이 책에는 특정지역의 특산물과 비슷하게 만드는 방법들이 종종 소개된다. 이렇게 만들어진 것들은 아무래도 품질이 떨어질 수밖에 없으며, 상품으로서의 가치는 없다. 다만, 일반 가정의 주방에서 유용한 조언 정

스파눔[15]산(産) 기름[16]을 준비한다. 토목향[17], 너무 오래되지 않은 타이거넛츠[18]와 그 줄기를 부숴 체에 걸러낸 고운 가루를 한 번 더 간다. 소금도 곱게 빻는다. 이렇게 준비한 재료를 한데 모아 섞은 뒤 3일 동안, 또는 더 오랜 기간에 걸쳐 세심하게 골고루 섞어준다. 그 다음 부유물이 가라앉을 때까지 놔둔다. 이렇게 하면 리부르니아식(式) 기름을 만들 수 있다.

6. 탁한 와인을 맑게 만드는 방법[19]

도로 이해한다면, 제1권의 제목 '검소한 살림꾼'과도 맞아 떨어지는 내용이다. 1권에는 이러한 조언들이 다수 기술되어 있다.

15 특이하게도 유일하게 '히스파니아' 대신 '스파눔'이라고 표현하고 있다. 이 두 단어 모두 스페인을 뜻한다.

16 이 책에서 '기름'이라고 부르는 것은 모두 올리브기름을 의미한다. 고대 로마에서 일상적으로 요리에 사용하던 기름은 올리브기름이었다.

17 원문의 '헬레니움'이 어떠한 식물을 가리키는지에 대해서 견해가 엇갈린다. 헬레니움이 타임과 비슷한 곽향(Teucrium)을 의미하는지 아니면 토목향(Inula helenium)을 의미하는지 확실치 않다. 초기 번역본들에는 곽향으로 번역된 것들이 많으나 이 책에는 토목향으로 번역하였다. 토목향은 국화과에 속하는 식물로 이미 고대부터 약용 및 식용으로 사용되었다. 속명을 가리키는 헬레니움은 고대로부터 전해오는 두 개의 전설과 연관이 있다. 하나는 그리스에서 파리스가 납치해 트로이로 데려간 헬레나에게 손에 한가득 이 식물의 꽃을 주었다고 한다. 다른 전설에 의하면 헬레나의 눈물이 떨어진 곳에서 이 식물이 자라났다고 한다. 하지만 그리스어의 '헬레니온'과 관련이 있는 것은 분명하나 호메로스가 일리아스에서 언급한, 트로이 전쟁의 시발점이 된 헬레나인지 아니면 미노스 문명에서 섬겼던 초목의 여신 헬레네를 의미하는지는 정확하지 않다. 이러한 토목향에 대해 남아있는 고대의 기록에 따르면, 토목향의 땅속줄기는 향이 강하며 맵고 쓴 맛이 나기 때문에 꿀이나 대추야자나 건포도 따위와 섞어 먹어야 한다고 조언한다. 또한 고대인들은 토목향을 건강에 최고로 좋은 식물로 여겼다. 한 예로 아우구스투스의 아내 리비아는 토목향을 좋아해서 매일 먹었는데, 그래서 그랬는지는 몰라도 86세까지 살았다는 기록이 있다.

18 타이거넛츠(Cyperus esculentus)는 방동산이속에 속하는 식물로 추파, 땅아몬드, 땅콩풀 따위의 여러 이름으로 부른다. 줄기와 잎이 모두 길쭉한 선모양이고, 줄기 끝에 달리는 꽃대는 우산살 모양으로 갈라진다. 땅속에 동그란 모양의 덩이줄기가 생기는데, 이것을 주로 먹는다. 이름과 생김새 때문에 견과류로 오해할 수 있으나 주로 먹는 부위는 땅속 덩이줄기이므로 채소에 속한다. 고기요리에 그대로 사용하거나 기름을 짜서 사용하기도 한다. 여기서는 뿌리와 잎을 모두 사용한다는 뜻으로 보인다.

19 포도주를 변조하는 방법은 아마도 시골 주방에서 사용하던 방법을 응용한 것이라고 여겨진다. 속임수가 목적이 아니라, 포도주의 공급부족을 해결하기 위한 임시방편으로 사용되었을 것으로 생각된다. 이 책에 실린 다른 조리과정에 유용한 조언들처럼 이 방법도 아피키우스가 개발한 방법이라고 보기는 어렵다. 팔라디우스도 자신의 책 11권에서 거의 같은 방법을 소개하고 있다: "콩가루로 만든 페스토나 달걀흰자 3개를 와인이 담긴 병에 넣고 흔들면 어두운 색이 나는 와인을 밝은 색이 나게 만들 수 있다. 다음 날 와인은 맑아졌을 것이다."

라고에나. 1세기경, 유리, 미니스칼키-에리초 박물관, 베로나

콩가루로 만든 페스토[20]나 달걀흰자를 와인이 든 물병[21]에 넣고 꽤 오랫동안 흔든다. 다음날 와인이 맑게 되어 있을 것이다. 포도나무의 재를 이용해도 효과는 같다.

7. 리쿠아멘[22]의 품질을 향상시키는 방법

리쿠아멘에서 나쁜 냄새가 나면 빈 항아리 밑에 월계수와 사이프러스를 넣어 훈증

---

20 라틴어로 로멘툼이라고 부른다. 로멘툼은 콩가루나 쌀가루로 만든 페이스트로, 고대 로마인들은 이것을 세척제로 사용하기도 했다.

21 고대 로마에는 여러 가지 모양의 물병이 있었다. 여기서 사용한 물병은 라고에나라고 부르는 주둥이가 좁고 손잡이가 달린 모양을 하고 있다. 주로 흙이나 유리로 만들어졌다.

22 리쿠아멘은 고대 로마의 요리에 널리 사용된 피시소스라고도 부르는 어간장의 한 종류다. 생선과 생선내장을 소금에 절여 햇볕에 놓아두고 발효시키는 방식으로 생산되었다. 리쿠아멘은 스페인 남부와 북아프리카 지역에서 주로 생산되었는데 가격이 매우 비싸 아무나 먹을 수 있는 식료품은 아니었다. 일반 시민들은 리쿠아멘보다 저렴한 알렉이라는 것을 주로 사용했는데, 이것은 리쿠아멘을 만들고 난 통 아래에 가라앉은 생선의 뼈나 그 외의 침전물 같은 찌꺼기를 모은 것이다.

한 다음 연기가 다 날아가기 전에 리쿠아멘을 붓는다. 만약 리쿠아멘이 너무 짜다면 1섹스타리우스(약 0.55리터)의 꿀을 붓고 긴 막대로 잘 젓는다. 그렇게 하면 좋은 품질의 리쿠아멘을 얻을 수 있다. 신선한 머스트도 이렇게 하면 같은 효과를 볼 수 있다.

8. 소금 없이 언제나 고기를 신선하게 유지하는 방법[23]

신선한 고기 전체에 구석구석 꼼꼼하게 꿀을 바른다. 이때 고기가 들어있는 단지는 반드시 걸어두어야 한다는 점을 잊지 말아야 한다. 그 다음은 원하는 대로 사용하면 된다. 이 방법은 특히 겨울에 유용하며, 여름에는 겨우 며칠 밖에 신선하게 유지되지 않는다. 삶은 고기도 마찬가지 방법으로 신선하게 유지할 수 있다.

9. 돼지 껍데기와 소 껍데기와 삶은 돼지 다리 오래 보관하는 방법

식초, 소금, 꿀을 섞어 만든 겨자를 준비한다. 준비한 겨자를 고기 표면에 빈틈없이 꼼꼼하게 바른다. 이렇게 하면 원하는 때에 사용할 수 있는데, 아마 깜짝 놀랄 것이다.

10. 소금에 절인 고기를 부드럽게 만드는 방법

먼저 우유에 삶았다가 물에 넣고 삶으면 소금에 절인 고기를 부드럽게 만들 수 있다.

---

23 냉장시설이 발달하지 않았던 고대 로마에서는 고기를 대부분 소금에 절이거나 훈연하여 저장하였다. 특히 소금에 절인 고기는 육질이 단단해지고 맛도 좋을 수가 없다. 조리를 하기 전에 가장 먼저 고기의 염분을 제거해야 되는데, 아피키우스는 염분 제거 방법으로 우유를 사용하거나 물에 한 번 끓이는 것을 권장한다. 이것은 사계절 내내 사용할 수 있는 방법이고 꿀로 절이는 방법은 기온이 낮은 겨울에만 가능한 방법이었다.

11. 구운 생선을 오래 보관하는 방법

생선을 굽자마자 바로 뜨거운 식초를 붓는다.

12. 굴 오래 보관하는 방법

식초로 단지를 씻어내거나 식초로 씻어낸 단지에 역청을 바른 다음 굴을 그 안에 넣어 보관한다.

13. 라저[24] 1운키아(약 27.3그램)를 유효기간 없이 사용할 수 있는 방법

넓찍한 절임용 유리병에 라저와 대략 20알의 잣을 함께 넣는다. 라저로 요리를 하면서, 함께 넣어 두었던 잣도 갈아서 사용해 보시라. 그러면 그것을 넣은 음식의 맛에 놀라게 될 것이다. 잣은 사용한 양만큼 다시 저장용 유리 독에 채워 넣어야 한다.

14. 꿀과자 오래가는 방법

그리스인들이 크네코스[25]라 부르는 홍화를 준비한다. 밀가루처럼 곱게 간 홍화를 꿀과 섞어 꿀과자를 만든다.

---

24 실피움 참조.

25 크네코스는 오늘날까지 전해지는 고대 그리스의 요리법을 통해서 적어도 기원전 4세기경부터 지중해 동부에서 경작되었다는 사실을 알 수 있다. 플리니우스에 따르면 이집트가 원산지라고 한다. 꽃에서 붉은색 염료를 채취하기 위해 재배되었다. 쓴맛이 살짝 난다. 고대 로마인들은 이것을 고기요리에 주로 사용했는데, 사프란 대용으로 사용하기도 해서 '가짜 사프란'이라는 별명으로도 부른다.

15. 나쁜 꿀을 좋은 꿀로 바꾸는 방법[26]

나쁜 꿀 1에 좋은 꿀 2를 섞으면, 나쁜 꿀로 '팔 수 있을 정도'의 좋은 꿀을 만들 수 있다.

16. 상한 꿀을 알아내는 방법

토목향을 꿀에 넣고 불을 붙여 보시오. 만약 꿀이 상하지 않았다면, 밝게 타오른다오.

17. 포도 오래 보관하는 방법

상처가 나지 않은 포도만 골라서 준비한다. 빗물을 1/3로 줄어들 때까지 조려, 포도가 담긴 단지에 붓는다. 단지에 역청을 바르고 석고를 발라 밀봉한 다음, 햇볕이 닿지 않는 시원한 장소에 보관한다. 이렇게 하면 보존기간이 얼마가 되든 초록색의 신선한 포도를 얻을 수 있다. 여기서 나온 물은 아픈 사람이 봉밀주 대신 마셔도 좋다. 또, 이것을 보리 속에 묻어 두어도 상하지 않게 보관할 수 있다.

18. 사과와 석류를 오랫동안 좋은 상태로 유지하는 방법

끓는 물에 넣었다가 바로 꺼내 매달아 놓는다.

19. 마르멜로 오래 보관하는 방법

---

26 전형적인 꿀의 변조 방법이다. 이것도 일종의 속임수이기 때문에 공식적이기보다는 입에서 입으로 전해지다가 농업 안내서 같은 책에 인용된 것을 아피키우스가 사용한 것으로 보인다.

가지와 이파리가 온전하게 붙어있고 흠집이 없는 마르멜로[27]를 고른다. 준비한 마르멜로를 단지에 넣고 꿀과 데프리툼[28]을 그 위에 붓는다. 이렇게 하면 오랫동안 마르멜로를 보관할 수 있다.

20. 신선한 무화과, 사과, 자두, 서양배, 체리 오래 보관하는 방법

모든 과실은 줄기가 붙어있는 것으로 세심하게 고른다. 저장용기에 꿀을 부어 과실이 완전히 잠기도록 한다. 이때 젓지 않는 것이 중요하다.

21. 시트론 오래 보관하는 방법

유리용기에 시트론을 넣어 석고를 발라 밀봉한 다음 매달아 놓는다.

22. 오디 오래 보관하는 방법

오디 주스를 만들어 사파[29]를 섞는다. 그리고 오디와 함께 유리단지에 넣는다. 이렇게 만든 오디는 오래 보관할 수 있다.

---

27 마르멜로는 퀸스, 유럽 모과라고도 부르는 장미과에 속하는 나무와 그 열매를 일컫는다. 라틴어로는 말룸 퀴도니움, 다시 말해 퀴도니아의 사과라고 부르는데, 고대 로마인들이 크레타 남쪽에 있던 고대 도시 퀴도니아에서 들여오면서 붙인 이름이다. 마르멜로는 오래된 역사를 가진 과일로 원산지는 캅카스 지방과 남캅카스 지방으로 알려져 있으며, 대략 4000년 전부터 경작되어 왔던 것으로 추정된다. 고대 그리스에서는 기원전 600년경부터, 고대 로마에서는 기원전 200년경부터 경작하였다. 중유럽에서는 9세기에 처음으로 경작을 시작하였다. 마르멜로의 겉모습은 모과와 비슷하다. 과육은 매우 밝은 노란빛을 띠고 있고 단단하고 수분이 적으며 신맛이 강하다. 석세포가 많고 맛이 신 이 과일은 그냥 먹기보다는 조리하여 먹었다. 또, 향기가 좋아 고대 로마인들은 접견실용 방향제로 사용하기도 하였다. 모과와 비슷한 겉모양 때문에 유럽 모과라고 부르기도 하지만 그것과는 다른 식물이다. 마말레이드의 어원이 되는 과일이다.

28 데프루툼이라고도 부른다. 데프리툼에 대해서는 플리니우스와 바로(Varro)같은 사람들도 기록으로 남겼는데, 방법은 조금씩 다르다. 머스트를 그 양이 1/2이나 1/3로 줄어들 때까지 조려 만든 일종의 와인시럽이다.

29 사파는 머스트가 1/2이나 1/3이 될 때까지 끓여서 조린 와인시럽의 한 종류로 데프리툼과 비슷하다.

23. 채소 보관 방법

완전히 여물지 않은 채소만 골라 역청을 바른 단지에 저장한다.

24. 무, 당근 같은 뿌리채소 오래 보관하는 방법

1) 미리 꼼꼼하게 씻어 준비해 놓은 무, 도금양을 단지에 넣고 꿀과 식초를 붓는다.
2) 다른 방법
꿀을 섞어 만든 겨자에 식초와 소금을 넣어 간을 한 다음 준비해 놓은 무에 붓는다.

25. 송로버섯 오래 보관하는 방법

물에 젖지 않은 송로버섯을 단지에 차곡차곡 담으면서 사이사이에 톱밥을 층층이 깐다. 뚜껑을 닫고 석고를 입혀 서늘한 곳에 보관한다.

26. 천도복숭아 오래 보관하는 방법

가장 좋은 천도복숭아를 골라 소금물에 담근다. 다음 날 복숭아를 꺼내어 해면으로 조심조심 깨끗하게 닦은 다음 단지에 저장한다. 소금과 식초를 붓고 세이보리[30]를 그 위에 뿌린다.

---

30 세이보리는 허브의 일종으로 숱이 적은 진한 녹색의 잎은 얇고 길며 끝이 날카로운 생김새를 하고 있다. 유럽에 후추가 전파되기 전 육류의 잡내를 없애는 데 사용한 허브로 특유의 향과 자극적인 매운맛을 갖고 있다. 오늘날에도 서양요리에서 후추처럼 사용하고 있어 '후추허브'라는 별명으로 부르기도 한다. 또한 오래전부터 세이보리에 최음제의 성분이 들어있다고 알려져서 사람들은 이것을 사랑의 묘약으로도 사용하였다. 소화에 도움을 주며, 민간에서는 벌에 쏘였을 때 응급처치 방법으로 사용하는데, 환부를 세이보리잎으로 문지르면 통증이 완화된다고 한다.

27. 여러 방면으로 사용할 수 있는 향신료 소금

위와 장의 소화를 촉진시키는 향신료 소금은 모든 병과 전염병은 물론 감기까지 예방한다. 그런데 이 소금은 생각보다 훨씬 달다. 볶은 일반소금 1리브라[31](약 327.5그램), 볶은 암몬 소금[32] 2리브라(약 655그램), 하얀 후추 3운키아(약 81.9그램), 생강 2운키아(약 54.6그램), 아미[33] 11/2운키아(약 40.95그램), 타임 11/2운키아(약 40.95그램), 셀러리 씨 11/2운키아(약 40.95그램), 셀러리 씨가 없어 다른 것을 대신 넣고 싶다면 파슬리 3운키아(약 81.9그램)를 넣는다. 오레가노 3운키아(약 81.9그램), 루콜라 씨 11/2운키아(약 40.95그램), 검은 후추 3운키아(약 81.9그램), 사프란 1운키아(약 27.3그램), 크레타산(產) 히솝 2운키아(약 54.6그램), 월계수 잎 2운키아(약 54.6그램), 파슬리 2운키아(약 54.6그램)[34], 딜 2운키아(약 54.6그램)를 섞어 만든다.

28. 언제든지 기름을 짤 수 있도록 녹색 올리브[35]를 보관하는 방법

---

31 리브라는 폰두스와 같다.

32 암몬 소금은 바다 소금이 아니라 짠물 호수로 만든 소금이다. 이 소금은 알렉산드로스 왕의 신탁소로도 유명한 이집트의 시와(Siwa) 오아시스에서 생산된 소금으로 음식에 사용된 예는 아피키우스의 향신료 소금이 유일하다. 로마인들은 이 소금을 주로 의술에 사용하였다. 여기에 소개된 내용도 소화를 돕는 효과를 강조하고 있다.

33 아미(*Ammi majus*)는 미나리과 식물로 지중해 지역에 널리 분포한다.

34 셀러리씨 대신 이미 파슬리를 넣었다면, 파슬리 2운키아는 빼도 문제 없어 보인다.

35 올리브는 익은 정도에 따라 차이가 있다. 흰점이 있는 밝은 녹색 올리브는 거의 익지 않은 것, 녹색은 익기 바로 직전의 상태, 완전히 익으면 검은 색이 된다. 올리브의 익은 정도에 따라 거기서 짜내는 기름에도 등급이 있는데, 가장 최상품으로 여기는 것은 쓴맛이 있는 '올레움 아케르붐'이다. 이것은 여름에 수확한 올리브기름이라는 뜻으로 '올레움 아이스티붐'이라고도 부르며, 하얀 빛을 띠는 익지 않은 올리브에서 짜낸 기름이다. 하지만 이 기름은 워낙 소량 추출되기 때문에 가격이 높았으므로 일반 가정에서는 사용하기 힘든 기름이었다. 고대 로마에서 널리 통용되던 기름은 '올레움 비리다이'라고 부르는, 우리에게도 익숙한 녹색 빛을 띤 기름이다. 이 기름은 올리브가 완전히 익기 바로 직전의 것으로 검은 점이 군데군데 보이지만 녹색 올리브라고 불렀다. 완전히 익은 검은 올리브로 짠 기름은 지방을 너무 많이 함유하고 있어 맛이 좋지 않기 때문에 드물게 사용하였다.

나무에서 딴 올리브를 거기에[36] 담가 놓는다. 그러면 언제 꺼내어도 마치 방금 수확한 올리브처럼 신선한 상태를 유지한다. 이렇게 해 놓으면 원하는 아무 때나 녹색 기름을 짤 수 있다.

29. 굴이나 다른 조개류에 곁들이는 쿠민[37] 소스

1) 후추, 러비지[38], 파슬리, 말린 민트, 인도월계수 잎[39]을 넣는다. 쿠민을 아낌없이 넉넉하게 넣고 꿀, 식초, 리쿠아멘을 부어 만든다.

2) 다른 소스

후추, 러비지, 파슬리, 말린 민트, 쿠민 조금, 꿀, 식초, 리쿠아멘을 넣어 만든다.

---

36 누락된 내용이 있는 것으로 보인다. 아마도 올리브기름이나 소금물이 아닐까 한다.

37 고대 로마인들은 쿠민을 쿠미눔이라고 불렀다. 쿠민은 미나리과에 속하는 식물로 인간이 사용한 가장 오래된 향신료 중 하나다. 서아시아와 지중해 지역이 원산지라고 알려져 있지만, 확실한 것은 아니다. 3000-4000년 전에 이미 이 식물을 사용한 흔적이 시리아에서 발견되기도 하였다. 기원전 2000년경부터 고대 이집트에서 쿠민을 사용해 왔는데, 단지 향신료로만 사용한 것이 아니라 돌발진 같은 병을 치료하기 위한 약재로도 사용하였다. 쿠민의 매우 강하고 특이한 향기 때문에 모기나 벼룩뿐만 아니라 전갈 같은 위험한 벌레를 쫓기 위해 사용하기도 하였다. 이러한 쿠민은 고대 그리스와 로마의 요리에서 빠질 수 없는 매우 중요한 향신료로, 주로 서아시아와 북아프리카에서 수입되었다. 헛배부름이나 소화불량에 효과가 있었기 때문에 고기요리나 소화가 잘 되지 않는 배추류와 콩류를 사용한 요리는 쿠민을 빼고는 생각할 수 없을 정도로, 쿠민은 로마인들이 즐겨 사용한 향신료 중 하나였다.

38 러비지는 미나리과의 여러해살이 식물로 중동, 경우에 따라서는 오늘날의 이란, 페르시아를 원산지로 보고 있다. 그곳에서 지중해 지역으로 유입되었다가 나중에 다른 유럽 전역으로 전파되었다. 원래 야생종은 따뜻한 지역에서만 서식하나, 유럽에서 경작되기 시작하면서 일부는 추운 유럽 지역에서 야생종으로 정착되기도 했다. 러비지라는 이름이 유럽의 많은 나라에서 '사랑'이라는 단어와 비슷하기 때문에 민간에는 사랑의 묘약으로 알려지기도 했다. 잎의 모양은 샐러리와 비슷하며 고유의 향이 있다. 열매는 타원형이며 진한 황갈색으로 작고 매우 강한 향기가 난다.

39 인도월계수는 녹나무과 식물이다. 타말라, 테야파타, 말라바, 말라바트룸 따위의 여러 이름으로 부른다. 인도월계수도 보통의 월계수처럼 요리에는 잎만 사용한다. 이파리의 생김새는 월계수와 비슷하나 계피와 비슷한 맛이 난다. 유럽에서는 고대부터 중세까지 '말라바트룸'이라는 이름으로 알려져 있었다. 오늘날까지 전해 내려오는 이 시기의 요리법 중에는 간단하게 '잎'이라고 쓰여 있는 것을 종종 볼 수 있는데, 이것은 인도월계수잎을 의미하는 것으로 보인다. 또한 오늘날 번역되어 출판되는 요리고서(古書)에서는 종종 인도월계수잎이 각주 없이 단순하게 유럽의 일반적인 월계수잎으로 번역되는 경우가 있다.

30. 라저 소스

1) 퀴레나이카[40]산(産)이나 파르티아[41]산(産) 라저를 따뜻한 물에 넣어 우린다. 그 다음 식초와 리쿠아멘으로 간을 하거나 후추, 파슬리, 말린 민트, 라저 뿌리, 꿀, 식초, 리쿠아멘을 넣어 만든다.

2) 다른 방법

후추, 캐러웨이, 딜, 파슬리, 말린 민트, 실피움[42], 인도월계수 잎, 코스투스 뿌리, 시엽감송[43], 꿀, 식초, 리쿠아멘을 넣어 만든다.

31. 송로버섯에 어울리는 오이노가룸[44]

---

40 퀴레나이카(퀴레네)는 고대 그리스 식민 도시 중 하나로 현재의 리비아 샤하트 마을 자리에 있었다. 퀴레나이카에서 채취한 라저는 풍미가 좋다고 알려져 있다.

41 파르티아는 오늘날 이란 북동부에 해당하는 고대 왕국이다. 아피키우스가 이 책에서 소개하고 있는 파르티아의 특산물로는 라저와 식초가 있다.

42 실피움은 베일에 싸인 식물이다. 고대에는 매우 사랑받았던 작물이지만 오늘날 이 식물에 대해서 아는 바가 거의 없다. 전해지는 문헌적 자료나 고고학적 자료도 매우 단편적이다. 오늘날까지 남아 있는 몇몇의 동전에 실피움이 새겨져 있으나 정확한 묘사라기보다는 문양에 가깝기 때문에 생김새도 대략적으로 추측할 뿐이다. 실피움은 미나리과 식물로 라저와 같은 식물이라는 게 오늘날의 견해이다. 퀴레네 지역의 토착 식물로 고대 그리스인이 채소나 향신료로 사용하던 것이 로마로 전해졌다. 퀴레네는 기원전 6세기경부터 실피움을 수출하였는데, 아마 이때부터 고대 로마인들이 이 식물을 사용하기 시작하였던 것으로 추측된다. 실피움으로 즙을 짜낼 수 있는데, 이 즙을 향신료로 사용하였으며, 금화를 지불해야만 구입할 수 있던 매우 값진 재료였다. 또한 이 식물은 소화에 효과가 좋다고 알려져 있었기 때문에 로마인들은 주로 기름진 고기요리의 양념으로 사용하였다. 고대 로마인들이 사랑하던 실피움은 네로가 황제로 있던 시기에 어느날 갑자기 지구상에서 사라진다. 플리니우스에 따르면 실피움을 가축의 사료로 사용하면서 공급이 턱없이 부족해졌다고 한다. 스트라본에 따르면 유목민들이 퀴레네를 침략했을 때 실피움의 뿌리를 모두 없애버렸기 때문에 사라졌다고 한다. 하지만 학자들은 무분별하고 과도한 수확이나 기후 변화 때문이었을 것이라 추측하고 있다. 실피움에 이미 '중독'된 로마인들은 이것을 대신해 줄 다른 식물을 찾아냈는데, 메디아나 페르시아 같은 오늘날의 이란이나 아프가니스탄에서 자라던 아위(Ferula assa-foetida)라는 식물이 그것이다. 맛은 실피움과 비슷하나 냄새가 매우 불쾌하고 강해서 로마인들은 이것을 '악마의 오물'이라는 별명으로 불렀다.

43 시엽감송은 마타리과에 속하는 식물로 인도 나르드, 나르드라고 부른다. 고대에는 상상할 수 없을 만큼 매우 비싼 식물이었다.

44 오이노가룸은 와인과 리쿠아멘을 섞어 만든 것이다. 가룸에 대해서는 리쿠아멘 참조.

1) 후추, 러비지, 고수, 루타[45], 리쿠아멘, 꿀에 기름을 조금 섞어 만든다.

2) 다른 방법

타임, 세이보리, 후추, 러비지, 꿀, 리쿠아멘, 기름을 섞어 만드는 방법도 있다.

32. 옥쉬포리움[46]

쿠민 2운키아(약 54.6그램), 생강 1운키아(약 27.3그램), 루타 1운키아(약 27.3그램), 천연소다 6스크리풀룸(약 6.84그램), 통통한 대추야자 12스크리풀룸(약 13.68그램), 후추 1운키아(약 27.3그램), 꿀 9운키아(약 245.7그램)을 준비한다. 에티오피아산(産)이나 리비아산(産) 쿠민을 식초에 담갔다가 말려서 빻은 뒤 꿀과 섞는다. 필요에 따라 옥쉬가룸[47]을 첨가한다.

33. 휘포트리마[48]

후추, 러비지, 말린 민트, 잣, 건포도, 카리요타시럽[49], 부드러운 치즈, 꿀, 식초, 리쿠

---

45 루타는 운향과에 속하는 여러해살이풀로 유럽 남부가 원산지이다. 높이는 30-90cm로, 잎은 세 갈래의 깃 모양으로 갈라지고 짙은 녹색이다. 초여름에 노란색의 꽃이 핀다. 풀 전체에 강한 향기가 있으며, 휘발성이 있는 방향기름을 얻을 수 있다.

46 옥쉬포리움은 매운 소스라는 뜻이다. 동일한 조리법이 3권 18, 3에 반복되고 있다.

47 옥쉬가룸은 리쿠아멘에 식초를 섞은 것이다.

48 휘포트리마는 매운맛이 나는 허브 소스다.

49 정확하게 무엇을 의미하는지 서로 다른 의견들이 있다. 카리요타(Caryota L)는 종려과 또는 야자과에 속하는 나무인 것은 확실하나, 여기에 사용된 재료가 와인인지, 시럽인지는 아직까지 밝혀진 것이 없다. 이 책에는 '시럽'으로 번역하였다. 그러나 지금까지 출판된 다수의 번역본들은 '카리요타시럽'을 이 나무의 열매인 카리요타대추야자로 제조한 것이라는 사실에는 의견을 같이하고 있으나, 옮긴이는 다른 가능성도 있다고 본다. 꽃차례로 와인을 만들 수 있으며, 당분을 추출할 수 있기 때문이다. 또, 이 나무는 모든 부분을 먹을 수 있다. 나무의 싹은 '팔미토'라고도 부르는데, 맛이 좋다고 알려져 있다. 나무의 줄기에서는 녹말을 추출하여 작은 진주알갱이 모양으로 만들어 파스타처럼 먹거나 전분처럼 사용하기도 한다. 이 녹말알갱이를 '사고(sago)'라고 부르는데, 종려나무과인 사고나무에서 유래한 단어다.

아멘, 기름, 와인, 데프리툼이나 카로이눔[50]을 넣어 만든다.

34. 소화를 돕는 옥쉬가룸

1) 후추 1/2운키아(약 13.65그램), 갈리아산(産) 실피움 3스크리풀룸(약 3.42그램), 카다몸 6스크리풀룸(약 6.84그램), 쿠민 6스크리풀룸(약 6.84그램), 쿠민 잎 1스크리풀룸(약 1.14그램), 말린 민트 6스크리풀룸(약 6.84그램). 이 모든 재료를 찧어 체에 친 다음 꿀을 섞어 진득하게 만든다. 경우에 따라서 리쿠아멘과 식초를 첨가한다.
2) 다른 방법
후추 1운키아(약 27.3그램)와 파슬리, 캐러웨이, 러비지를 각각 1운키아(약 27.3그램)씩 넣고 꿀을 섞어 진득하게 만든다. 필요하다면 리쿠아멘과 식초를 첨가한다.

35. 모레타리아[51]

신선한 민트와 루타, 고수, 그리고 그 외에 러비지, 후추, 꿀과 리쿠아멘을 넣어 빻는다. 필요하다면 식초를 첨가한다.

---

50 카로이눔은 머스트를 조린 와인시럽의 일종이다. 카로이눔 이외에도 고대 로마의 요리에 사용된 와인시럽으로는 데프리툼과 사파가 있다. 이들 모두 머스트를 조려 만든다는 공통점이 있지만, 얼마만큼 조리는가에 따라 이름을 달리하는 듯하다. 하지만 플리니우스, 콜루멜라, 바로(Varro)가 전하는 조리법에서는 통일성을 찾아 볼 수 없다. 데프리툼과 사파는 머스트를 1/3-1/2로, 카로이눔은 2/3정도로 조린 시럽이라고 이해하면 될 것 같다.

51 고대 로마인이 일상적으로 사용하던, 흙으로 빚어 구운 절구를 모르타리움이라 일컫는다. 모르타리움에 여러 가지 허브와 향신료, 치즈 따위를 문지르고 짓이겨 섞어 만든 것을 모레타리아(또는 모레툼)라고 부른다. 덧붙이자면, 이 책에서 '절구'는 모르타리움을 우리말로 옮긴 것이다.

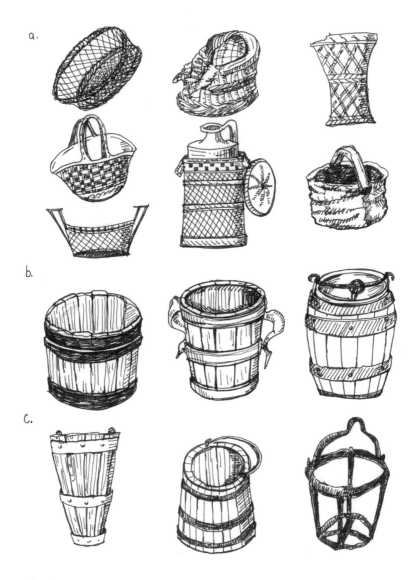

a.

b.

c.

a. 바구니
b. 나무통
c. 들통

[잘게 다진 것]

APICIUS
DE RE COQUINARIA

돼지머리와 소시지, 고기 꼬치구이가 그려져 있는 벽화
프레스코, 폼페이

1. 완자[52]

1) 해물완자는 스캄피[53], 바닷가재, 오징어로 만든다. 후추, 러비지, 쿠민 씨, 라저 뿌리를 갈아서 양념한다.

2) 오징어완자

늘 하던 대로, 촉수를 제거한 오징어를 도마 위에 놓고 잘게 다진다. 다진 살을 절구에 넣고 리쿠아멘을 부어가며 꼼꼼하게 갈아 으깬 다음 모양을 잡아 뭉친다.

3) 스캄피를 다져서 만드는 완자

스캄피의 껍질을 벗긴 다음 잘게 다진다. 절구에 후추와 질 좋은 리쿠아멘을 넣어 으깬다. 발라낸 살로 완자를 빚는다.

4) 대망막으로 싸서 만드는 소시지

먼저 돼지 간을 구운 뒤 힘줄을 제거한다. 그 다음, 절구에 후추, 루타, 리쿠아멘을 넣고 함께 간다. 간도 넣어 으깨어 잘 섞는다. 대망막[54]으로 재료를 싸 말면서 월계수 잎 한 장을 붙여 감싸듯이 넣어 모양을 만든다. 그런 다음 정해진 시간 없이 원하는 시간만큼 훈연실에 걸어 놓았다가, 구워서 먹는다.

5) 다른 재료로 만드는 완자

후추, 러비지, 오레가노를 절구에 빻으면서 리쿠아멘을 부어준다. 여기에 삶은 뇌[55]

---

52 여기서 완자는 원문의 이시키아(또는 에시키아)를 이해하기 쉬운 가장 비슷한 요리로 해석한 것이다. 이시키아는 고기나 해산물을 다져 뭉쳐서 만든 것을 의미한다. 완자뿐만 아니라 소시지의 형태도 이것에 포함되어 있다. 따라서 라틴어 원문 제2권에 소개된 모든 요리는 세세한 구분 없이 모두 이시키아로 표기되어 있다.

53 노르웨이 로브스터, 황제바닷가재라고도 부르는 가시발새우과에 속하는 크기가 작은 바닷가재다. 이 책에서는 요리학에서 익숙하게 사용되는 이탈리아어 이름인 '스캄피'를 사용하였다. 스캄피는 스캄포의 복수형이다.

54 대망막은 위와 결장에 붙어서 소장을 덮고 있는 망사 모양의 막으로, 고대에나 지금이나 귀한 식료품 중 하나다. caul fat(영), crépine(불)이라고도 부른다. 소시지 캐이싱 대신 사용하거나 고기를 구울 때 촉촉함을 유지하고 지방 특유의 향미를 내는 데 사용한다. 대망막을 사용하는 잘 알려진 서양요리로는 발로틴이나 크레피네트를 예로 들 수 있다.

55 로마인들은 특별한 경우가 아니라면 일반적으로 양이나 새끼돼지의 뇌를 사용하였다.

를 넣고 덩어리가 지지 않도록 곱게 으깬다. 달걀 5개를 넣고 꼼꼼하게 잘 풀어 하나의 매끈한 덩어리가 되도록 만든다. 리쿠아멘으로 간을 한다. 이것을 청동대접에 부어 익힌다. 다 익으면 깨끗한 쟁반 위에 대접을 뒤집어 엎어 내용물이 흐트러지지 않도록 깔끔하게 덜어낸 다음 주사위 모양으로 작게 썬다. 후추, 러비지, 오레가노를 절구에 넣고 빻아 냄비에 넣어 끓인다. 냄비의 내용물이 끓어오르면, 미리 만들어 말려 놓았던 반죽을 부숴 넣고 걸쭉하게 만들어 식탁용 대접에 붓는다. 후추를 뿌려 식탁에 낸다.

6) 가시굴[56] 완자

가시굴을 삶아 껍데기와 질긴 부분을 제거한다. 절구에 거칠게 갈아 익힌 스펠트밀, 달걀, 후추를 넣고 함께 으깬 다음 대망막으로 감싸 모양을 만들어 석쇠에 굽는다. 접시에 오이노가룸을 붓고 완자를 올려 식탁에 낸다.

7) 대망막으로 감싸 만든 완자

고기를 잘게 다진다. 흰 빵은 바삭한 껍질을 떼어 버리고 부드러운 속만 뜯어 와인에 적신다. 고기와 와인에 적신 빵을 절구에 넣고 함께 찧다가, 후추, 리쿠아멘도 넣어 빻는다. 경우에 따라서 씨를 제거한 도금양 열매를 함께 넣어 빻아도 좋다. 작게 빚은 완자에 잣과 후추알을 군데군데 박아 넣는다. 대망막으로 겉을 감싸 카로이눔을 발라가며 굽는다.

2. 휘드로가룸[57], 아포테르뭄[58]과 전분가루를 사용한 완자

1) 속을 채운 완자

---

56 가시굴은 흑해와 대서양에 맞닿아 있는 지중해 연안에서 서식하는 식용 조개류 중 하나다. 전체적으로 둥근 모양의 두껍고 단단한 껍데기에는 뾰족한 가시들이 달려있다.

57 휘드로가룸은 리쿠아멘에 물을 섞은 것이다.

58 아포테르뭄은 아몬드를 주재료로 만든 일종의 죽이다. 이 책의 2, 2, 10에 그 조리법이 소개되어 있다.

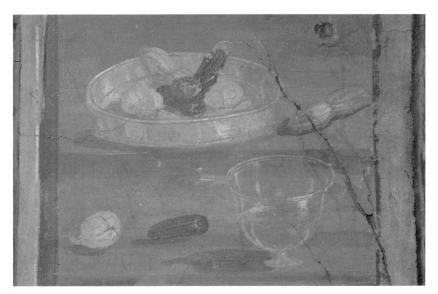

말린 무화과, 대추야자가 담겨 있는 은쟁반과 레드와인을 따라 놓은 컵이 있는 정물
프레스코, 헤르쿨라네움

신선한 꿩기름을 준비한다. 기름을 굳혀서 모자이크 돌 모양으로 썬다. 후추와 리쿠
아멘, 카로이눔을 완자 속에 채워 넣고 흘러나오지 않도록 잘 오므린다. 리쿠아멘에
물을 섞어 만든 휘드로가룸에 완자를 데쳐 식탁에 낸다.

2) 휘드로가룸을 넣은 완자는 이렇게 만든다

절구에 후추, 러비지를 넣고 펠리토리[59]도 아주 조금 넣어 갈면서 리쿠아멘을 뿌린
다. 여기에 저수조에 받아 놓은 빗물을 부어 양념이 겉돌지 않도록 잘 섞은 다음
냄비에 쏟아 붓는다. 완자도 넣어 불 위에 올려 익힌다. 뜨거운 채로 식탁에 차려
먹는다.

---

59 펠리토리는 스페니쉬 카모마일, 마운트 아틀라스 데이지, 베르트람 따위로 부르는 국화과의 식물로 북아프
    리카에서 들여왔다. 강한 향과 매운맛 때문에 요리에 사용할 때에는 매우 적은 양을 넣어야 한다는 기록이
    있다.

아케타불룸
1세기경, 젖빛 유리, 아우구스트 케스트너 미술관, 하노버
보라색 젖빛유리로 만든 대접으로, 이른바 '밀레피오리' 기법이 사용되었다. 밀레피오리는 이
탈리아어로 '천 송이 꽃'이라는 뜻이다. 유리봉을 이용하여 알록달록하게 만든 무늬가 꽃을
연상케 해서 붙은 이름이다. 이 기법은 고대부터 사용되어 왔다.

3) 닭고기 완자

처음 수확한 올리브로 짠 최상급 기름 1리브라(약 327.5그램), 리쿠아멘 1콰르타리우
스(약 0.137리터), 후추 1/2운키아(약 13.65그램)를 넣어 만든다.

4) 닭고기로 만드는 다른 방법[60]

절구에 통후추 31알을 넣고 빻는다. 냄비에 최상품 리쿠아멘을 와인잔 한 잔 분량을
붓고, 같은 양의 카로이눔도 붓는다. 여기에 와인잔 11잔 분량의 물을 섞는다. 불에
올려 끓인다.

5) 소박한 완자

---

60 완자를 만들기에는 다른 재료가 턱없이 부족하고, 완자에 어울리는 소스라고 해도 흔하지 않은 방법이다.
와인잔 11잔 분량이면 1.5리터 정도이다.

리쿠아멘 1아케타불룸[61](약 0.07리터)에 물 7아케타불룸(약 0.49리터)을 섞는다. 신선한 셀러리를 조금 넣고 갈아 놓은 후추를 한 숟가락 뿌린다. 여기에 작게 빚은 완자를 넣어 끓인다. 소화 불량인 사람에게 식사로 낼 때에는, 휘드로가룸을 부어 둔 단지 바닥에 가라앉은 침전물을 첨가하면 좋다[62].

6) 구웠을 때 단단하기로 1등은 공작고기로 빚은 완자다. 2등은 꿩고기, 3등은 토끼고기, 4등은 닭고기 그리고 5등은 연하고 부드러운 젖먹이 새끼돼지로 만든 완자다.

7) 전분을 푼 솥-완자 요리는 다음과 같이 만든다

절구에 후추, 러비지, 오레가노를 넣고 빻는다. 여기에 실피움과 생강을 아주 조금 넣고 꿀을 조금 뿌려 빻는다. 리쿠아멘으로 간을 맞추면서 잘 섞는다. 냄비에 완자를 넣은 다음 앞서 만든 것을 부어 끓인다. 끓어 오르면 전분을 풀어 걸쭉하게 만들어 냄비 그대로 식탁에 낸다.

8) 전분을 풀어 만드는 다른 방법

밤새 물에 담가 불려 부드럽게 만든 후추를 빻아 리쿠아멘을 섞으면 보기에는 지저분해 보이지만 아주 근사한 검은 후추소스가 만들어진다. 여기에 이글이글 타는 태양 아래에서 그 열기에 수분이 증발하여 꿀처럼 밀도가 높아진 무화과데프리툼을 섞는다. 만약 이렇게 만든 무화과데프리툼이 없다면, 로마인들이 '컬러(color)'라고 부르는 카리아[63]산(産) 무화과로 만든 데프리툼을 섞어도 된다. 그 다음 물녹말을 넣거나 쌀가루를 푼 물을 붓고 저어준 다음 약한 불에서 끓인다.

9) 전분을 풀어 만드는 다른 방법

닭 뼈를 물에 담가 놓는다. 그 다음 리크와 딜, 소금을 냄비에 넣는다. 뭉근히 끓여 육수가 만들어지면 후추와 셀러리 씨를 넣고 물에 불린 쌀을 으깨어 넣는다. 리쿠아

---

61 아케타불룸은 식탁에 식초나 꿀을 낼 때 사용하는 굽이 달린 작은 종지다. 이 그릇은 도기나 금속 또는 유리 재질로 되어 있다. 일반적인 아케타불룸의 용량은 약 0.07리터이고, 용량이 큰 것은 아케타불룸 마이우스라고 부르며 약 0.14리터, 작은 것은 아케타불룸 미누스라 부르며 약 0.035리터이다.

62 침전물에는 효모가 많이 들어 있어 소화에 도움이 되었기 때문인 것으로 보인다.

63 소아시아의 남서쪽, 이노니아 지방에 속한 곳으로 프리기아와 리키아 지방에 둘러싸여 있던 지역이다.

멘과 파숨[64] 또는 데프리툼을 첨가한다. 이 모든 것을 잘 섞어 완자와 함께 식탁에 낸다.

10) 아포테르뭄은 다음과 같은 방법으로 만든다

스펠트밀을 삶는다. 삶은 스펠트밀과 호두, 아몬드를 물에 불려 껍질을 벗긴다. 크레타산(産) 호분[65]으로 닦아 알알이 하얗게 된 삶은 스펠트밀과 호두, 아몬드를 그릇에 부은 다음, 재빨리 건포도를 넣어, 카로이눔이나 파숨을 부어 잘 섞는다. 빵 가루를 뿌린다. 식탁용 대접에 담아 낸다.

3. 고기 소시지

1) 애기보에 완자 반죽을 채워 넣은 소시지는 이렇게 만든다

갈은 후추와 쿠민, 물에 불려 깨끗하게 씻은 리크의 하얀 부분만 다듬어 짤막하게 자른 것 두 대와 루타를 다진다. 여기에 아주 곱게 다진 고기와 리쿠아멘을 섞는다. 이것을 여러 번 반복해서 곱게 다져 잘 섞는다. 통후추와 잣도 넣어 섞는다. 충분히 씻어 깨끗해진 재료[66]에 이렇게 만든 소를 채워 넣는다. 냄비에 기름과 리쿠아멘을 붓고 리크와 딜 묶음을 넣어 소시지를 삶는다.

2) 작은 소시지는 다음과 같은 방법으로 만든다

삶은 달걀노른자, 으깬 잣, 양파, 잘게 다진 리크를 준비한다. 이 모든 재료는 익히지 말고 잘 섞는다. 곱게 빻은 후추를 뿌린 다음 창자에 채워 넣는다. 리쿠아멘과 와인을 부어 삶는다.

---

64 파숨은 단맛이 강한 와인으로, 오늘날의 디저트와인과 비슷하다. 고대 그리스와 로마의 저자들은 기호식품이면서 약재 역할을 하는 파숨에 대한 기록을 남겼다. 이 와인을 담그는 기술은 그리스인들을 통해 알려졌는데, 말린 포도로 만드는 것이 그 비법이다. 일반적으로 이 와인은 머스캣이라는 품종으로 만든다. 간단하게 담그는 방법은 포도가 다 여물어도 수확하지 않고 햇볕에 그냥 두면 가지가 비틀어지며 마르는데, 그것으로 포도주를 담근다. 로마에서는 크레타산(産) 파숨을 최고로 여겼다.

65 호분은 백악이나 석회질 암석의 가루를 가리키며 주로 은제품을 닦는 데 사용하였다.

66 제목이 애기보로 만든 소시지인 것으로 보아 여기서 '재료'는 애기보일 것으로 추측된다.

밀레피오리대접
기원전 1세기경, 유리, 로마-게르만 박물관, 쾰른

4. 루카니아소시지[67]

루카니아소시지는 위에서 사용한 방법으로 만든다. 절구에 후추, 쿠민, 세이보리, 루타, 파슬리, 갖은 양념, 월계수 잎을 넣고 리쿠아멘을 부어 빻는다. 잘게 다진 고기를 섞어 다시 한 번 갈아준다. 리쿠아멘과 통후추, 넉넉한 양의 고기기름과 잣을 한 번

---

67 루카니아소시지는 '루가네가'라는 이름으로 오늘날에도 여전히 생산되고 있는 소시지의 한 종류로 이탈리아 북부, 스위스와 오스트리아 국경에 접하고 있는 트렌티노-알토 아디제의 특산물로 알려져 있다. 루가네가의 전통적인 조리법은 여기저기로 퍼지면서 매우 다양하게 발전하였다. 아피키우스가 소개하고 있는 루카니아소시지가 루가네가의 기원이라고 생각되지만, 이 소시지의 이름은 이탈리아 북부가 아닌 남부 루카니아 지방에 그 근원을 두고 있다는 연구보고가 있다. 루카니아 지방은 서쪽으로는 티레니아 해를, 동쪽으로는 타란토 만, 북쪽으로는 캄파냐와 삼니움 그리고 아풀라와 브루타움으로 둘러싸인 지역으로 오늘날 바실리카타에 속하는 지역이다.

더 섞어서 창자에 채워 넣는다. 반드시 얇게 채워 넣어야 한다. 다 채워 넣으면 훈연실에 걸어 놓는다.

5. 소시지

1) 절구에 달걀과 뇌를 넣고 으깬다. 여기에 잣, 후추, 리쿠아멘을 넣고 함께 으깬다. 라저도 조금 넣는다. 손질해 놓은 창자에 내용물을 채워 넣는다. 끓는 물에 삶아 석쇠에 구워 식탁에 낸다.

2) 다른 방법

스펠트밀을 삶는다. 다진 고기와 삶은 스펠트밀을 한데 넣고 찧는다. 여기에 후추와 잣을 넣고 리쿠아멘을 부어가면서 찧는다. 이것을 창자에 채워 삶은 다음 소금을 뿌려 석쇠에 굽는다. 겨자를 곁들여 식탁에 내거나 먹기 좋게 잘라 둥근 접시에 담아 식탁에 낸다.

3) 다른 방법

깨끗하게 씻은 스펠트밀에 리쿠아멘을 붓고 리크의 하얀 밑동만 다져 넣어 함께 삶는다. 다 익으면 건져서 지방과 살코기를 작게 썰어 모두 절구에 넣고 잘 섞은 다음, 후추, 러비지, 달걀 3개, 잣을 넣고 빻으면서 리쿠아멘으로 간을 맞춘다. 준비된 것들을 창자에 채워 넣는다. 이렇게 만든 소시지는 삶은 뒤 살짝 구워 내거나 삶은 그대로 식탁에 낸다.

4) 링 모양으로 말아서 모양을 낸 소시지

작은 완자를 만들 때처럼 다진 고기로 소시지 속을 채운다. 그러고 나서 양끝을 잡아 동그랗게 링 모양으로 엮는다. 소시지가 붉은 빛을 띨 때까지 훈연한다. 석쇠에 올려 냄새가 날 때까지 살짝 굽는다. 꿩 요리에 했던 것처럼[68] 오이노가룸을 뿌리

---

68 무슨 뜻인지 정확히는 알 수 없다. 아마도 꿩요리에 사용했던 것과 같은 방식으로 오이노가룸을 드레싱처럼 사용하라는 뜻인 듯하다. 하지만 유감스럽게도 이와 같은 요리는 이 책에서 찾아 볼 수 없다.

고 쿠민도 조금 뿌린다.

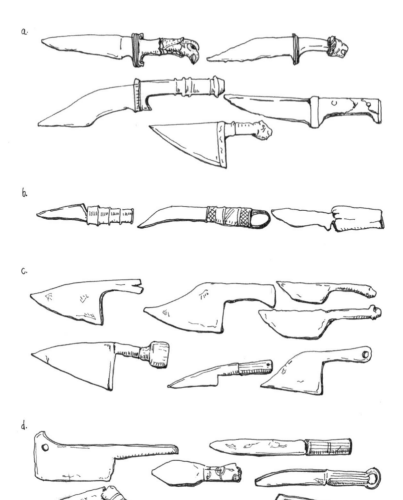

a. 묵직한 식칼
b. 채소칼
c. 고기용 식칼
d. 그 외

채소 재배자의 [채소]

APICIUS
DE RE COQUINARIA

식료품과 칼이 있는 정물,
식당 벽화, 프레스코, 오스티아 안티카

1. 채소

모든 채소가 에메랄드그린 빛이 나도록 만드는 법: 어떻게 하면 모든 채소가 에메랄드그린의 빛깔을 유지할 수 있는가. 어떠한 채소든 천연소다를 넣고 데치면 에메랄드그린의 빛이 난다.

2. 소화가 잘되는 곁들임 채소

1) 잘게 썬 비트와 잘 익은 리크를 삶아 팬에 넣는다. 후추와 쿠민을 빻아 넣고 리쿠아멘을 붓는다. 단맛을 내기 위해 파숨을 붓는다. 팬에 부어 끓게 놔둔다. 끓어 오르면 식탁에 낸다.

2) 같은 방법으로

털미역고사리를 따뜻한 물에 담근다. 털미역고사리가 부드러워지면 질긴 부분은 벗겨낸 다음 잘게 썰어 빻은 후추와 쿠민을 뿌려 뜨거운 팬에 볶아 사용한다.

3) 소화가 잘되는 곁들임 요리를 만드는 약간 다른 방법도 있다

비트는 작은 다발로 묶어 솔로 박박 문질러 깨끗하게 닦는다. 검은 것을 뿌려 하나로 묶는다.[69] 물을 붓는다. 다 익으면 팬에 넣고 파숨이나 카로이눔, 후추 같은 양념을 한다. 그러고 나서 기름을 조금 붓는다. 다 끓으면 털미역고사리와 견과류를 넣고 리쿠아멘도 부어 으깬 다음 뜨겁게 달군 팬에 넣고 뚜껑을 닫자마자 불에서 내린다. 곁들임 요리로 사용한다.

4) [바로(Varro)[70]식(式) 비트요리

---

69 무슨 뜻인지 확실하지 않다. '검은 것'은 검은 후추를 의미하는 것 같다. 앞뒤 문맥으로 보아 비트를 닦을 때 후추를 뿌려 표면의 이물질을 제거하는 방법에 대해 덧붙여 설명한 것으로 생각된다.

70 마르쿠스 타렌티우스 바로(기원전 116~기원전 27)를 가리킨다. 바로는 지리, 법률, 철학 등을 아우르는 많은 분야에서 박학다식하기로 알려진 문학가이다. 그는 많은 저작활동을 하였다고 하나, 오늘날까지 전해지는 작품은 많지 않다. 그의 대표작으로는 〈농업론〉을 들 수 있다. 동명이인인 시인 푸블리우스 타렌티우

다른 방법[71]으로 만든 바로(Varro)식 비트요리: 깨끗하게 씻어 껍질을 벗긴 검은 비트의 뿌리에 물숨[72]을 붓고 소금을 조금 뿌리고 기름도 부어 푹 삶는다. 또는 소금과 물과 기름을 함께 넣고 끓여 수프처럼 마신다. 닭고기를 넣고 끓이면 좀 더 맛있게 먹을 수 있다.]

5) 소화가 잘 되는 다른 요리법

신선한 초록색 셀러리는 뿌리잎까지 모두 잘 씻어 햇볕에 말린다. 그런 다음 잘 마른 셀러리의 하얀 부분과 리크의 밑동만 잘라 새-냄비[73]에 넣고 끓여 물이 1/3로 줄어들 때까지 조린다. 그 다음 절구에 후추와 리쿠아멘을 넣고 빻아 진득해지도록 꿀을 잔뜩 부어 간을 맞춘다. 삶은 셀러리를 체에 받쳐 물기를 뺀다. 체에 받쳐 내린 물을 양념이 들어있는 절구에 부어 섞은 다음 끓여서 소스를 만든다. 셀러리 위에 소스를 끼얹어 식탁에 낸다. 셀러리 뿌리잎을 좋아한다면 함께 식탁에 내어도 좋다.

3. 아스파라거스

아스파라거스를 말린다. 말린 아스파라거스를 여러 번에 걸쳐 뜨거운 물에 담그면 단단하게 된다.

스 바로와 혼동하지 않도록, 그를 종종 그의 고향 레아테(오늘날의 리에티)에서 따온 '레아티누스'라는 별칭으로 부르기도 하였다.

71 왜 '다른'이라는 단어가 붙었는지 알 수 없다. 보통 이런 경우라면 바로식 비트 요리의 다른 조리법이 먼저 소개되었어야 한다. 누락된 조리법이 있다고 의심해 볼 수 있다.

72 물숨은 식사 때 마시던 고대로마의 대표적인 와인음료로 꿀을 섞은 와인이다. 단맛으로 입맛을 돋우기 위해 주로 전채요리와 함께 식탁에 내기도 하였다. 만드는 법은 집집마다 다르다. 콜루멜라에 따르면 꿀 3,270그램에 와인 13리터를 섞어 만든다. 팔라디우스는 즙을 짠지 20일이 지난 머스트와 꿀을 4:1의 비율로 섞어 만든다고 전한다. 그 밖에도 플리니우스는 질 좋은 와인에 끓인 꿀을 섞는다고 하였고 마르티알리스는 동시대인들이 가장 사랑한 와인 중 하나인 팔레르눔에 아티카산(産) 꿀을 섞어 만든다고 하였으며, 이 책의 비니다리우스 발췌본에서는 와인과 꿀만 섞는 것이 아니라 향신료까지 섞어 만들기도 한다.

73 새로 준비한 냄비라는 뜻이 아니라 로마인들이 사용하던 흙으로 빚어 구운 냄비의 한 종류로 '새로운 냄비' 또는 '새 냄비'라고 불렀다. 이 책에서 사용한 다른 냄비는 주로 청동으로 만들었다.

| 리코타 같은 연성치즈와 아스파라거스. 프레스코, 폼페이

4. 호박

1) 호박 전채요리

삶아 으깬 호박을 팬에 담는다. 후추, 쿠민 씨, 라저 뿌리, 루타 조금을 절구에 넣어 빻은 다음 식초와 리쿠아멘으로 간을 한다. 데프리툼을 넣어 색이 나오면 소스를 팬에 붓는다. 두 번째 또는 세 번째 끓어오르면 불에서 내려 잘게 빻은 후추를 뿌린다.

2) 타로토란 뿌리 소스를 넣어 만든 다른 호박 요리

타로토란 뿌리를 삶는 방법과 똑같이 호박을 물에 넣고 삶는다. 절구에 후추, 쿠민, 루타를 넣고 빻아 식초를 부어 섞은 다음 리쿠아멘으로 간을 하여 냄비에 쏟아 붓는다. 기름을 조금 붓고 호박을 잘게 잘라 즙을 내어 소스를 만든다. 끓인다. 전분을 섞어 점도를 맞추고 후추를 뿌려 식탁에 낸다.

3) 알렉산드리아식(式) 호박 요리

호박을 삶아 으깬 다음 소금을 뿌려 팬에 담는다. 후추, 쿠민, 고수씨, 신선한 민트, 라저 뿌리를 빻아 식초를 붓고 으깬 대추야자와 잣을 넣는다. 여기에 꿀, 식초, 리쿠아멘, 데프리툼, 기름을 넣어 간을 한다. 이렇게 만든 소스를 호박 위에 붓는다.

복숭아와 물병이 있는 정물
프레스코,
헤르쿨라네움,
나폴리 고고학 박물관,
나폴리

4) 다른 방법으로 만든 삶은 호박

리쿠아멘과 기름에 아무것도 섞지 않은 와인[74]을 부어 만든다.

5) 다른 방법으로 만든 호박 볶음

아무것도 섞지 않은 오이노가룸과 후추로 간을 한다.

6) 삶거나 볶은 호박을 이용한 다른 요리

호박을 팬에 넣고 쿠민소스를 붓는다. 그 위에 기름을 조금 뿌린다. 익혀서 식탁에
낸다.

7) 으깨어 볶은 호박을 이용한 다른 요리

후추, 러비지, 쿠민, 오레가노, 양파, 와인, 리쿠아멘, 기름을 넣어 만든다. 팬에 전분
을 풀어 걸쭉하게 만들어 식탁에 낸다.

8) 닭고기를 곁들인 호박 요리

---

74 당시에 담근 와인은 오늘날의 와인보다 독하고 진했기 때문에 로마인들은 대부분 와인을 물이나 다른 것과
   섞어 마시거나 사용하였다.

천도복숭아, 송로버섯, 후추, 캐러웨이, 쿠민, 실피움, 녹색 허브로 만든 양념, 민트, 셀러리, 고수, 페니로열, 카로멘타[75], 꿀, 와인, 리쿠아멘, 기름, 식초를 넣어 만든다.

5. 시트론

산회향[76], 실피움, 말린 민트, 식초, 리쿠아멘으로 버무린다.

6. 오이

1) 껍질을 벗긴 오이

리쿠아멘이나 오이노가룸으로 버무린다. 이렇게 하면 야들야들하고 부드러운 맛의 오이 버무리를 먹을 수 있을뿐더러 메스꺼움이나 복통을 느끼지 않는다.

2) 다른 방법으로 만든 껍질을 벗긴 오이요리

삶아서 준비해 놓은 뇌, 쿠민과 꿀 조금, 셀러리씨, 리쿠아멘과 기름을 넣고 익힌다. 여기에 달걀을 풀어 넣어 걸쭉하게 만든다. 후추를 뿌려 식탁에 낸다.

3) 오이를 이용한 또 다른 요리

후추, 페니로열, 꿀이나 파숨, 리쿠아멘과 식초를 섞어 소스를 만든다: 때에 따라 실피움을 넣기도 한다.

7. 수박과 멜론

---

75 카로멘타가 무엇을 가리키는지 알려진 바가 없다. 단어의 구성으로 보아 박하와 비슷한 종류의 허브가 아닐까 추측하여 본다.

76 산회향(*Sesli montanum*)은 회향과 매우 비슷하게 생겼으나 다른 종류의 식물로 남유럽이나 북서아프리카에 분포한다. 이 식물의 주변에 벌레가 많이 꼬이기 때문에 작물로는 적합하게 여기지 않았다. 씨, 잎, 줄기, 뿌리 모두 식용과 약용으로 사용한다. 여기에 소개된 시트론 샐러드에는 산회향의 어느 부분을 사용하는지 정확하게 설명되어 있지 않으나 문맥으로 보아 잎을 사용하는 것 같다.

후추, 페니로열, 꿀이나 파슘, 리쿠아멘과 식초를 넣어 소스를 만든다. 때에 따라서
는 실피움을 넣는다.

8. 아욱

작은 아욱에 리쿠아멘을 붓고 소금, 기름, 식초를 넣고 버무린다. 큰 아욱은 오이노가
룸에 후추를 뿌리고 리쿠아멘과 카로이눔이나 파슘을 부어 섞어 버무린다.

9. 배추속(屬)채소의 봄 순[77]

1) 배추속 채소의 봄 순
쿠민과 소금을 뿌리고 묵은 와인과 기름을 부어 섞는다. 재료를 더 넣고 싶다면 후
추와 러비지, 민트, 루타, 고수, 브로콜리 잎, 리쿠아멘, 와인, 기름을 넣는다.

2) 다른 방법
삶은 배추속 채소를 반으로 자른다. 고수, 양파, 쿠민, 후추, 파슘이나 카로이눔과 기
름을 조금 넣고 으깬다.

3) 다른 방법
삶아서 숨이 죽은 배추속 채소를 팬에 넣고 리쿠아멘, 기름, 아무것도 섞지 않은 순

---

77 여기에 속하는 채소로는 케일, 양배추, 브로콜리 따위가 있다. 고대 로마에서도 배추속에 속하는 식물들을
경작하였는데 그 종류가 너무 다양하였다. 이들 채소는 식량자원으로 매우 중요한 부분을 차지하고 있었
다. 잎겨드랑이 아래로 나는 모든 잎에는 꽤 오랫동안 즙이 많은 싹들이 자라는데, 이러한 배추속에 속하는
채소를 한 해 중 가장 먼저 경작한다는 기록이 있다. 배추속 식물은 가난한 사람들의 채소다. 그러나 미식
가들도 그들이 '퀴마이'라 부르던 봄에 나는 새순을 즐겨 먹었다. 퀴마이는 씨를 뿌리고 두 해째에 나는 순
을 일컫는데, '카울레스'와 '카울리쿨리'라 부르는 것도 모두 같은 것이다. 이 싹을 아스파라거스처럼 단으
로 묶어 판매를 하였으며 다른 채소에 비해 비싼 편이었다. 종종 이들을 분류하지 않고 모두 양배추로 번
역하거나 방울다대기양배추로 번역하는 일이 잦다. 방울다대기양배추는 중세에 들어와서야 재배하기 시작
하였기 때문에 완전히 잘못된 번역이라고 할 수 있다.

수한 와인과 쿠민으로 양념을 한다. 그 위에 리크, 쿠민, 잘게 다진 신선한 고수를 뿌린다.

4) 다른 방법

위 3)처럼 양념한 배추속 채소를 데친 리크와 함께 삶는다.

5) 다른 방법

위 4)처럼 양념한 배추속 채소와 녹색 올리브를 함께 삶는다.

6) 다른 방법

위 5)처럼 양념한 배추속 채소 위에 삶은 스펠트밀과 잣, 건포도를 뿌린다. 그 위에 리크를 뿌린다.

10. 리크

1) 다 자란 리크는 이렇게 조리한다

물과 기름을 섞은 다음 소금 한 움큼을 넣어 녹인다. 거기에 리크를 삶아 건져 놓는다. 기름, 리쿠아멘, 물을 섞지 않은 와인을 섞어 만든 소스를 뿌려 식탁에 낸다.

2) 리크로 만든 다른 요리

위와 같은 방법으로 리크를 삶아 자두와 함께 내용물이 보이지 않도록 배추속 채소의 봄순으로 감싸 삶는다. 식탁에 낸다.

3) 리크로 만든 다른 요리

위와 같은 방법으로 삶되, 물에 넣어 삶는다[78]. 식탁에 낸다.

4) 다른 리크 요리

리크는 물에 삶아야 한다. 리크에 양념을 해서 먹고 싶다면, 양념하지 않은 누에콩을 넣고 원하는 갖가지 재료로 맛있게 버무린다.

---

78 내용이 정확하지 않다. '물에 넣어'가 아니라 다른 비슷한 단어의 오탈자일 가능성이 있다. 다른 판본 중에는 '열매를 넣어'로 표기되어 있는 것도 있다.

11. 비트

1) 리크, 고수, 쿠민, […] 건포도를 잘게 다진다. 죽처럼 곱게 으깬 비트에 다른 모든 것을 넣고 밀가루를 섞어 걸쭉하게 만든다. 리쿠아멘, 기름과 식초를 뿌려 식탁에 낸다.

2) 삶은 비트를 이용한 다른 요리
겨자와 기름 조금에 식초를 뿌려 내면 좋다.

12. 올리세라[79]

한 손으로 쥘 수 있는 양의 올리세라를 준비한다. 리쿠아멘, 기름, 아무것도 섞지 않은 질 좋은 와인을 넣어 만든 소스와 함께 내거나 구운 생선에 곁들여 낸다.

13. 순무나 루타바가[80]

1) 순무나 루타바가
순무나 루타바가를 삶아서 즙을 짠다. 그 다음 절구에 쿠민을 넉넉하게 넣고 여기에 루타 조금, 파르티아산(産) 라저, 꿀, 식초, 리쿠아멘, 데프리툼, 기름을 조금 넣어 빻는다. 이것을 끓여 식탁에 낸다.

---

79 원문에서 올리세라라고 부르는 이 식물은 이전의 많은 오래된 문헌에서 '검은 양배추'로 번역되곤 하였다. 올리세라는 오늘날 알리산더스(alisanders), 홀스 파슬리(horse parsley), 스뮈르니움(smyrnium) 따위로 부르는 미나리과 식물이다. 올리세라는 이파리와 과육이 많은 뿌리를 먹기 위해 경작했다는 고대의 기록이 남아있다. 뿌리는 생으로 먹거나 익혀서 먹었다. 하지만 쓴맛 때문에 바로 먹지는 않았고, 부드럽게 만들기 위해 겨울 동안 모래 속에 묻어두었다가 먹었다.

80 스웨덴 순무라고도 부른다. 잎은 진한 녹색으로 두꺼우며 뿌리는 둥글거나 짧으며 달걀 모양이다. 땅 위로 나온 뿌리 부분은 녹색이나 자수색을 띠며 뿌리를 갈라 보면 속은 노란색이나 흰색을 띠고 있다. 육질이 단단하여 저장성이 높다.

2) 순무나 루타바가의 다른 조리법

순무나 루타바가를 삶는다. 삶은 순무 위에 기름을 몇 방울 떨어뜨린다. 원한다면 식초도 뿌린다.

14. 무

후추소스로 버무린 무: 리쿠아멘을 부으면서 빻은 후추로 버무린다.

15. 부드러운 채소

1) 올리세라로 만든 부드러운 채소 요리

천연소다를 푼 물에 올리세라를 삶아 부드러운 부분만 건져 물기를 짠 다음 잘게 썬다. 여기에 후추, 러비지, 말린 세이보리, 말린 양파를 넣고 빻으면서 리쿠아멘, 기름, 와인을 붓는다.

2) 다른 부드러운 채소 요리

천연소다를 푼 물에 셀러리를 삶는다. 물기를 짠 다음 잘게 썬다. 후추, 러비지, 오레가노, 양파, 와인, 리쿠아멘, 기름을 넣고 빻는다. 이렇게 준비한 재료를 흙으로 빚어 구운 냄비에 끓여서 잘게 썰어 놓은 셀러리와 버무린다.

3) 상추 이파리와 양파로 만든 부드러운 채소 요리

천연소다를 푼 물에 상추를 삶는다. 물기를 짜서 잘게 썬다. 절구에 후추, 러비지, 셀러리씨, 말린 민트, 양파, 리쿠아멘, 기름, 와인을 넣고 빻는다. 다른 방법: 부드러운 채소가 말라 비틀어지지 않게 하려면 어떤 채소라도 반드시 꼭지를 자른다. 그런 다음 양배추의 겉에 붙어있던 잎은 버리지 말고 향쑥을 우린 물에 담가 부드럽게 만든다. 그 잎으로 덮어둔다.

16. 마타리상추

리쿠아멘, 기름, 식초를 넣고 손으로 버무리거나 팬에 담아 후추, 쿠민, 마스틱스 열매와 볶는다.

17. 쐐기풀

암꽃 줄기를 꺾어 사용하는 것이 좋다. 왜냐하면 쐐기풀의 암꽃은 태양이 양자리[81]에 있을 때 모든 병과 싸워 이겨낼 수 있는 힘을 갖게 되기 때문이다.

18. 엔다이브와 상추

1) 엔다이브에 리쿠아멘, 기름 조금, 아무것도 섞지 않은 순수한 와인을 붓고 썰어 놓은 양파를 넣어 버무린다. 겨울에는 상추 대신 엔다이브를 사용하는 게 좋은데, 샐러드소스나 꿀과 식초와 신 식초를 뿌려 함께 먹는다.

2) 상추에 옥쉬포리움[82]과 식초를 붓고 리쿠아멘을 조금 넣어 버무린다.

3) 소화불량과 헛배 부름 증상에도 부담을 주지 않는 상추버무리[83]

---

81 천구에서 지구의 공전으로 나타나는 태양의 운동경로를 황도라 부르는데, 이 황도가 통과하는 12개의 별자리를 황도 12궁이라고 한다. 이는 황도 전체를 30°씩 12등분하여 그에 걸맞는 별자리의 이름을 붙인 것이다. 춘분점이 있는 물고기자리부터 시작하여 양자리, 황소자리, 쌍둥이자리, 게자리, 사자자리, 처녀자리, 천칭자리, 전갈자리, 궁수자리, 염소자리, 물병자리가 이에 속한다. 대략 2,000년 전에는 이들 별자리들이 세차운동 때문에 오늘날과 조금 달랐다. 당시에는 춘분점이 양자리에 있었다. 이것을 뒷받침할 수 있는 기록으로는 오비디우스(기원전 43~기원후 17)가 쓴 〈로마의 축제일〉이 있다. 이 책에는 3월 23일, 양자리를 언급하고 있다. "어제의 태양은 프릭수스의 양모피를 밟았다."(『로마의 축제들』, 오비디우스, 천병희 옮김, 숲, 2010, 187쪽) 그러므로 이 책에 언급된 '태양이 양자리에 있을 때'란 시기적으로 봄을 말한다. 이 시기의 쐐기풀은 너무 어려 꽃을 피울 수 없다. 일반적으로 쐐기풀은 가을에 꽃을 피운다. 따라서 아피키우스가 추천하는 방법은 내용적으로도 맞지 않는다.

82 1권의 32 매운소스 참조.

83 1권의 32 매운소스와 동일한 조리법이다.

쿠민 2운키아(약 54.6그램), 생강 1운키아(약 27.3그램), 신선한 루타 1운키아(약 27.3그램), 통통한 대추야자 12스크리풀룸(약 13.68그램), 후추 1운키아(약 27.3그램), 꿀 9운키아(약 245.7그램), 에티오피아나 시리아 또는 리비아산(産) 쿠민 중에 가지고 있는 것으로 준비한다. 말린 쿠민은 가루로 만들어 식초와 흔들어 섞는다. 이 모든 재료에 꿀을 넣어 섞어 점성이 있게 만든다. 필요하다면 식초 1/2숟가락을 넣고 리쿠아멘을 조금 뿌려 먹거나 저녁식사를 마치고 나서 1/2작은 숟가락만 복용한다.

19. 아티초크

1) 아티초크
리쿠아멘, 기름, 잘게 다진 달걀[84]을 넣어 버무린다.
2) 아티초크를 이용한 다른 요리
루타, 민트, 고수, 회향은 모두 신선한 것으로 준비하여 절구에 넣어 문질러 짓이긴다. 여기에 후추, 러비지, 꿀, 리쿠아멘, 기름을 섞어 소스를 만든다.
3) 삶은 아티초크를 이용한 다른 요리
후추와 쿠민, 리쿠아멘과 기름을 섞어 만든다.

20. 가시굴

1) 볶은 가시굴에 간단하게 오이노가룸만 뿌린다.
2) 다른 방법
삶은 가시굴에 소금, 기름, 아무것도 섞지 않은 와인, 잘게 다진 신선한 고수, 통후추를 넣어 만든다.

---

84 삶은 달걀을 말하는 것 같다.

3) 다른 방법

다음과 같이 제시한 재료로 만든 진한 소스를 삶은 가시굴에 곁들인다: 절구에 셀러리씨, 루타, 꿀, 후추, 파슘, 리쿠아멘, 기름을 모두 넣고 빻는다. 전분을 섞어 진득하게 만든 소스에 후추를 뿌려 식탁에 낸다.

4) 가시굴을 이용한 다른 요리

절구에 쿠민, 루타, 리쿠아멘, 카로이눔 조금, 기름, 신선한 고수와 리크를 모두 넣고 빻는다. 가시굴 대신 소금에 절인 생선과 함께 내어도 좋다.

5) 또 다른 방법

삶은 가시굴을 살짝 굽는다. 냄비에 구운 가시굴과 기름, 리쿠아멘, 후추, 파슘을 넣고 색이 진해질 때까지 걸쭉하게 조린다.

6) 다른 방법

기름과 리쿠아멘을 가시굴이 잠길 때까지 붓거나 소금 간을 한 가시굴에 기름을 발라가며 석쇠에 굽는다.

7) 다른 방법

삶은 가시굴을 절구에 넣고 빻는다. 잘 빻아지지 않는 질긴 부분은 제거한다. 여기에 삶은 스펠트밀과 달걀, 리쿠아멘, 후추를 넣고 함께 빻아 잣과 후추를 섞어 창자에 채워 넣는다. 이렇게 만든 소시지 겉면에 오이노가룸을 발라 석쇠에 굽는다. 완자 대신 식탁에 내어도 좋다.

21. 당근

1) 볶은 당근에 오이노가룸을 곁들여 식탁에 낸다.
2) 당근을 사용한 다른 요리: 기름을 넣고 볶은 다음 소금으로 간을 하고 식초를 뿌린다.
3) 또 다른 방법: 데친 당근을 잘게 썰어 쿠민을 섞은 기름으로 버무린 다음 식탁에

낸다. 갈색 쿠민 소스를 만든다.

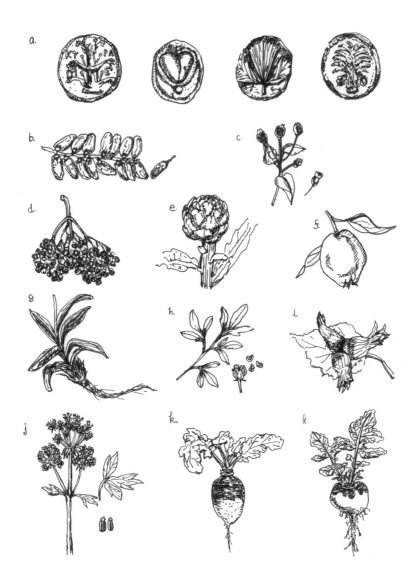

a. 동전: 실피움, 실피움씨, 셀러리잎, 대추야자나무

b. 대추야자

c. 도금양

d. 엘더베리

e. 아티초크

f. 마르멜로

g. 시엽감송

h. 루타

i. 람베르트 헤이즐넛

j. 러비지

k. 루타바가

l. 순무

여러 가지

APICIUS
DE RE COQUINARIA

가금류와 생선, 대추야자, 아스파라거스, 해산물이 있는 정물
1세기경, 모자이크, 로마

1. 살라 카타비아
2. 생선, 야채, 나무에서 열리는 과일을 넣어 만든 팬요리
3. 생선이나 얇게 썬 고기로 만든 미누탈
4. 거칠게 빻아 삶은 보리죽이나 죽
5. 전채요리

1. 살라 카타비아[85]

1) 살라 카타비아

후추, 민트, 셀러리, 말린 페니로열, 치즈, 잣, 꿀, 식초, 리쿠아멘, 달걀노른자와 갓 떠온 물을 잘 섞는다. 포스카[86]에 담가 부드럽게 만든 빵을 눌러 수분을 빼고 우유로 만든 치즈와 오이에 잣을 뿌려 잘 섞는다. 이 모든 것을 작은 냄비에 담아 준비해 놓는다. 여기에 잘게 다진 케이퍼와 닭 간을 넣는다. 그 위에 소스를 붓고 얼음 위에 올려 식탁에 낸다.

2) 아피키우스 식(式) 살라 카타비아

셀러리씨, 말린 페니로열과 민트, 생강, 신선한 고수, 씨를 제거한 건포도, 꿀, 식초, 기름과 와인을 모두 절구에 넣고 찧는다. 피켄티니 빵[87] 한 조각을 작은 냄비에 넣는다. 닭고기, 어린 염소의 목살, 베스티니[88] 치즈, 잣, 오이를 넣고 잘게 썬 말린 양파도 넣는다. 그 위에 소스를 붓는다. 가장자리에 눈을 뿌려 식탁에 낸다.

3) 다른 방법으로 만든 살라 카타비아

알렉산드리아 빵은 속만 파서 포스카에 담가 부드럽게 만든다. 후추, 꿀, 민트, 마늘, 신선한 고수, 소금으로 간을 한 우유로 만든 치즈, 물, 기름을 절구에 넣고 찧는다.

---

85 살라 카타비아는 고기나 생선, 해산물 같은 것을 굳혀 차갑게 먹는 요리로 오늘날의 아스픽(*Aspic*)이나 젤레(*Gelée*), 쥘쩨(*Sülze*) 따위와 닮았다.

86 포스카는 고대 로마의 전통적인 음료수다. 식초를 섞은 물로, 레모네이드처럼 마셨다. 포스카는 무알콜 음료 중 가장 대중적인 음료였으며, 무엇보다도 로마 군단병들에게 위생과 수분 공급을 위해 매우 중요하였다.

87 피켄티니 빵은 고대 로마의 피케눔 지역의 특산물로 잘 알려져 있었다. 피케눔은 오늘날 중부 이탈리아의 아드리아 해안지역이며 안코나 같은 도시가 여기에 속한다. 플리니우스는 이 빵의 제조법을 비교적 자세하게 전하고 있다: "피케눔 지역은 스펠트밀로 구운 빵으로 그 명성을 유지하고 있다. 스펠트밀을 아흐레 동안 불려서 부드럽게 만든 다음 열흘째 되는 날 건포도즙을 섞어 넣고 단단한 반죽을 만든다. 흙으로 구운 그릇에 담아 오븐에 굽는데, 그릇에 금이 갈 때까지 굽는 것이 중요하다. 이 빵은 반드시 불려야만 먹을 수 있다. 꿀을 섞은 우유에 불리면 가장 맛있게 먹을 수 있다."

88 베스티니는 아드리아해 지역에 살던 이탈리아의 한 종족으로 오스카인이라고도 부른다. 이들이 살던 지역은 오늘날 움브리아 주에 속하는 곳으로 고대의 치즈 특산지이다.

이렇게 찧은 재료들을 모두 그릇에 담은 뒤 그 위에 와인을 [부어] 식탁에 낸다.

2. 생선, 야채, 과일을 넣어 만든 팬요리[89]

1) 매일 먹는 팬요리

삶은 뇌에 후추 간을 해서 찧는다. 거기에 쿠민, 라저, 리쿠아멘, 카로이눔, 우유에 푼 달걀을 섞는다. 약한 불에서 부드럽게 익히거나 중탕한다.

2) 다른 조리법 : 뒤집어 엎은 팬요리[90]

잣과 견과류를 바삭하게 볶는다. 그러는 사이에 꿀, 후추, 리쿠아멘, 우유와 달걀을 절구에 넣고 찧는다. 볶아 놓은 견과류가 식기 전에 잘 섞는다. 기름을 조금 뿌린다.

3) 또 다른 조리법

상추는 줄기 채로 준비한다. 후추, 리쿠아멘, 카로이눔, 물, 기름을 넣고 찧어 삶는다. 여기에 달걀을 풀어 넣어 걸쭉하게 만든다. 후추를 뿌려 식탁에 낸다.

4) 또 다른 방법으로는 국물이 있는 팬요리도 만들 수 있다

올리세라를 손질해서 씻은 다음 삶는다. 다 익으면 식혀서 물기를 짠다. 송아지 뇌 4개를 준비한다. 껍질막을 벗겨낸 다음 삶는다. 후추 6스크리풀룸(약 6.84그램)을 절구에 넣고 리쿠아멘을 부어 빻는다. 여기에 뇌를 넣어 함께 으깬다. 올리세라도 함께 넣고 빻는다. 그 다음 달걀 8개를 풀어 거품을 낸다. 리쿠아멘 1퀴아투스(약 0.046리터)[91], 와인 1퀴아투스(약 0.046리터), 파숨 1퀴아투스(약 0.046리터)를 첨가한다. 간을

---

89 여기서 '팬요리'는 고대 로마인들이 널리 사용하던 '파티나'라고 부르는 일종의 다용도 후라이팬을 이용하여 만든 요리다. 파티나는 운두가 넓고 낮은 것이 대부분이나, 웍처럼 높은 것도 있다. 또, 양푼처럼 생긴 것도 있으며, 뚜껑이 있는 것도 있다. 그 밖에도 다양한 형태가 존재하지만 기본적으로 한쪽으로 길게 손잡이가 달려있고 그 손잡이 끝에 구멍이 있어 걸 수 있는 것이 가장 많다. 아피키우스가 소개하고 있는 '파티나 요리'와 가장 비슷한 오늘날의 요리 중에는 캐서롤이나 그라탕 같은 것을 들 수 있다.

90 '뒤집어 엎은' 팬요리란 아마도 용기에 굳힌 푸딩을 접시에 엎어 내용물을 빼내 모양을 만들어 내는 것과 같은 방법으로 내는 것을 의미하는 것으로 보인다.

91 퀴아투스는 보통 유리로 만든 작은 리큐어 잔이다. 로마인들은 이 잔을 계량컵으로도 사용하였다. 퀴아투

맞춘다. 팬에 기름을 바른 다음 미리 만들어 놓은 것을 부어 숯불에 올린다. 다 익으면 후추를 뿌려 식탁에 낸다.

5) 차갑게 먹는 아스파라거스 팬요리

잘 씻은 아스파라거스를 준비한다. 절구에 넣고 문질러 으깬다. 물을 부어가며 으깨면 좋다. 이렇게 준비한 것을 체에 꾹꾹 눌러 거른다. 냄비에 휘파람새[92]의 살을 뜯어 넣고, 절구에 와인 1퀴아투스(약 0.046리터), 파숨 1퀴아투스(약 0.046리터), 기름 3운키아(약 81.9그램)를 넣어 빻은 양념도 함께 넣어 익힌다. 팬에 기름을 바른다. 달걀 6개를 넣어 풀고 오이노가룸을 섞는다. 번저 만들어 놓은 아스파라거스 죽도 붓는다. 이미 위에 설명해 놓은 재료들을 그 위에 붓고 뜨거운 재 위에 올린다. 휘파람새가 위로 올라가야 보기 좋다. 다 구웠으면 후추를 뿌리고 식탁에 낸다.

6) 또 다른 아스파라거스 팬요리

아스파라거스의 거친 부분은 잘라서 버리고 나머지를 절구에 넣어 으깬다. 와인을 부어 섞은 다음 체에 거른다. 절구에 후추, 러비지, 신선한 고수, 세이보리, 양파, 와인, 리쿠아멘, 기름을 넣어 빻는다. 기름을 칠한 팬에 체에 걸러 만든 죽과 만들어 놓은 양념을 붓고 잘 젓는다. 원한다면 불 위에 올려 익히면서 달걀을 풀어 걸쭉하게 만든다. 그 위에 빻은 후추를 뿌린다.

7) 검은브리오니아[93]나 겨자 잎, 오이나 배추속 채소 같은 밭에서 자라는 작물로 만

스 한 잔의 양은 약 0.046리터로 넉넉하게 마시는 한 모금 정도로 생각하면 된다.

92 참새목 흰턱딱새과에 속하는 노래하는 새로 여러 종이 있다. 그중 잘 알려진 새로는 보린 휘파람새가 있다. 고대 로마인들은 이 새를 무화과지빠귀라고 불렀는데, 이 새가 무화과를 먹이로 삼는다고 하여 붙은 이름이지만, 사실은 무화과나무에 붙어있는 파리나 모기 같은 곤충을 잡아 먹는다. 이 새는 주로 작은 곤충이나 무척추동물을 먹지만, 부화기가 끝나면 작은 열매를 먹기도 한다. 과거 유럽에서는 크기가 작은 이 새를 먹기 위해 이들이 이동하는 시기에 대량으로 사냥했다. 고대부터 이 새를 재료로 한 여러 조리법이 전해지고 있다. 로마 시대에는 이 새로 만든 요리가 언제나 호화로운 연회나 잔치에서 제공되었는데, 유일하게 통째로 먹는 새라는 기록도 남아있다.

93 검은브리오니아(*Dioscorea communis; Tamus communis L.*)는 마과에 속하는 덩굴식물로 브리오니아와 다른 종이다. 심장처럼 생긴 잎과 연두빛이 도는 작은 꽃이 피고, 동그랗고 작은 주홍색 열매가 열린다. 고대 로마에서는 이 식물이 싹이 트는 시기에 새순을 먹었으나, 이 식물은 사포닌과 옥살산칼슘을 함유하고 있기 때문에 독성이 있다.

든 팬요리: 위와 같이 만든다. 원한다면 생선살이나 닭고기를 넣어 만들 수 있다.

8) 따뜻하거나 차갑게 내는 엘더베리 팬요리

엘더베리를 준비한다. 깨끗하게 씻어 물에 삶는다. 다 익으면 체에 걸러 물기가 빠지도록 놔둔다. 팬에 기름칠을 하고 물기를 제거한 엘더베리를 꼬챙이에 꽂아 팬 위에 놓는다. 절구에 후추 6스크리풀룸(약 6.84그램)을 넣고 리쿠아멘을 붓는다. 그 다음 리쿠아멘 1쿼아투스(약 0.046리터), 와인 1쿼아투스(약 0.046리터), 파숨 1쿼아투스(약 0.046리터)를 넣고 빻아 팬에 붓는다. 그리고 나서 기름 4운키아(약 109.2그램)도 팬에 붓는다. 화로[94] 위에 올려 굽는다. 다 익으면 달걀 6개를 멍울 없이 잘 풀어 부은 다음 서로 엉겨 붙도록 젓는다. 멍울이 지면 후추를 뿌려 식탁에 낸다.

9) 아름답게 장식한 팬요리

장미를 준비한다. 장미 잎은 한 장씩 떼어낸 다음 하얀 부분은 제거한다. 떼어낸 장미 잎을 절구에 넣고, 리쿠아멘을 부어 짓이긴다. 그 다음 리쿠아멘 1 1/2쿼아투스(약 0.069리터) 더 붓는다. 짓이긴 장미 잎을 체에 거른다. 4개의 뇌를 준비한다. 껍질을 벗겨 후추 8스크리풀룸(약 9.12그램)을 넣고 으깬 다음 먼저 만들어 놓은 장미 잎 죽을 섞어 진득하게 만든다. 달걀 8개를 푼다. 와인 1 1/2 쿼아투스(약 0.069리터)와 파숨 1쿼아투스(약 0.046리터)를 더 붓고 기름을 조금 뿌린다. 팬에 기름을 칠한다. 뜨거운 재를 준비하고 그 위에 앞서 준비한 재료를 넣은 팬을 올려 익힌다. 화로로 익혔을 때에는 후추가루를 뿌려 식탁에 낸다.

10) 호박을 넣어 만든 팬요리

삶은 호박과 구운 호박을 팬 위에 가지런히 놓고 그 위에 기름을 조금 뿌린 다음 쿠민소스를 붓는다. 다 익으면 식탁에 낸다.

11) 앤초비 팬요리

앤초비를 씻는다. 흙으로 빚어 만든 팬에 기름을 두른 다음 손질한 앤초비를 담는다.

---

94 고대 로마인들이 사용하던 화로는 청동이나 철로 만들어졌다. 철화로는 청동화로에 비해 가격이 저렴하면서 성능도 좋았다.

기름, 리쿠아멘, 와인을 붓는다. 루타와 오레가노를 한데 묶어 다발로 넣는다. 다 끓었으면 다발은 꺼내어 버리고 후추를 뿌려 식탁에 낸다.

12) 앤초비를 넣지 않은 앤초비 팬요리

석쇠에 굽거나 삶은 생선살을 발라내어 잘게 찢는다. 원하는 만큼 준비한 팬에 맞춰 채울 수 있도록 모자라지 않게 준비한다. 절구에 후추, 루타 조금, 리쿠아멘을 넣고 빻아 충분한 양을 만든다. 그 다음 팬에 기름을 두르고 발라 놓은 생선살을 넣어 양념과 섞는다. 그 위에 날달걀을 풀어 표면이 고르고 매끄럽게 되도록 붓는다. 그 위에 풀어서 부은 달걀과 섞이지 않도록 해파리를 조심스럽게 올린다. 해파리가 달걀 거품과 엉겨붙어 섞이지 않게 하려면 화덕 위에 걸어 놓고 뜨거운 열기로 익힌다. 꾸덕해지면 빻은 후추를 뿌려 식탁에 낸다. 이것이 음식이라는 사실을 식탁 앞에 있는 사람들 중 누구도 알아채지 못할 것이다.

13) 우유를 넣어 만든 팬요리

잣을 불려 물기를 제거한다. 갓 잡은 신선한 성계를 손질하지 않고 그대로 준비한다. 팬을 준비하고 다음과 같은 목록의 재료들을 그 위에 놓는다: 아욱 줄기, 비트, 잘 익은 리크, 셀러리 줄기, 부드러운 채소와 배추속 채소의 겉잎, 털을 뽑아 육수를 낸 다음 건져낸 닭, 삶은 뇌, 루카니아소시지, 삶아서 완전히 익힌 달걀을 반으로 잘라 놓는다. 테렌티우스[95]식(式) 소스를 채운 돼지 대창을 삶아서 다진다. 닭 간과 튀긴

---

95 아피키우스의 연구자 마이어는 이 책에서 모두 다섯 번 테렌티우스가 언급된 것으로 보아 이 인물이 농업에 대해 저술한 것으로 보인다. 또 다른 의견으로 〈게오포니카 전집〉에서 종종 언급되는 타란티노스와 같은 인물일 것이라는 견해가 있으나, 게오포니카는 고대 그리스와 로마인들이 저술한 농업서를 중세에 편집한 전집으로, 오늘날 전해지는 사본은 10세기경 출간되었다. 그 이전에 다른 사본이 제작되었다는 기록이 남아있으나 가장 오래된 것은 4세기경으로 추정하고 있다. 그러므로 아피키우스의 원저와는 시간상 거리가 있다. 만약 타란티노스와 동일인이라면 아피키우스의 책이 나중에 내용이 보완되었다는 증거 중 하나로 볼 수도 있을 것이다. 다른 한편으로는 이 요리서의 저자가 게오포니카 이전에 이미 타란티노스를 알고 있었을 수도 있으나 남아 있는 자료로는 아직까지 증명할 길이 없다. 또, 역사적으로 같은 이름을 가진 사람들 중 카르타고 출신의 작가 푸블리우스 테렌티우스 아페르(기원전 195년에서 185년 사이에 출생-기원전 158년 또는 159년에 사망)를 시기적으로 아피키우스와 연관지을 수 있으나 이와 관련해서도 확실한 자료는 아직 없다.

대구살, 해파리, 굴, 신선한 치즈를 보기 좋게 번갈아 가면서 팬에 채워 넣는다. 그 위에 잣과 후추를 뿌린다.

다음과 같이 만든 소스를 그 위에 붓는다: 후추, 러비지, 셀러리씨, 실피움을 넣고 끓인다. 다 끓으면 우유를 붓고 천에 걸러 내린 다음 달걀을 풀어 잘 섞는다. 뭉침 없이 잘 풀었으면, 앞서 보기 좋게 담아 놓은 팬 위에 붓는다. 불에 익힌다. 다 익으면 방금 잡아 온 신선한 성게를 그 위에 올리고 후추로 간을 해서 식탁에 낸다.

14) 아피키우스식(式) 팬요리는 다음과 같은 방법으로 만든다

삶은 젖통이, 생선살, 닭고기, 휘파람새나 개똥지빠귀[96]의 삶은 가슴살, 질 좋은 다른 고기도 준비한다. 휘파람새를 뺀 모든 재료를 부서지지 않도록 잘게 썬다. 날달걀에 기름을 넣고 멍울이 없도록 젓는다. 절구에 후추, 러비지, 리쿠아멘, 와인, 파숨을 넣어 빻은 다음 냄비에 부어 끓이다가 전분을 풀어 걸쭉하게 만든다. 이렇게 미리 만들어 놓은 소스에 고기를 넣고 끓여야 한다. 하지만 다 끓으면 육즙과 고기를 국자로 퍼서 팬에 담는다. 그리고 나서 통후추와 잣도 교대로 퍼서 그 위에 매끈하게 펴듯이 담는다. 그렇게 하면 반죽이 분리되어 겹겹이 층을 이루는데 이것은 라가눔[97]과 비슷하다. 익히지 않은 라가눔을 많이 올리고 싶다면, 같은 방법으로 국자를 이용해 그 위에 층층이 반죽을 붓는다.

15) 일상의 팬요리

젖통이, 생선살, 닭고기를 삶아서 준비해 놓는다. 고기를 모두 부서지지 않도록 조심

---

96 개똥쥐빠귀과에는 80속의 다양한 새들이 있다. 고대 로마인이 가장 사랑한 야생 조류였다고 한다. 주로 겨울철에 먹었는데, 이 새들이 나오는 시기에는 상대적으로 수요가 줄어드는 다른 새들의 값이 떨어질 정도였다고 한다. 가격이 높아 일반인들은 먹기 어려운 식재료였지만, 황제, 귀족, 미식가들의 식탁에 언제나 올라왔다고 하니 로마인들의 개똥쥐빠귀 사랑을 짐작할 수 있다. 미식가로 유명한 루쿨루스가 어느 때에나 바로 먹을 수 있도록, 처음으로 개똥지빠귀 사육을 시도하였다고 전해진다.

97 여기에 사용한 반죽은 오늘날 파이나 타르트 같은 것을 만들 때 사용하는, 탄력 없이 부드러운 파트 브리제(pâte brisée)처럼 만들라는 뜻인 것 같다. 라가눔은 고대 그리스와 로마인들이 먹던 빵의 한 종류로 발효시키지 않은 납작한 빵이다. 반죽을 굽거나 튀겨서 만든다. 연구자들은 이 요리의 전체적인 모습이 라쟈냐와 비슷한 것을 근거로 라가눔을 라자냐의 원형으로 보는 견해도 있다.

스레 작게 썬다. 청동으로 만든 팬을 준비한다. 냄비에 달걀을 풀어 거품을 낸다. 절구에 후추와 러비지를 넣고 빻다가 리쿠아멘, 와인, 파슘을 붓고 기름도 조금 뿌려 섞은 다음 냄비에 쏟아 붓고 끓인다. 다 익으면 걸쭉하게 만든다. 이미 썰어두었던 고기를 소스에 넣는다. 청동팬 바닥에 두 겹으로 라가눔을 깐 다음 한 국자 가득 고기를 퍼서 깐다. 그 위에 기름을 뿌리고 다시 라가눔을 올린다. 늘 하던 대로 반복해서 라가눔을 층층이 올렸으면, 국자 가득 소를 퍼서 얹는다. 라가눔 한 장에 작은 구멍을 뚫는다. 둥그런 쟁반 위에 내용물의 아래위가 바뀌도록 팬을 뒤집어 엎은 다음 구멍을 뚫어 놓은 라가눔을 맨 위에 올린다. 후추를 뿌려 식탁에 낸다.

16) 뒤집어 엎은 달콤한 팬요리

잣과 호두를 볶아서 손으로 문질러 껍질을 벗겨 절구에 넣는다. 여기에 꿀, 후추, 리쿠아멘, 우유, 달걀, 아무것도 섞지 않은 와인을 붓고 기름을 조금 넣어 빻는다.

17) 치즈와 소금에 절인, 원하는 생선을 넣어 만든 팬요리

소금에 절인 생선 중에 원하는 것을 기름에 지져 가시를 발라낸다. 삶은 뇌, 잘게 썬 생선, 닭 간, 완전히 익힌 달걀, 살짝 삶은 치즈를 모두 팬에 넣고 익힌다. 절구에 후추, 러비지, 오레가노, 루타 열매, 와인, 물슘, 기름을 넣고 빻아 팬에 쏟아 붓고 약한 불에서 익힌다. 날달걀을 풀어 넣고 걸쭉하게 만든다. 보기 좋게 담아 곱게 빻은 쿠민을 뿌려 식탁에 낸다.

18) 건조한 팬요리

큰돌고래 완자: 뼈를 제거한 고기를 잘게 썬다. 절구에 후추, 러비지, 오레가노, 파슬리, 고수, 쿠민, 루타 씨, 말린 민트와 잘게 썰어 놓은 큰돌고래 고기를 넣고 찧는다. 동글 납작한 완자 모양으로 만든다. 완성된 완자를 와인, 리쿠아멘, 기름을 부어 끓인다. 다 익으면 팬에 보기 좋게 담는다.

여기에 어울리는 소스는 이렇게 만든다: 후추, 러비지, 세이보리, 양파, 와인, 리쿠아멘, 기름을 섞은 다음 팬에 붓고 끓인다. 여기에 달걀을 풀어 걸쭉하게 만들고 후추를 뿌려 식탁에 낸다.

19) 올리세라 팬요리

천연소다를 푼 물에 올리세라를 넣어 삶아 팬에 담고 꾹 누른다. 절구에 후추, 러비지, 고수, 세이보리, 양파, 와인, 리쿠아멘, 식초, 기름을 넣어 찧는다. 이렇게 준비한 양념을 올리세라를 담아 놓은 팬에 골고루 부어 익힌 다음 전분을 넣어 걸쭉하게 만든다. 타임과 빻은 후추를 그 위에 뿌린다. 원한다면 좋아하는 야채를 위에 얹는다.

20) 구운 앤초비 팬요리

앤초비를 씻는다. 날샽을 풀어 서품을 낸 다음 앤초비와 섞는다. 리쿠아멘, 와인, 기름을 부어 끓인다. 다 끓었으면 앤초비를 넣는다. 양념이 잘 배어 들었으면 앤초비를 조심스럽게 뒤집는다. 표면이 갈색이 되면 오이노가룸만 뿌린다. 후추를 뿌려 서빙한다.

21) 뇌와 라기티스[98]를 넣은 팬요리

달걀을 완전히 익도록 부친다. 뇌를 삶아 껍질을 벗긴다. 닭 내장도 뇌와 마찬가지로 손질한다. 생선을 뺀 모든 재료를 잘게 부순 다음 팬 위에서 섞이지 않도록 각각의 재료를 분량대로 나눠 놓는다. 삶아 두었던 절인 생선을 팬 중간에 놓는다. 후추와 러비지를 절구에 넣고 빻다가 단맛이 나도록 파숨을 붓는다. 이렇게 만든 후추소스를 팬에 붓고 끓인다. 다 익으면 루타 가지로 잘 저으면서 전분을 넣어 걸쭉하게 만든다.

22) 소금에 절인 촉수과 생선[99]을 넣은 팬요리

---

98 라기티스에 대해 아직까지 정확하게 알려진 것이 없다. 대서양전갱이를 가리키는 라케르티스를 뜻한다는 의견이 있다. 매퉁이라는 의견도 있으며 로마인들이 루푸스라고 부르던 농어의 한 종류라는 의견도 있다.

99 플리니우스는 이 생선의 생김새를 비롯하여 먹이나 서식지, 이것에 얽힌 일화 따위도 매우 자세하게 설명하고 있다. 그뿐만 아니라 많은 고급 어종 중에서 로마인들이 가장 사랑하고 가장 즐겨먹던 생선이 바로 촉수과 생선이라는 것이다. 이들이 주로 먹었던 것으로 알려진 종으로는 노랑촉수와 줄무늬 노랑촉수가 있다. 특별히 크기가 크지도 않고 그 수가 적어서 구하기 힘듯 것도 아닌 이 생선을 심지어 바닷물을 가둬 만든 인공연못에서 양식을 하였다고 기록하고 있다. 오늘날 알려진 촉수과에 속하는 종은 무려 80여 종으로 유럽에서는 고대부터 현재까지 흔하게 먹는 생선종류이다. 아래턱 바로 밑, 배 쪽에 한 쌍의 촉수가 있는 것이 특징이다. 따뜻한 해안지역에 널리 분포한다. 크기에 비해 살이 많고 담백하고 고소하다.

비늘을 제거한 촉수과 생선을 깨끗한 팬에 올린다. 기름을 충분히 둘러 익힌다. 다 익으면 물숨이나 파숨을 붓는다. 후추를 뿌려 식탁에 낸다.

23) 소금에 절인 생선을 넣은 팬요리

좋아하는 생선을 준비해 양쪽 면을 골고루 굽는다. 기름을 넉넉하게 두르고 팬에 넣는다. 구운 생선 사이사이에 소금에 절인 생선을 놓는다. 익힌다. 다 익으면 물숨을 부어 생긴 소스를 저어 준다.

24) 생선 팬요리

좋아하는 생선을 준비한다. 비늘을 제거해서 옆에 놓아둔다. 물기를 제거한 셜롯이나 양파를 썰어 팬에 얇게 깐 다음 그 위에 생선을 올린다. 리쿠아멘과 기름을 뿌려 굽는다. 다 익으면 소금에 절여둔 생선을 삶아 팬 가운데에 놓는다. 식초와 오레가노를 뿌린다.

25) 루크레티아[100]식(式) 팬요리

어린 양파는 깨끗하게 씻어 녹색 잎 부분은 잘라 버린다. 나머지 부분을 먹기 좋게 잘라 팬에 얇게 깐다. 리쿠아멘과 기름과 물을 부어 익힌다. 다 끓으면 팬 가운데에 소금에 절인 생선을 놓는다. 생선이 다 익으면 꿀 1숟가락을 골고루 똑똑 떨어뜨린다. 식초와 데프리툼도 골고루 떨어뜨린다. 간을 본다. 싱거우면 리쿠아멘을 더 넣고, 너무 짜면 꿀을 조금 더 넣은 다음, 세이보리를 뿌리고 조금 더 끓여준다.

26) 라기티스 팬요리

라기티스는 비늘을 제거하고 깨끗하게 씻어 준비한다. 달걀을 푼다. 달걀과 라기티스를 버무린다. 리쿠아멘, 와인, 기름을 넣고 익힌다. 다 익으면 간단하게 오이노가룸과 후추를 뿌려 식탁에 낸다.

27) 생선 소테[101] 팬요리

---

100 역사적인 자료에 근거한 동일인물에 대한 자료가 없기 때문에 루크레티아가 정확히 어떤 인물인지 알 수 없다. 고대 로마에서 흔했던 여성형 이름이다.

101 '소테(sauté)'는 오늘날 사용하는 조리용어로 육류나 어류 등을 버터나 기름을 두른 팬이나 철판에 굽는

원하는 날생선을 팬에 놓는다. 기름, 리쿠아멘, 끓인 와인, 리크 한 단, 고수를 넣고
굽는다. 굽는 중에 나온 육수를 따로 그릇에 따라 놓는다. 생선이 익는 동안 후추,
러비지, 오레가노 한 단을 모두 절구에 넣고 빻는다. 따로 따라 놓은 생선 육수를 붓
는다. 달걀도 풀어 넣는다. 간을 맞춘 다음 미리 구워둔 생선팬에 부어 젓는다. 단단
하게 익으면 후추를 뿌려 식탁에 낸다.

28) 납서대 팬요리

팬에 납서대를 두드려 펴 놓는다. 기름, 리쿠아멘, 와인을 두른다. 납시대가 익는
동안 절구에 후추, 러비지, 오레가노를 빻아 섞어 소스를 만든다. 그러고 나서 여기
에 날달걀을 푼다. 이렇게 만들어진 소스를 납서대 위에 붓고 약한 불에서 익힌다.
소스가 납서대에 스며들었으면 후추를 뿌려 식탁에 낸다.

29) 생선 팬요리

후추 1운키아(약 27.3그램), 카로이눔 1헤미나[102](약 0.274리터), 향신료와인 1헤미나
(약 0.274리터), 기름 2운키아(약 54.6그램)를 넣어 만든다.

30) 작은 생선으로 만든 팬요리

건포도, 후추, 러비지, 오레가노, 양파, 와인, 리쿠아멘, 기름을 섞어 잘 빻는다. 팬에
모두 넣고 끓인다. 다 익으면 미리 삶아 둔 작은 생선을 넣는다. 전분을 넣고 걸쭉하
게 만들어 식탁에 낸다.

31) 생선 팬요리

이빨돔[103], 금돔[104], 숭어: 생선을 준비한다. 손질이 다 된 생선을 석쇠에 살짝 굽는

방법 또는 그 요리를 일컫는다. 고대부터 사용해 오던 방법으로 비교적 간단하고 쉬우면서 맛있는 요리
를 만들 수 있는 대표적인 조리법 중 하나이다.

102   1/2섹스타리우스로 약 0.0274리터다.

103   학명이 *Dentex dentex* 인 도미과 생선이다. 유럽에서 부르는 이름을 그대로 우리말로 옮겼다. 이빨돔은
라틴어로 덴텍스다. 뾰족한 이빨을 가지고 있어 이 생선을 덴텍스라고 불렀다. 덴텍스라는 이름은 라틴
어로 '이(치아)'를 의미하는 '덴스'에서 유래하였다.

104   귀족도미, 지중해 도미, 금돔, 유럽 청돔 따위로 부른다. 감성돔과 생김새가 닮았으나 머리는 참돔처럼
둥근 편이며 비늘마다 중앙에 옅은 황색점이 있어 마치 황색 세로줄처럼 보이는 것이 특징이다. 배지느

다. 그러고 나서 생선이 부서지지 않도록 살만 발라낸다. 생선이 준비되었으면 굴을 손질한다. 절구에 후추 6스크리풀룸(약 6.84그램)과 리쿠아멘을 넣고 빻는다. 냄비에 리쿠아멘과 와인을 각각 1퀴아투스(약 0.046리터) 정도 넣고, 기름 3운키아(약 81.9그램)를 붓고, 굴을 넣고 끓여 오이노가룸을 만든다. 다 끓었으면 팬에 기름을 바르고, 먼저 만들어 놓은 생선과 오이노가룸을 붓고 끓인다. 다 익었으면, 달걀 40개를 풀어, 준비해 놓은 굴 위에 붓는다. 가볍게 뒤적거린 다음 후추를 뿌려 식탁에 낸다.

32) 농어를 넣은 팬요리

후추, 쿠민, 파슬리, 루타, 양파를 절구에 넣고 빻은 다음 꿀, 리쿠아멘, 파숨, 마지막으로 기름 몇 방울을 떨어뜨린다.

33) 따뜻하게 먹거나 차갑게 먹는 소르브사과[105] 팬요리

소르브사과를 준비한다. 깨끗하게 씻어 절구에 넣고 짓이겨 즙이 나오면 체에 거른다. 뇌 4개를 삶아 껍질을 벗긴 다음, 절구에 후추 8스크리풀룸(약 9.1그램)과 리쿠아멘을 넣어 으깬다. 여기에 소르브사과를 넣어가면서 간을 맞춘다. 달걀 8개를 푼 다음 리쿠아멘 1퀴아투스(약 0.046리터)를 붓는다. 말끔하게 닦은 팬에 기름칠을 한 다음 화로에 올려놓는다. 준비한 재료를 적당량 덜어 팬 위에 부어 익히는데, 팬을 화로에 올리되 아랫부분에 놓고 조리한다. 다 익으면 곱게 간 후추를 뿌려 식탁에 낸다.

34) 복숭아 팬요리

단단한 복숭아를 준비한다. 깨끗이 씻어 먹기 좋게 썰어 삶는다. 삶은 복숭아를 팬 위에 깐다. 그 위에 기름을 조금씩 골고루 떨어뜨리고 쿠민소스를 곁들여 식탁에

러미는 노란색을 띤다.

105 소르브사과는 소르보, 스피어링 같은 여러 이름으로 부른다. 학명은 *Sorbus domestica L.*로, 마가목과 비슷한 장미과 나무의 열매이다. 기원전 4세기경 테오프라스토스가 이미 이 열매에 관해 언급하였고, 플리니우스도 마찬가지였다. 나중에 칼 대제는 이 품종을 소르바리오스라는 이름으로 불렀으며 경작하도록 하였다. 소르브사과는 고대부터 중요한 식량공급원 중 하나였으며, 로마인들은 더 많은 수확을 위해 알프스 이북 지역으로 그 경작지를 넓혔다.

바구니에 담겨 있는 서양배
모자이크, 엘 젬

낸다.

35) 서양배 팬요리

배를 삶아 씨와 씨방을 제거한다. 삶아 손질한 배와 후추, 쿠민, 꿀, 파숨, 리쿠아멘을 절구에 넣고 기름을 조금 뿌려 으깬다. 여기에 계란을 풀어 섞은 다음 위와 같은 방법으로 팬에 넣어 만든다. 후추를 뿌려 식탁에 낸다.

36) 따뜻하거나 차갑게 먹는 쐐기풀 팬요리

쐐기풀을 준비한다. 깨끗하게 씻은 쐐기풀을 잘 털어 물기를 뺀 다음 상에 놓고 말린다. 보송하게 잘 말랐으면 잘게 다진다. 후추 10스크리풀룸(약 11.4그램)과 리쿠아멘을 넣어 빻다가 리쿠아멘을 2퀴아투스(약 0.092리터) 더 부어 주고 기름 6운키아(약 163.8그램)를 붓는다. 준비한 것을 모두 냄비에 넣고 끓인다. 다 끓었으면 잘 익었는지 확인한 다음 불에서 내려 식힌다. 그 다음 팬에 기름칠을 한다. 달걀 8개를 저어 풀어놓는다. 준비한 것을 모두 팬에 부어 화덕에 굽는다. 이때 뜨거운 재에 직접 올려 그 열로 익도록 한다. 다 익었으면 곱게 간 후추를 뿌려 시탁에 낸다.

37) 마르멜로 팬요리

마르멜로, 리크, 꿀, 리쿠아멘, 기름, 데프리툼을 넣고 익힌 다음 식탁에 내거나 꿀만 넣고 익혀서 낸다.

3. 생선이나 작게 썬 고기로 만든 미누탈[106]

1) 해산물 미누탈

준비한 생선을 냄비에 넣고, 리쿠아멘, 기름, 와인, 육수를 붓는다. 하얀 밑동만 잘라 준비해 놓은 리크와 잘게 다진 고수도 넣는다. 생선살을 작게 썰어 넣고, 삶아 놓은 생선은 가시를 발라서 살만 넣는다. 깨끗하게 씻어 준비한 해파리도 넣는다. 다 익으면, 후추, 러비지, 오레가노를 빻아 리쿠아멘과 생선을 삶은 국물도 넣는다. 이렇게 만든 소스를 냄비에 붓고 끓인다. 다 끓었으면 반죽[107]을 부숴 넣고 저어 걸쭉하게 만든다. 후추를 뿌려 식탁에 낸다.

2) 테렌티우스식(式) 미누탈

리크의 하얀 밑동만 잘게 썰어 냄비에 넣는다. 기름, 리쿠아멘, 육수, 작게 빚은 완자나 작게 썬 고기를 넣고 익힌다. 간이 세지 않도록 잘 맞춘다.

테렌티우스식(式) 완자를 만든다: 완자를 만들 때와 같은 재료들을 준비한다. 그리고 나서 다음과 같이 소스를 만든다: 후추, 러비지, 오레가노를 빻아 리쿠아멘과 섞은 다음 고기 삶을 때 나온 육수와 와인과 파숨을 부어가면서 간을 맞춘다. 이 모든 것을 냄비에 넣고 끓인다. 반죽을 부숴 넣어 걸쭉하게 만든다. 후추를 뿌려 식탁에 낸다.

---

106 미누탈은 색이 옅은 고기를 하얀 소스에 끓여 만드는 오늘날의 프리카세와 매우 비슷하다.
107 다른 특별한 설명 없이 그냥 부숴 넣는 반죽에 대한 설명은 이 책 5,1,3을 참조.

3) 아피키우스식(式) 미누탈

기름, 리쿠아멘, 와인, 뿌리를 제거하지 않은 리크, 민트, 자잘한 생선, 한입 크기로 자른 고기, 숫양의 고환, 새끼돼지의 지라를 준비한다. 모든 재료를 냄비에 넣고 끓인다. 절구에 후추, 러비지, 신선한 고수나 고수 씨를 넣고 빻다가 리쿠아멘을 붓고 꿀도 조금 넣어 섞는다. 여기에 생선을 삶을 때 나온 육수를 붓고 와인과 꿀로 간을 맞춰 만든 소스도 냄비에 부어 조금 더 끓인다. 다 끓으면 준비해 놓았던 반죽을 부숴 넣고, 저어가면서 걸쭉하게 만든다. 후추를 뿌려 식탁에 낸다.

4) 마티우스[108]식(式)미누탈

냄비를 준비한다. 기름, 리쿠아멘, 육수를 냄비에 붓는다. 리크와 고수를 잘게 썬다. 돼지 어깨살을 삶는다. 돼지비계와 삶은 고기를 모자이크 돌 크기로 썬다. 준비한 모든 재료를 함께 삶는다. 반 정도 익으면, 마티우스사과[109]를 씨와 씨방을 제거한 다음 냄비에 넣고 함께 끓인다. 재료들이 끓는 동안 후추, 쿠민, 신선한 고수나 고수씨, 민트, 라저 뿌리를 넣고 식초, 꿀, 리쿠아멘을 뿌린다. 데프리툼을 조금 붓고 고기를 삶을 때 나온 육수도 부은 다음 식초로 간을 맞춘다. 좀 더 끓도록 놔둔다. 다 끓으면 반죽을 부숴 넣고 잘 풀어가면서 걸쭉하게 만든다. 후추를 뿌려 식탁에 낸다.

5) 시트론을 넣은 달콤한 미누탈

냄비에 기름을 두르고 리쿠아멘, 육수, 리크의 밑동을 넣는다. 고수와 삶은 돼지 어깨살은 한입 크기로 썰어 넣고 모두 끓인다. 냄비가 끓고 있는 동안 절구에 후추, 쿠

---

108 가이우스 마티우스(?~기원전 44년경)는 가이우스 율리우스 카이사르와 마르쿠스 툴리우스 키케로의 지인으로 알려져 있다. 마티우스는 정치적인 일에 동참하지는 않았으나, 내전이 있는 동안은 카이사르를 위해 일했던 인물이다. 하지만 그가 이 책과 관련하여 중요한 점은, 그가 고대 로마인들에게 인기가 높았던 사과인 마티우스사과 재배자이기도 하였으며, 제빵사와 요리사 그리고 와인관리사를 위한 안내서와 요리서도 저술하였다는 사실이다.

109 마티우스사과는 고대의 사과 품종 중 가장 오래된 품종 중 하나로, 맛이 좋으며 건강에도 좋다고 알려져 로마인들이 사랑했다. 오늘날 이탈리아 북부, 아드리아해 연안에 있는 아퀼레이아가 원산지인 이 사과의 이름은 품종 개량자인 마티우스의 이름을 따서 붙였다. 플리니우스, 콜루멜라, 마크로비우스, 아테나이오스 같은 고대 저술가들이 이 사과의 훌륭한 맛에 대해 이야기하고 있다.

민, 고수나 고수씨, 신선한 루타, 라저 뿌리를 넣고 빻는다. 여기에 식초와 데프리툼과 냄비에서 끓고 있는 고기 육수도 부어준다. 식초를 더 넣으면서 간을 맞춘다. 냄비는 끓게 얼마간 놔둔다. 다 끓었으면, 씨를 제거한 시트론을 모자이크 돌 크기로 썰어 넣고 한소끔 끓인다. 반죽을 부숴 넣고 저어주면서 걸쭉하게 만든다. 후추를 뿌리고 식탁에 낸다.

6) 살구 미누탈

냄비에 기름을 두르고 리쿠아멘과 와인을 붓는다. 말린 셜롯[110]을 잘게 썰어 넣는다. 삶은 돼지 어깨살도 모자이크 돌 크기로 썰어 넣는다. 이 모든 것이 익으면 절구에 후추, 쿠민, 말린 민트와 딜을 빻아 꿀, 리쿠아멘, 파숨, 식초 조금, 돼지를 삶을 때 나온 육수를 부어가면서 간을 맞춰 냄비에 붓는다. 씨를 제거한 살구도 넣고 익을 때까지 끓인다. 반죽을 부숴 넣고 저어가며 걸쭉하게 만든다. 후추를 뿌리고 식탁에 낸다.

7) 토끼 간과 허파로 만든 미누탈

토끼의 경우 내장과 살코기를 어떻게 손질해야 할지 생각해 봐야 한다[111]. 준비한 냄비에 리쿠아멘, 와인, 기름, 육수, 리크, 다진 고수, 한입 크기로 썬 토끼고기를 냄비에 넣는다. 삶은 돼지고기도 모자이크 돌 크기로 썰어 같은 냄비에 넣고 끓인다. 냄비가 끓고 있는 동안 후추, 러비지, 오레가노를 빻는다. 여기에 고기를 삶을 때 나온 육수와 와인, 파숨을 부어가며 간을 맞춘다. 냄비는 조금 더 끓도록 놔둔다. 다 되었으면, 반죽을 부숴 넣고 저어가면서 걸쭉하게 만든다. 후추를 뿌려 식탁에 낸다.

8) 장미 잎 미누탈

위에 소개한 방법으로 소스를 만들어 사용한다. 단, 파숨의 양을 늘린다.

---

110   라틴어 원문에서는 아스칼로냐 양파라고 부르는데, 이는 아스칼로냐에서 들여와 붙은 이름이다. 아스칼로냐는 오늘날 팔레스타인에 속하는 고대의 도시로 아스칼론이라고도 부른다. 고대인들이 알고 있던 셜롯은 오늘날 우리가 일반적으로 사용하는 셜롯과는 다른 종으로 알려져 있다. 오늘날의 셜롯은 십자군 원정 때 근동에서 유럽으로 들여왔다.

111   이 책 8권의 8, 8 참조.

4. 거칠게 빻아 끓인 보리죽이나 죽

1) 보리죽은 다음과 같은 방법으로 만든다

보리를 하루 전날 물에 불려 놓는다. 불린 보리를 씻어 곱게 빻는다. 빻은 보리를 냄비에 넣어 센 불에 올린다. 끓어 오르면 기름을 넉넉하게 붓고, 딜 한 단 — 이때 너무 크게 단을 묶지 않는다 — 말린 양파, 세이보리, 돼지 엉덩이뼈를 넣어 자체 수분으로 익힌다. 신선한 고수와 소금을 뿌린 다음 푹 끓인다. 제대로 끓었으면, 다발로 묶어 넣었던 딜을 건져낸다. 그런 다음 끓인 죽을 다른 냄비에 옮겨 붓는다. 이렇게 하는 이유는 냄비 바닥에 보리가 눌어붙지 않도록 하기 위함이다. 돼지 엉덩이살에서 잘라낸 비계를 깔아 놓은 작은 냄비 위에 체를 올려놓고, 끓여 놓은 죽을 부어 저어가며 거른다. 후추, 러비지, 페니로열 조금, 쿠민, 실피움을 갈아 뿌리는데, 죽 표면에 얇게 덮이도록 한다. 여기에 꿀, 식초, 데프리툼, 리쿠아멘을 붓는다. 이것을 다시 냄비에 부어 약한 불에서 끓인다.

2) 보리죽(?)[112]

병아리콩, 렌틸콩, 완두콩을 불린다. 문질러 씻은 보리를 불린 콩과 함께 끓인다. 제대로 끓어 오르면, 기름을 넉넉하게 붓는다. 리크, 고수, 딜, 회향, 비트, 아욱, 배추속 채소의 어린 잎, 신선한 허브와 같은 초록잎 채소들을 준비하여 잘게 썰어 놓는다. 냄비에 삶은 배추속 채소의 어린 잎을 넣고 삶는다. 절구에 회향 씨를 넉넉하게 넣고, 오레가노, 실피움, 러비지도 넣어 함께 빻는다. 리쿠아멘으로 간을 맞추고 미리 끓여두었던 콩죽에 붓고 저어준다. 그 위에 잘게 다진 배추속 채소의 어린 잎을 뿌린다.

---

112 보리를 넣어 만든 죽의 한 종류이나 원문의 '보리죽' 뒤에 오는 단어의 뜻에 대해서 정확하게 알 수 없다.

5. 전채요리

1) 뒤집어 엎어 내는 전채요리

하얀 비트를 잘게 썬다. 리크는 겉잎을 벗겨 손질한다. 셀러리의 줄기잎, 양파, 삶은 달팽이, 닭, 푸른머리되새와 같은 작은 새[113]의 내장과 잘게 썬 고기를 삶아 소스를 만든다. 기름칠을 한 팬에 아욱 잎을 깐다. 그 위에 미리 손질해 놓은 채소를 얇게 펴서 놓는다. 자르지 않은 양파, 다마스쿠스자두[114], 달팽이, 잘게 썬 고기, 잘게 토막 낸 루카니아소시지에 리쿠아멘, 기름, 와인, 식초를 넣고 골고루 섞어 놓는다. 이렇게 준비한 재료를 삶는다. 다 끓었으면 후추와 러비지, 생강과 약간의 펠리토리를 절구에 빻아 진득한 양념을 만들어 팬에 붓는다. 팬에 넣은 재료들이 익으면서 부풀어 오르도록 놔둔다. 달걀 여러 개를 절구에 풀어 넣고 남아 있는 양념과 잘 섞는다. 이렇게 준비한 달걀을 팬에 부어 섞으면서 걸쭉하게 만든다.

달걀이 스며드는 동안 다음과 같은 방법으로 오이노가룸을 만든다: 후추, 러비지를 빻는다. 여기에 리쿠아멘과 와인을 붓고, 파숨이나 단 와인으로 간을 맞춘다. 냄비에 기름을 조금 붓고 앞서 만들어 놓은 양념을 부어 끓이면서 간을 맞춘다. 전분을 풀어 걸쭉하게 만든다. 다 익은 팬요리는 쟁반에 뒤집어 엎어 내용물만 분리해서 올린 다음 아욱 잎은 떼어내어 버리고 오이노가룸을 그 위에 끼얹는다. 후추를 뿌려 식탁에 낸다.

2) 채소로 만든 전채요리

---

113 정확하게 어떤 새를 가리키는지 알 수 없다. 간단하게 메추라기로 번역한 책도 있으나 원문의 뜻은 작은 새를 의미한다. 고대 그리스 문헌에서 비슷한 맥락으로 푸른머리되새를 사용한 흔적을 찾아 볼 수 있다. 하지만 이외에 다른 종류의 작은 새들도 식용하였다.

114 가장 오래된 자두의 품종 중 하나다. 흑해 남부지역, 아르메니아 등지에서 자라던 토착종이다. 기원전 4세기경 시리아에서 경작하기 시작한 흔적을 찾아볼 수 있다. 특히 다마스쿠스에 속하는 지역에서 재배하여서 이름이 다마스쿠스자두가 되었다. 이 품종은 맛이 좋아 로마인들이 알프스 이북 지역에 들여와 재배하였다. 독일의 자알부르크(Saalburg)와 풀다(Fulda)에서 당시에 소비하고 버린 자두씨앗이 발견되었다.

양파를 리쿠아멘, 기름, 와인으로 양념해서 끓인다. 다 익으면 같은 냄비에 새끼돼지의 간과 닭 간, 돼지 정강이, 푸른머리되새와 같은 작은 새를 잘라 넣고 양파와 같이 푹 익힌다. 다 익으면 후추와 러비지를 갈아서 뿌리고, 리쿠아멘, 와인, 파슘을 붓고 냄비 밑바닥에 있던 육즙과 잘 섞이도록 뒤적거린 다음, 그 소스를 고기에 끼얹어 단맛이 잘 배도록 한다. 다 익으면 전분을 풀어 단숨에 저어 걸쭉하게 만든다.

3) 속을 채운 호박으로 만든 전채요리

호박을 세워 단면이 기다란 모자이크 돌 모양이 되도록 꼭지 쪽을 조심스럽게 자른다. 속을 파내고 찬물로 헹군다. 호박에 채워 넣을 속은 이렇게 준비한다: 후추, 러비지, 오레가노를 빻는다. 리쿠아멘을 붓고, 삶아 두었던 뇌를 넣어 함께 으깬다. 거기에 날달걀을 풀어 넣고 내용물이 매끈한 점액질처럼 될 때까지 잘 섞는다. 다시 리쿠아멘으로 간을 한 뒤, 먼저 속을 파내어 준비한 호박에 채워 넣어 익힌다. 완전히 다 익기 전에 아까 모자이크 돌 모양으로 잘라 두었던 호박을 뚜껑처럼 덮어 닫는다. 다 익으면 꼬챙이로 호박 뚜껑을 열어 석쇠에 굽는다. 오이노가룸은 다음과 같이 준비한다: 후추와 러비지를 빻는다. 와인과 리쿠아멘을 붓고, 파슘을 조금씩 부어가면서 간을 맞춘 다음 기름을 조금 두른 냄비에 끓인다. 다 끓으면 전분을 풀어 걸쭉하게 만든 다음 구워 놓은 호박 안에 붓는다. 마지막으로 오이노가룸과 후추가루를 뿌려 식탁에 낸다.

4) 살구 전채요리

첫 수확한 작은 살구를 깨끗이 씻어 씨를 제거한 다음 찬물에 담가 놓았다가 팬에 넣는다. 절구에 후추와 말린 민트 가루를 빻아 리쿠아멘과 꿀, 파슘, 와인, 식초를 붓고 잘 섞는다. 이렇게 준비한 양념을 팬에 담아 놓은 살구 위에 붓고 기름을 조금 둘러 약한 불에 익힌다. 다 익으면 전분을 넣어 걸쭉하게 만든다. 후추를 뿌려 식탁에 낸다.

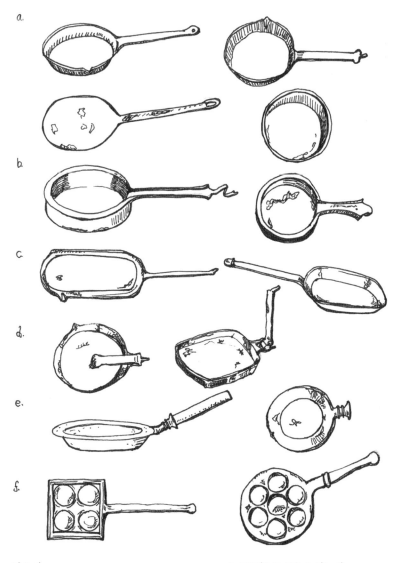

a. 낮은 팬

b. 높은 팬

c. 길다란 모양의 팬

d. 접이식 팬

e. 도기팬

f. 공모양으로 구울 수 있는 팬

콩과(科) 식물

APICIUS
DE RE COQUINARIA

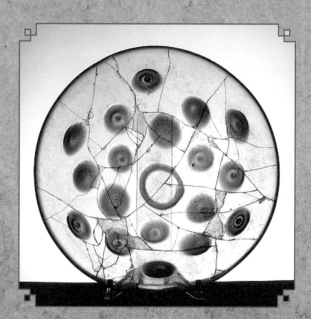

유리접시
4세기경, 로마-게르만 박물관, 쾰른

1. 죽

1) 율리아누스[115]식(式) 죽

율리아누스식 죽은 다음과 같이 끓인다: 깨끗하게 씻은 스펠트밀을 불려 푹 끓인다. 다 끓었으면, 기름을 붓고 뻑뻑해질 때까지 한 번 더 끓인다. 멍울이 지지 않도록 골고루 저어준다. 미리 삶아 놓은 뇌 두 덩이와 고기 1/2폰두스(약 164그램)를 완자를 만들 때처럼 다져 냄비에 넣고 익힌다. 후추, 러비지, 회향 씨를 절구에 넣고 빻다가 리쿠아멘과 와인을 조금 부어 섞는다. 이렇게 만든 양념을 냄비 속에서 끓고 있는 다진 뇌와 고기 위에 끼얹는다. 다 익었으면, 여기에 먼저 끓여 놓은 스펠트밀죽을 붓고 국자로 살살 저어가며 맛이 잘 스미도록 한다. 이렇게 하여 진한 육즙이 배어있는 걸쭉한 죽이 완성되었다.

2) 끓인 와인을 넣은 죽

죽에 끓인 와인으로 양념한다. 먹기 좋게 썬 돼지고기, 곱게 빻은 밀가루나 거칠게 빻아 삶은 스펠트밀을 끓인 와인으로 양념하여 끓인다. 완성된 죽은 끓인 와인으로 양념한 잘게 썬 돼지고기를 곁들여 식탁에 낸다.

3) 우유와 반죽이 들어간 죽

새-냄비에 우유 1섹스타리우스(약 0.55리터)를 붓고 물도 조금 부어 약한 불에 끓인다. 곡물가루로 동글 납작하게 빚은 반죽 3개를 말려 놓는다. 말려 놓은 반죽을 부숴서 끓고 있는 우유에 넣는다. 이때 눌러 붙지 않도록 조금씩 물을 부어가며 저어준

---

115 여기서 율리아누스는 로마의 19대 황제로 193년 3월에서 6월까지 재위했던 마르쿠스 디디우스 율리아누스를 말하는 것으로 알려져 있다. 정무관과 장군으로 활약하였으며, 코모두스 황제가 암살된 혼란한 시기에 친위대에 의해 추대되었으나, 재위 몇 개월만에 도나우 군단의 공격을 받고 살해되었다. 다른 의견으로는 플라비우스 클라우디우스 율리아누스 황제라고도 한다. 콘스탄티누스 황제의 조카로 재위기간은 361년-363년이다. 그는 마지막 비그리스도교인 로마 황제로, 저물어가는 제국의 재건을 위해 로마의 전통을 부활시켜 개혁하려고 하였다. 때문에 후세의 기독교로부터 율리아누스 아포스타타, 다시 말해서 '배교자 율리아누스'라는 별명을 얻은 인물이다. 그러나 후자의 경우라면 이 책이 최소한 4세기경 이후에 쓰였거나 내용이 덧붙여졌다는 전제가 성립되어야 한다.

시장의 빵집
프레스코,
폼페이

다. 끓어 오르면 물을 조금 부어주는 식으로 반복하면서 끓인다. 머스트빵[116]과 꿀과 우유를 넣어 같은 방법으로 만들 수 있다. 대신 소금을 조금 뿌리고 기름을 둘러주면 좋다.

4) 죽

굵게 빻은 스펠트밀을 깨끗하게 씻어 불린 다음 삶는다. 다 삶았으면 기름을 섞는다. 삶은 뇌 2개와 완자를 만들 때처럼 잘게 썬 돼지고기 1/2폰두스(약 164그램)를 으깬 다음 냄비에 넣는다. 후추, 러비지, 회향씨를 빻다가 리쿠아멘, 아무것도 섞지 않은

---

116 머스트빵을 만드는 법에 대해서는 카토가 자신의 저서에서 비교적 자세하게 설명하고 있다: "고운 밀가루 1모디우스를 머스트에 뿌린다. 아니스, 쿠민, 돼지기름 2폰두스, 치즈 1리브라를 넣는다. 월계수 가지로 긁어 모양을 낸 다음 그 밑에 월계수잎을 깔고 굽는다."

와인을 조금 부어 섞은 다음, 이렇게 만든 양념을 냄비에 들어있는 으깬 뇌와 고기 위에 붓는다. 푹 [끓었으년] 미리 만들어 놓은 스펠트밀로 쑨 죽과 섞으면, 익은 스펠트밀에 점점 더 맛이 들고 소스는 걸쭉한 죽처럼 뻑뻑하게 된다.

2. 렌틸콩

1) 가시굴을 넣은 렌틸콩 수프[117]

깨끗한 냄비를 준비한다. 절구에 후추, 쿠민, 고수씨, 민트, 루타, 페니로열을 넣고 곱게 빻는다. 여기에 식초, 꿀, 리쿠아멘, 데프리툼을 부어 섞은 다음 식초로 간을 맞춘다. 이렇게 만든 양념을 준비해 놓은 냄비에 쏟아 붓는다. 가시굴은 삶아서 으깨 준비해 놓는다. 양념을 넣은 냄비에 가시굴을 넣고 푹 끓인다. 다 익었으면 걸쭉하게 만들어 식탁에 낼 대접에 담아 녹색기름[118]을 뿌린다.

2) 밤을 넣은 렌틸콩 수프

새-냄비를 하나 준비한다. 깨끗하게 씻은 밤을 조심스럽게 냄비에 넣는다. 물을 붓고 천연소다를 조금 풀어 넣고 끓인다. 밤이 다 익으면, 절구에 후추, 쿠민, 고수씨, 민트, 루타, 라저 뿌리, 페니로열을 넣고 빻는다. 식초, 꿀, 리쿠아멘을 넣어 잘 섞은 다음 식초로 간을 맞춘다. 이렇게 준비한 양념을 삶은 밤이 들어있는 냄비에 쏟아 붓고 기름을 부어 끓인다. 다 끓었으면 절구에 넣고 찧어 으깬다. 간을 봐서 뭔가 부족하다 싶은 게 있으면 더 넣는다. 식탁용 대접에 담아 녹색기름을 뿌린다.

3) 다른 렌틸콩 요리

렌틸콩을 삶는다. 끓어오르는 거품을 걷어낸 후 리크, 신선한 고수를 넣는다. 페니로열, 라저 뿌리, 민트 씨, 루타 씨도 넣고 꿀, 리쿠아멘, 식초, 데프리툼으로 간을 맞춘

---

117 1)과 2)에는 렌틸콩에 대한 설명이 빠져 있다. 아마도 3)번처럼 준비를 하는 것으로 보이나 정확하게 어떠한 조리과정이 누락(또는 생략)되었는지 알 수 없다.

118 녹색기름은 녹색빛이 도는 올리브기름을 뜻한다. 올리브기름에 대한 설명은 이 책 1, 28의 각주 참조.

다. 마지막으로 기름을 붓고 잘 젓는다. 만약 뭔가 더 필요하다 싶으면 원하는 재료를 더 넣는다. 전분을 풀어 걸쭉해지면, 녹색기름과 후추를 뿌려 식탁에 낸다.

3. 완두콩

1) 완두콩을 삶는다. 끓어오르는 거품을 걷어 내었으면, 리크, 고수, 쿠민을 넣는다. 절구에 후추, 러비지, 캐러웨이, 딜, 신선한 바질을 빻아 리쿠아멘을 섞는다. 와인과 리쿠아멘으로 간을 맞춰 끓인 양념을 완두콩을 삶은 데에 섞어 넣고 끓인다. 끓어오르면 재빠르게 젓는다. 뭔가 빠졌다 싶은 것이 있으면 더 넣는다. 식탁에 낸다.

2) 완두콩으로 채운 요리

완두콩을 삶는다. 냄비에 기름을 두르고 삼겹살을 넣는다. 여기에 리쿠아멘, 리크의 하얀 부분, 신선한 고수도 넣고 삶는다. 고기를 네모지게 썰어 놓았으면, 개똥지빠귀나 푸른머리되새 같은 작은 새 또는 잘게 다진 닭고기, 미리 삶아 놓은 뇌는 삼겹살을 삶으면서 생긴 육즙을 부어 삶는다. 루카니아소시지를 석쇠에 굽는다. 앞다리로 만든 햄과 리크를 물에 삶는다. 잣 1헤미나(약 0.274리터)를 볶는다. 절구에 후추, 러비지, 오레가노, 생강을 넣고 빻다가 삼겹살을 삶아서 생긴 육수를 부은 다음 골고루 저어준다. 사각팬을 준비한 다음 대망막을 깐다(다 채운 다음 나중에 사각팬을 뒤집어 엎어야 한다). 기름을 두르고 잣을 뿌린 다음 그 위에 삶은 완두콩을 바닥이 보이지 않도록 빽빽하게 깐다. 그 위에 앞다리햄을 올리고 줄기채로 삶은 리크와 잘게 썬 루카니아소시지를 올린다. 다시 그 위에 완두콩을 올린다. 이런 식으로 사각팬이 꽉 찰 때까지 준비한 재료를 층층이 담는다. 이때 모든 재료를 완두콩이 감쌀 수 있도록 맨 위에는 완두콩이 올라와야 한다. 모든 재료는 숨이 죽어 부피가 줄어들도록 오븐이나 약한 불에서 굽는다. 완전히 익힌 달걀은 노른자를 뺀 흰자만 절구에 넣는다. 백후추, 잣, 꿀, 화이트와인도 절구에 넣는다. 리쿠아멘을 조금 뿌려 빻은 다음 그릇에 부어 끓인다. 다 끓었으면 먼저 만들어 놓은 완두콩 요리를 쟁반에 엎어 올리고 소스를 붓는다. 이렇게 만든 소스를 사람들은 '화이트소스'라고 부른다.

3) 인디아식(式) 완두콩 요리

완두콩을 삶는다. 끓어 오른 거품을 걷어 내었으면, 리크와 고수를 다져 냄비에 넣고 끓인다. 잘게 썬 갑오징어도 넣는다. 먹물도 함께 넣어 끓이는 것이 좋다. 여기에 기름, 리쿠아멘, 와인을 붓고, 리크와 고수 한 단을 넣는다. 끓게 놔둔다. 다 끓었으면, 절구에 후추, 러비지, 오레가노를 넣고 캐러웨이도 조금 넣어 빻으면서 갑오징어를 끓여 나온 육수도 부어준다. 와인과 파숨으로 간을 맞춘 다음 완두콩 냄비에 붓는다. 갑오징어도 잘게 다져 완두콩 냄비에 넣는다. 후추를 뿌려 [식탁에 낸다.]

4) [다른 방법]

완두콩을 삶은 다음 저어가면서 찬물을 붓는다. 완두콩이 차가워졌으면 다시 한 번 뒤적여 준다. 양파와 삶은 달걀흰자를 다져 기름과 소금으로 양념을 하고 식초를 조금 뿌려 버무린다. 삶은 달걀노른자는 체에 눌러 곱게 으깬 다음 식탁용 대접에 담아 녹색기름을 뿌려 식탁에 낸다.

5) 비텔리우스[119]식(式) 완두콩이나 누에콩을 넣어 만든 수프

삶은 완두콩을 휘저어 매끄럽게 될 때까지 으깬다. 후추, 러비지, 생강을 빻아 양념해 놓은 달걀노른자에 뿌린다. 완전히 익힌 달걀노른자, 꿀 3운키아(약 81.9그램), 리쿠아멘, 와인, 식초를 부어 으깬다. 이렇게 준비한 양념을 비롯한 모든 재료를 기름을 두른 냄비에 넣어 끓인다. 부드러워지도록 잘 젓는다. 시거나 떫은 맛이 난다면 꿀을 더 넣어 식탁에 낸다.

6) 완두콩이나 누에콩으로 만든 다른 요리

끓어 오르는 거품을 걷어내었으면, 꿀, 리쿠아멘, 카이로눔, 쿠민, 루타, 샐러리 씨,

---

119 비텔리우스는 아마도 미식가이면서 대식가로 알려진 로마의 황제 비텔리우스(69년 4월 16일~12월 20일 재위)를 가리키는 것으로 보인다. 오늘날까지 남아 있는 비텔리우스의 초상 조각이 통통한 모습인 것도 그가 대식가였다는 사실과 연관이 있다고 생각된다. 그는 하루에 3-4끼를 먹는 것은 기본이고, 잔치에 돈을 아끼지 않았으며, 식탐을 자제하지 못하는 성격이었다고 수에토니우스는 전하고 있다.

기름, 와인을 넣는다. 힘껏 빻는다. 간 후추를 뿌려서 이대로 식탁에 내거나 완자[120]와 함께 낸다.

7) 완두콩이나 누에콩으로 만든 다른 요리

끓어 오르는 거품을 걷어내고 아주 곱게 간 파르티아산(産) 라저, 리쿠아멘, 카로이눔으로 간을 한다. 기름을 조금 뿌려 식탁에 낸다.

8) 뒤집어 엎어서 내는 가짜 완두콩 요리

완두콩을 삶는다. 뇌 또는 푸른머리되새 같은 작은 새나 뼈를 발라낸 개똥지빠귀 가슴살, 루카니아소시지, 닭 간과 내장을 냄비에 넣는다. 여기에 리쿠아멘과 기름을 붓는다. 신선한 고수와 밑동을 자르지 않고 그대로 준비한 리크 한 단[121]을 잘게 다져 미리 준비해 놓은 뇌를 비롯한 재료를 넣은 냄비에 함께 넣어 끓인다. 빻은 후추와 러비지, 리쿠아멘을 뿌린다.

9) 비텔리우스식(式) 완두콩이나 누에콩

완두콩이나 누에콩을 삶는다. 끓어 오르는 거품을 걷어내고, 리크, 고수, 아욱꽃을 넣는다. 끓는 동안 절구에 후추, 러비지, 오레가노, 회향씨를 빻아 리쿠아멘과 와인을 부어 섞는다. 냄비에 쏟아 붓는다. 다 끓었으면, 기름을 붓고 재빠르게 젓는다. 녹색기름을 뿌려 식탁에 낸다.

4. 콩냄비 요리

1) 누에콩으로 만든 냄비요리

누에콩을 삶는다. 절구에 후추, 러비지, 쿠민, 신선한 고수를 넣고 리쿠아멘을 부어

---

120 이 책 2권에서 다양하게 소개하고 있다.

121 오늘날 흔히 볼 수 있는 리크는 평균적으로 우리의 대파보다 훨씬 굵고 크다. 이렇게 큰 리크를 한 단이나 넣는다는 것은 이치에 맞지 않아 보인다. 고대의 많은 채소들이 그러하였듯이 리크도 오늘날보다 크기가 작았거나 잔치처럼 많은 사람들을 위한 대용량 조리법이라고 생각해 볼 수 있다.

빻는다. 와인과 리쿠아멘을 더 넣으면서 간을 맞춘다. 냄비에 기름을 두른다. 준비한 것을 기름을 두른 냄비에 모두 넣고 약한 불에서 익혀 식탁에 낸다.

2) 아피키우스식(式) 콩냄비 요리

쿠마나[122]라고 부르는 흙으로 빚어 구운 팬을 깨끗한 것으로 준비한다. 여기에 완두콩을 삶은 다음 루카니아소시지, 잘게 다진 돼지고기, 안심, 돼지 앞다리햄을 넣는다. 절구에 후추, 러비지, 오레가노, 딜, 말린 양파, 신선한 고수를 넣고 리쿠아멘을 부어 빻는다. 리쿠아멘과 와인을 더 넣으면서 간을 맞춘다. 이렇게 준비한 양념을 쿠마나에 넣고 기름을 부은 다음, 뾰족한 것으로 여기저기 찔러 기름이 잘 스미도록 한다. 약한 불에 올려 익힌다. 다 익으면 식탁에 낸다.

3) 완두콩을 넣은 간단한 콩냄비 요리

완두콩을 삶는다. 끓어 오르는 거품을 걷어 냈으면, 리크 한 단과 고수를 넣는다. 익는 동안 절구에 후추, 러비지, 오레가노 한 단을 넣고 완두콩 삶은 물을 뿌리면서 빻는다. 리쿠아멘으로 간을 한 다음 완두콩 냄비에 쏟아 붓는다. 기름을 뿌리고 약한 불에서 익혀 식탁에 낸다.

4) 코모두스[123]식(式) 콩냄비 요리

완두콩을 삶는다. 끓어 오르는 거품을 걷어 냈으면, 절구에 후추, 러비지, 딜, 말린 양파, 리쿠아멘을 넣고 빻아 와인과 리쿠아멘으로 간을 맞춘 다음 완두콩 냄비에 쏟아 붓고 맛이 배도록 놔둔다. 그러고 나서 달걀 4개를 푼다. 삶아 놓은 완두콩 1섹스타리우스(0.55리터)를 쿠마나에 넣는다. 여기에 풀어 놓은 달걀을 붓고 젓는다. 불 위에 올려 익힌다. 소스가 잘 배어들었으면 식탁에 낸다.

---

122 쿠마나는 재질이 금속이 아니고 흙이라는 점이 다른 일상적인 팬들과 다르다. 쿠마나라는 이름은 한때 고대 그리스 식민지였던, 오늘날 나폴리 근처의 쿠마이라는 고대 도시의 이름에서 왔다.

123 코모두스(180~192 재위)는 제정로마의 5현제 시대 바로 다음에 황제로 즉위하였다. 5현제 중 마지막 황제였던 마르쿠스 아우렐리우스의 아들이다. 코모두스 재임기간에는 원로원들의 암투, 권력남용, 재정적 파탄, 이민족의 침략 등이 계속되면서 로마제국이 쇠퇴하기 시작하였다. 그는 미술사와 건축사에 어느 정도 공헌한 바가 있으나, 그의 환락적인 생활과 실정으로 암살당했다.

5) 또 다른 콩냄비 요리는 다음과 같이 만든다

잘게 썬 닭고기는 리쿠아멘, 기름, 와인으로 양념해서 익힌다. 양파와 고수를 잘게 다진다. 뇌는 껍질막을 벗겨 손질한다. 이렇게 준비한 것을 닭고기가 익고 있는 냄비에 넣는다. 다 익으면 닭고기만 꺼내어 뼈를 발라낸다. 양파와 고수를 잘게 다진다. 양념을 하지 않고 삶아서 준비해 놓은 완두콩을 체에 눌러 곱게 으깬다. 으깬 완두콩과 준비해 놓은 모든 재료들을 잘 섞는다. 콩냄비 요리용 냄비를 준비한 다음, 미리 준비해 놓은 재료들이 서로 섞이지 않도록 냄비에 보기 좋게 모양을 잡아 담는다. 그 다음 절구에 후추와 쿠민을 넣어 빻고 고기를 익힐 때 나온 육수를 붓는다. 달걀 2개도 절구에 넣고 멍울지지 않도록 잘 풀어, 재료가 들어 있는 냄비에 쏟아 붓는다. 삶은 완두콩이나 견과류를 뿌린 다음 약한 불에서 뭉근히 끓여 식탁에 낸다.

6) 또 다른 콩냄비 요리

닭이나 새끼돼지를 넣은 콩냄비 요리: 닭은 가슴뼈를 발라낸 다음 쭉 펴서 두 다리에 꼬챙이를 꽂아 펜다. 깨끗이 씻은 완두콩, 뇌, 루카니아소시지와 준비해 놓은 다른 속재료들을 닭 속에 차곡차곡 채워 넣는다. 절구에 후추, 러비지, 오레가노, 생강을 넣어 빻으면서 리쿠아멘을 섞는다. 파슘과 와인으로 간을 맞춘 다음 끓인다. 다 끓었으면 닭고기와 다른 재료들을 담은 냄비에 적당량을 붓는다. 만약 닭에 직접 양념을 하여 만들고 싶다면, 준비한 재료들과 닭을 대망막으로 감싸 뚜껑이 있는 냄비에 넣고 오븐에서 서서히 구워 식탁에 낸다.

5. 거칠게 빻은 보리와 스펠트밀로 끓인 죽

1) 거칠게 빻은 스펠트밀 죽이나 보리죽은 다음과 같이 조리한다

전날 불려 놓은 보리나 거칠게 빻은 스펠트밀을 문질러 씻는다. 불 위에 올린다. 끓어 오르면 기름을 넉넉하게 붓고 딜을 조금 준비하여 다발로 묶어 넣는다. 말린 양파와 세이보리를 넣고 살코기가 붙어 있는 돼지 엉덩이뼈도 함께 넣어 끓인다. 이렇

가룸을 생산하기 위한 과정이 그려진 벽화. 프레스코. 폼페이

게 하면 뼈에서 나오는 진한 육즙에 재료들이 익는다. 신선한 고수와 곱게 빻은 소금도 넣고 푹 끓인다. 잘 끓었으면 묶어 넣었던 딜을 건져낸다. 냄비 하나를 따로 준비하여 거칠게 빻은 보리를 넣고 끓인다. 이때 보리가 바닥에 눌러 붙어 타지 않도록 한다. 보리죽이 적당히 걸쭉해지면 아까 끓여둔 돼지 엉덩이뼈가 들어있는 냄비 위에 체를 올려 놓고 보리죽을 걸러 내린다. 절구에 [후추], 러비지, 말린 페니로열 조금, 쿠민, 실피움을 곱게 빻아 꿀, 식초, 데프리툼, 리쿠아멘을 잘 섞어 보리죽의 표면이 모두 덮일 정도로 붓는다. 돼지 엉덩이살이 좀 더 푹 익도록 약한 불에 놔둔다.

2) 다른 보리죽

병아리콩, 렌틸콩, 완두콩을 불린다. 보리는 절구에 찧는다. 이렇게 준비한 재료를 함께 넣고 끓인다. 잘 익었으면 기름을 넉넉하게 붓고 신선한 리크, 고수, 딜, 회향, 비트, 아욱, 그 밖의 모든 채소들을 잘게 썰어 냄비에 넣어 삶는다. 배추속 채소의 어린 잎을 따로 삶는다. 절구에 회향씨를 넉넉하게 넣고, 오레가노, 실피움, 러비지도 넣어 함께 빻은 다음 리쿠아멘으로 간을 맞춘다. 이렇게 만든 양념을 끓여 놓은 죽에 붓고 잘 젓는다. 삶은 배추속 채소를 잘게 다져 그 위에 뿌린다.

6. 녹색 누에콩과 바이아이[124]산(産) 누에콩

1) 녹색 누에콩을 리쿠아멘, 기름, 신선한 고수, 쿠민, 잘게 다진 리크와 함께 끓여 식탁에 낸다.

2) 다른 조리법: 누에콩을 볶아 리쿠아멘을 뿌려 식탁에 낸다.

3) 다른 조리법: 곱게 간 겨자, 꿀, 잣, 루타, 쿠민을 넣어 만든다. 식초를 곁들여 식탁에 낸다.

4) 삶은 바이아이산(産) 누에콩을 잘게 다진다. 루타, 신선한 셀러리, 리크, 식초, 기름, 리쿠아멘을 섞어 카로이눔이나 파숨을 조금 뿌려 식탁에 낸다.

7. 호로파

호로파[125]에 리쿠아멘, 기름, 와인을 섞어 버무린다.

8. 동부와 병아리콩

1) 녹색 동부와 병아리콩을 소금, 쿠민, 기름, 아무것도 섞지 않은 와인을 조금 넣고

---

124 바이아이는 고대도시 쿠마이의 작은 항구 마을이다. 나폴리 만(灣)에 놓여있으며 오늘날 캄파니아 주의 바콜리에 속한다.

125 호로파는 페뉴그리크라고도 부르는 콩과의 식물이다. 여기서 사용한 것은 호로파의 씨다. 씨와 잎 등은 독특한 향과 맛을 낸다. 잎은 익혀서 요리에 넣거나 샐러드, 차로 마시기도 한다. 호로파 잎은 신선하게 또는 말려서, 씨는 대개 볶거나 삶아서 먹었다. 가축의 사료로도 사용하였다. 오랜 역사를 가진 이 식물은 고대 이집트에서는 출산하는 여성에게 종교적인 의식으로 사용하기도 하였으며, 바빌론의 왕 마르둑-아플라-이디나 2세(므로닥 발라단)의 허브정원에서 길렀다는 기록이 있다. 호로파의 잎과 씨는 커리가루의 재료이기도 하며 북아프리카, 터키, 러시아 남서부 지역을 비롯한 수 많은 지역요리에 쓰인다.

잘 버무려 식탁에 낸다.

2) 동부나 병아리콩의 다른 조리법

볶은 동부나 병아리콩에 오이노가룸과 후추를 뿌려 전채요리로 먹는다. 달걀을 넣어 조리할 때에는, 콩깍지를 벗긴 콩과 달걀을 팬에 넣고 신선한 회향과 후추도 넣는다. 여기에 리쿠아멘과 카로이눔을 조금 뿌려 익힌 다음 생선 위에 올려 먹는다. 아니면 어렵게 생각할 것 없이 각자 익숙한 방법으로 먹어도 좋다.

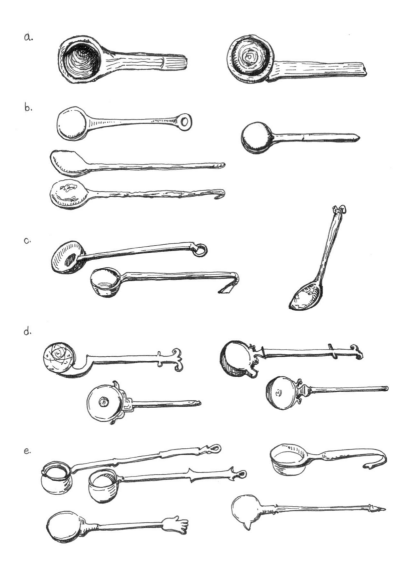

a. 나무국자
b. 음식을 더는 데 사용하는 식탁용 숟가락
c. 요리국자
d. 장식세공한 식탁용 국자와 숟가락
e. 와인국자와 여러가지 요리국자

가금류와 그 밖의 날짐승

APICIUS
DE RE COQUINARIA

야외 식사 장면, 모자이크, 노토, 시라쿠사

1. 타조
2. 검은목두루미나 야생오리, 자고새, 멧비둘기, 숲비둘기, 비둘기와 여러 날짐승
3. 개똥지빠귀
4. 휘파람새
5. 공작
6. 꿩
7. 거위
8. 닭

1. 타조

1) 삶은 타조

후추, 민트, 볶은 쿠민, 셀러리씨, 일반적인 대추야자나 카리요타대추야자[126], 꿀, 식초, 파슘, 리쿠아멘과 기름을 조금 준비한다. 이 모든 것을 냄비에 넣고 끓인다. 전분을 풀어 걸쭉하게 만든다. 타조고기를 쟁반에 올리고 나머지 내용물과 소스를 그 위에 부은 다음, 후추를 뿌린다. 만약 향신료 소스를 만들어 곁들이고 싶다면 여기에 거칠게 빻은 스펠트밀을 넣어 끓인다.

2) 삶은 타조로 만든 다른 요리

후추, 러비지, 타임이나 세이보리, 꿀, 겨자, 식초, 리쿠아멘, 기름으로 양념한다.

2. 검은목두루미나 야생오리, 자고새[127], 멧비둘기, 숲비둘기, 비둘기와 다양한 다른 날짐승

1) 검은목두루미나 야생오리

검은목두루미나 야생오리를 깨끗이 씻는다. 양념을 해서 곰솥[128]에 넣고 뚜껑을 닫는다. 물, 소금, 딜을 넣고 너무 흐물거리지 않도록 반 정도 익을 때까지만 끓인다. 고

---

126 카리요타의 열매인 카리요타대추야자는 이 책에서 자주 사용되고 있는 길쭉한 모양의 일반 대추야자와 달리 포도알처럼 동그랗게 생겼다. 그 밖의 자세한 내용은 카리요타시럽 각주 참조.

127 자고새는 유럽자고새를 일컫는다. 꿩과에 속하는 새로 유럽 전역과 아시아 일부지역의 나무가 없고 키가 작은 풀이 자라는 평야에 서식한다. 종이 매우 다양한데 그중에서도 바위자고와 회색자고가 맛이 좋다고 알려져 있다. 매우 높은 가격 때문에 1세기경만해도 로마인들의 식탁 위에 매우 드물게 올라왔다고 한다. 남아있는 기록에 따르면 3세기경 자고새 한 마리의 가격이 60데나리우스였다. 이것은 개똥지빠귀 10마리나 달걀 60개, 또는 돼지고기 약 1,638그램을 살 수 있는 가격이었다.

128 이 곰솥을 올라라고 부른다. 몸체는 둥글고 주둥이는 깔때기처럼 목이 좁은 모양을 하고 있는 솥의 한 종류로 보통 손잡이가 없어 삼발이 위에 올려 사용한다. 흙으로 빚어 굽거나 금속으로 만든다. 주로 냄비처럼 지지거나 끓이는 목적으로 사용되지만 과일이나 채소 또는 생선 같은 것들을 넣어 보관하기도 하며 식초나 버터밀크 같은 것을 만들 때 사용하기도 했다.

기를 건져 다시 기름과 리쿠아멘을 붓고, 오레가노 한 단과 고수를 냄비에 넣는다. 완전히 다 익으면 데프리툼을 조금 부어 색을 낸다. 절구에 후추, 러비지, 쿠민, 고수, 라저 뿌리, 루타, 카로이눔, 꿀을 빻다가 고기를 끓일 때 나온 육수도 붓는다. 식초로 간을 맞춘다. 고기 냄비에 부어 뜨거워지면 전분을 풀어 걸쭉하게 만든다. 고기를 쟁반에 올리고 그 위에 끼얹는다.

2) 검은목두루미, 야생오리나 닭

후추, 말린 양파, 러비지, 쿠민, 셀러리씨, 씨를 뺀 자두나 다마스쿠스자두를 넣고 머스트, 식초, 리쿠아멘, 데프리툼, 기름을 부은 다음 검은목두루미를 넣어 삶는다. 삶는 동안은 두루미의 대가리가 물 속에 잠겨있는 것이 아니라 물 밖에 나와 있어야 한다. 고기가 다 익으면 뜨거운 리넨 천으로 덮어 씌운 다음 대가리를 뜯어내면 힘줄이 딸려서 떨어져 나가고, 고기와 뼈만 남는다. 힘줄은 먹을 수 없다.

3) 순무를 넣은 검은목두루미나 야생오리 요리

깨끗하게 씻어 양념한 고기를 곰솥에 넣는다. 물을 붓고 소금, 딜을 넣어 고기가 반 정도 익을 때까지만 끓인다. 순무도 넣어 삶는다. 순무는 익으면 알싸한 매운맛이 사라진다. 익은 순무를 냄비에서 건져 다시 한 번 씻는다. 냄비에 기름을 두르고 야생오리와 리쿠아멘, 리크와 고수 한 단을 넣고 삶는다. 여기에 깨끗이 씻어 잘게 썬 순무를 넣고 함께 끓인다. 어느 정도 익으면 데프리툼을 부어 색을 낸다.

소스는 이렇게 준비한다: 후추, 쿠민, 고수, 라저 뿌리, 식초와 고기를 삶아서 생긴 육수를 섞어 야생오리 위에 쏟아 붓고 끓인다. 다 끓었으면 전분을 풀어 걸쭉하게 만든다. 순무를 깔고 그 위에 붓는다. 후추를 뿌려 식탁에 낸다.

4) 다른 방법으로 만든 삶은 검은목두루미나 야생오리요리

러비지, 후추, 쿠민, 말린 고수, 민트, 오레가노, 잣, 카리요타시럽, 리쿠아멘, 기름, 꿀, 겨자, 와인을 넣어 만든다.

5) 검은목두루미나 야생오리를 석쇠에 구워 만든 다른 요리

다음과 같이 만든 소스를 고기 위에 붓는다: 후추, 러비지, 오레가노를 빻는다. 리쿠

아멘, 꿀, 식초 조금과 기름을 부어 잘 섞는다. 이 모든 재료를 끓인다. 여기에 전분을 푼다. 소스가 부글부글 끓어오를 때 그 위에 삶아서 잘게 썬 호박이나 타로토란을 뿌리면 거품이 사그라진다. 만약 돼지 정강이나 닭 간이 있으면 넣어도 좋다. 식탁용 대접에 담아 빻은 후추를 뿌려 식탁에 낸다.

6) 삶은 검은목두루미나 야생오리로 만든 다른 요리: 후추, 러비지, 셀러리씨, 자연산[129] 루콜라, 고수, 민트, 카리요타시럽, 꿀, 리쿠아멘, 데프리툼, 겨자로 양념을 만든다. 냄비에 넣고 익혀 위와 같은 방법으로 만든다.

[3.] 삶은 자고새와 프랑콜리누스[130]와 멧비둘기[131]

1) [자고새]

후추, 러비지, 셀러리씨, 민트, 도금양 열매 또는 다른 열매, 건포도, 꿀, 식초, 리쿠아멘, 기름으로 소스를 만든다. 소스는 차갑게 낸다.

2) 자고새

깃털을 뽑지 않고 삶은 다음, 깃털이 젖어 있을 때 뽑아낸다. 바로 도축한 자고새를 소스에 삶으면 질겨지지 않고 부드러워진다. 만약 도축한 지 며칠이 지났으면, 본격적으로 요리를 시작하기 전에 미리 한 번 데쳐야 한다.

129　'자연산'과 '야생'을 구분하였다. 자연산은 경작하여 얻은 작물이 아니라는 뜻으로 사용하였고, '야생-'은 이름의 일부처럼 사용하였다.

130　프랑콜리누스는 꿩과에 속하는 새로 40여 종이 여기에 속한다. 아프리카와 아시아 일부지역의 목초지와 지중해성 기후의 관목지, 강가나 개울가에서 서식하는 텃새이다. 자고새와 생김새가 비슷하다. 대부분 전체적으로 붉은 갈색의 깃털을 가지고 있으며 몸이나 목 부위에 다양한 빛의 반점이 있는 것이 특징이다. 플리니우스와 오비디우스도 이 새에 대해 언급하고 있는데, 1세기경 처음으로 갈리아와 히스파니아로 전해졌다고도 하고 이오니아에서 로마에 공물로 바쳤다고도 한다. 종종 들꿩으로 번역되기도 한다.

131　멧비둘기는 오늘날과 마찬가지로 고대에도 별미로 이름이 나 있었다. 숲비둘기나 다른 비둘기에 비해 값이 비쌌다. 멧비둘기가 맛이 좋다고는 하나 고대 로마인들에게 개똥지빠귀과의 새들만큼은 아니었던 것 같다. 고대 로마인들이 선물로 줄 만큼 좋아했던 개똥지빠귀과의 새들이 많이 잡히는 겨울철에는 멧비둘기 가격이 조금 내리기도 하였다는 기록이 있다.

가룸을 생산하기 위한 과정이 그려진 벽화. 프레스코, 폼페이

3) 자고새, 프랑콜리누스, 멧비둘기

후추, 러비지, 민트, 루타씨, 리쿠아멘, 아무것도 섞지 않은 와인, 기름으로 소스를
만든다. 소스는 뜨겁게 낸다.

[4.] 숲비둘기와 비둘기 [살찌운 가금류와 플라밍고]

1) 석쇠구이

후추, 러비지, 고수, 캐러웨이, 말린 양파, 민트, 달걀노른자, 카리요타시럽, 꿀, 식초,
리쿠아멘, 기름, 와인으로 소스를 만든다.

2) 삶은 고기로 만든 다른 요리

후추, 캐러웨이, 셀러리씨, 파슬리, 절구향신료132, 카리요타시럽, 꿀, 식초, 와인, 기

---

132   절구 향신료 만드는 법은 1, 1, 35 참조.

름, 겨자로 소스를 만든다.

3) 또 다른 방법

후추, 러비지, 파슬리, 셀러리씨, 루타, 잣, 카리요타시럽, 꿀, 식초, 리쿠아멘, 겨자, 기름으로 소스를 만든다.

4) 또 다른 방법

후추, 러비지, 갓 따온 라저를 빻는다. 여기에 리쿠아멘을 부어 잘 섞는다. 와인과 리쿠아멘으로 간을 맞춘 후, 삶아 놓은 비둘기나 숲비둘기 위에 끼얹는다. 후추를 뿌려 식탁에 낸다.

[5.] 여러 가지 날짐승 요리에 어울리는 소스

1) 후추, 볶은 쿠민, 러비지, 민트, 씨를 뺀 건포도나 다마스쿠스자두에 꿀을 조금 넣어 빻아 섞는다. 도금양 와인[133], 식초, 리쿠아멘, 기름을 넣어 간을 맞춘다. 이것을 뜨겁게 데워 셀러리와 세이보리를 넣고 잘 저어 섞어준다.

2) 날짐승 요리에 어울리는 다른 소스

후추, 파슬리, 러비지, 말린 민트, 홍화꽃을 빻아 와인을 붓는다. 폰투스산(産) 헤이즐넛이나 볶은 아몬드를 넣는다. 꿀 조금, 와인, 식초, 리쿠아멘으로 간을 맞춘다. 흙으로 빚어 구운 냄비를 준비한다. 소스를 붓고 그 위에 기름을 뿌린다. 뜨겁게 데워 신선한 셀러리와 개박하를 넣고 잘 저어준다. 익힌 고기를 잘라 담고 그 위에 소스를 끼얹는다.

3) 삶은 날짐승에 어울리는 화이트소스[134]

후추, 러비지, 쿠민, 셀러리씨, 폰투스산(産) 헤이즐넛이나 볶은 아몬드나 껍질을 벗

---

133   이 책 1, 4, 1의 장미와 바이올렛 와인 만드는 법 참조. 카토의 방법에 따르면 도금양 열매와 머스트를 섞은 다음 발효시켜 만든다.

134   5, 3, 2 참조: 삶은 달걀의 흰자, 백후추, 잣, 꿀, 화이트 와인과 리쿠아멘을 섞어 만든 화이트소스.

오븐 앞에서 일하고 있는 세 명의 젊은이. 초기 그리스도교 석관부조 (부분), 바티칸

긴 다른 견과류에 꿀 조금, 리쿠아멘, 식초, 기름을 섞어 만든다.

4) 날짐승에 어울리는 녹색소스

후추, 캐러웨이, 시엽감송, 쿠민, 쿠민 잎, 갖가지 녹색 허브, 대추야자, 꿀, 식초, 와인 조금, 리쿠아멘, 기름으로 만든다.

5) 삶은 거위에 곁들이는 화이트소스

후추, 캐러웨이, 쿠민, 셀러리씨, 타임, 양파, 라저 뿌리, 볶은 잣, 꿀, 식초, 리쿠아멘, 기름으로 만든다.

6) 숫염소처럼 [누린내가 나는 모든] 날짐승 고기에 좋은 조리법[135]

후추, 러비지, 타임, 말린 민트, 람베르트 헤이즐넛[136], 카리요타시럽, 꿀, 식초, 와인,

135　제목에 누락된 철자가 있어 정확히 어떤 문장인지 알 수 없다. '모든 날짐승 고기에 좋은'을 '오이노가룸'으로 번역한 책들도 있으나, 남아있는 철자를 조합해 보면 오이노가룸과는 맞지 않는다. 하지만 실제로 여기에 제시된 조리법이 오이노가룸을 사용한 조리법과 상당히 비슷하다는 점도 배제할 수 없다. 이 책의 1, 31; 4, 5, 1; 7, 3, 1; 10, 3, 11 참조.

136　필버트, 로마 헤이즐넛, 야생 그린 헤이즐넛, 그 밖에도 지역마다 다양한 이름으로 부른다.

리쿠아멘, 기름, 데프리툼, 겨자를 넣고 갈아 잘 섞어 소스를 만든다. 기름을 섞어 만든 곡물 반죽으로 그릇을 덮어 싸서 오븐에 구우면, 고기 자체에서 기름이 자작하게 녹아 나온 훌륭한 날짐승요리를 만들 수 있다.

7) 다른 방법으로 만든 날짐승요리

준비한 날짐승의 뱃속에 빻아 으깬 올리브를 채워 넣고 꿰맨 다음 끓인다. 다 끓었으면 채워 넣었던 올리브를 꺼낸다.

[6.] 플라밍고

1) 플라밍고의 껍질을 벗긴다. 깨끗하게 씻어 모양을 잡아 냄비에 넣는다. 물을 붓고 소금, 딜, 식초를 조금 섞어 끓인다. 플라밍고가 반쯤 익으면, 리크와 고수를 다발로 묶어 끓고 있는 냄비에 넣는다. 고기가 거의 다 익었으면, 데프리툼을 부어 보기 좋게 색을 낸다. 절구에 후추, 쿠민, 고수, 라저 뿌리, 민트, 루타를 넣고 빻은 다음 식초를 붓고, 카리요타시럽도 붓는다. 여기에 고기를 삶아 나온 육수를 붓고 잘 섞는다. 이렇게 만든 양념을 고기가 끓고 있는 냄비에 붓고, 전분을 풀어 걸쭉하게 만든다. 고기 위에 소스를 뿌려 식탁에 낸다. 앵무새 요리도 같은 방법으로 만든다.

2) 다른 방법

준비한 날짐승을 석쇠에 굽는다. 후추, 러비지, 셀러리씨, 볶은 참깨[137], 파슬리, 민트, 말린 양파를 빻는다. 여기에 카리요타시럽, 꿀, 와인, 리쿠아멘, 식초, 기름, 데프리툼을 넣어 간을 맞춘다.

3) 날짐승 고기가 너무 흐물거리지 않게 손질하는 법

어떠한 종류의 새가 되었든 깃털을 뽑지 않은 채로 삶아야 훌륭한 음식을 만들 수 있다. 반드시 식도를 통해 내장을 꺼내거나 미단골을 제거한 후에 삶는다.[138]

---

137 이 책에서 유일하게 참깨를 사용한 조리법이다.

138 내장과 피, 꽁지 부분에 있는 분비샘을 제거해야 누린내가 나지 않기 때문이다.

[7. 거위]

차가운 아피키우스식(式) 소스를 곁들인 뜨겁게 삶은 거위

절구에 후추, 러비지, 고수씨, 민트, 루타를 넣고 빻는다. 리쿠아멘과 기름을 조금 부어 섞으면서 간을 맞춘다. 뜨거운 거위는 깨끗한 리넨 천으로 물기를 제거하고, 그위에 소스를 끼얹어 식탁에 낸다.

[8. 닭]

1). 삶은 닭에 곁들이는 끓이지 않은 소스

절구에 딜 씨, 말린 민트, 라저 뿌리를 넣고 빻는다. 식초와 카리요타시럽을 붓고 리쿠아멘을 부은 다음, 겨자를 조금 넣고 기름도 붓는다. 데프리툼으로 간을 맞춘다. 고기 위에 끼얹는다.

딜 소스를 곁들인 닭고기[139]: 꿀 조금과 리쿠아멘을 뿌려 간을 한다. 삶은 닭은 냄비에서 꺼내 깨끗한 리넨 천으로 물기를 닦아낸다. 닭에 깊숙하게 칼집을 내어 그 틈으로 소스를 부어 스미도록 한다. 고기에 소스가 완전히 스며들면 석쇠에 굽는다. 구울 때 나오는 육즙은 깃털을 이용하여 골고루 발라가며 적셔준다. 후추를 뿌려 식탁에 낸다.

2) 파르티아[140]식(式) 닭

닭은 미단골을 잘라내고 네모난 팬 위에 모양을 잡아 올려 놓는다. 절구에 후추와 러비지를 넣고, 캐러웨이도 조금 넣어 빻는다. 여기에 리쿠아멘을 붓고 와인으로 간을 맞춘다. 쿠마나에 닭을 담아 향신료 소스를 끼얹는다. 신선한 향이 나는 라저를 다져 넣고 휘저어 잘 섞어 익힌다. 후추를 뿌려 식탁에 낸다.

---

139 번호가 붙어 있지 않다. 앞뒤의 내용으로 보아 같은 요리는 아닌 것 같다.
140 오늘날 이란 고원 동북부에 있던 파르니족이 세운 고대의 왕국이다.

3) 매운 향신료 소스를 곁들인 닭

기름 1아케타불룸 마이우스(약 0.14리터), 리구아멘은 많이도 필요 없고 1아케타불룸 미누스(약 0.035리터), 식초도 1아케타불룸 미누스(약 0.035리터), 후추 6스크리풀룸(약 6.84그램), 파슬리 1스크리풀룸(약 1.14그램), 리크 한 단을 넣어 만든다.

4) 누미디아[141]식(式) 닭

준비한 닭을 깨끗이 씻어 삶는다. 여기에 라저와 후추를 뿌려 다시 굽는다. 절구에 후추, 쿠민, 고수씨, 라저 뿌리, 루타, 카리요타시럽, 잣을 넣고 빻아 식초, 꿀, 리쿠아멘, 기름으로 간을 맞춰 끓인다. 다 끓었으면 전분을 풀어 걸쭉하게 만들어 닭고기 위에 부어 촉촉하게 한다. 후추를 뿌려 식탁에 낸다.

5) 라저 소스를 곁들인 닭

닭은 미단골을 잘라 버리고 나서 가른다. 깨끗하게 씻어 쿠마나에 모양을 잡아 넣는다. 절구에 후추, 러비지, 신선한 라저를 넣고 빻아 리쿠아멘을 부은 다음, 와인과 리쿠아멘으로 간을 맞춰 닭 위에 쏟아 붓는다. 이렇게 준비한 닭을 [오븐에 굽는다]. 완전히 다 익으면, 후추를 뿌려 식탁에 낸다.

6) 닭 구이

라저 조금, 후추 6스크리풀룸(약 6.84그램), 기름 1아케타불룸(약 0.07리터), 리쿠아멘 1아케타불룸(약 0.07리터), 파슬리를 조금 넣어 소스를 만든다.

7) 자체 육즙으로 삶은 닭

절구에 후추, 쿠민, 타임 조금, 회향 씨, 민트, 루타, 라저 뿌리를 넣고 빻아 식초를 붓는다. 카리요타시럽을 부어 빻는다. 꿀, 식초, 리쿠아멘, 기름으로 간을 맞춘다.

8) 호박을 삶아 곁들인 삶은 닭

위에 제시된 소스와 같은 방법으로 소스를 만들어 겨자와 후추를 추가로 섞는다. 식탁에 낸다.

---

141 누미디아는 북아프리카에 있던 고대 왕국으로 이 책이 쓰인 시대에는 로마의 속주였다. 오늘날 알제리에 해당한다.

9) 타로토란을 삶아 곁들인 삶은 닭

위에 제시된 소스와 같은 방법으로 소스를 만들어 닭 위에 끼얹어 식탁에 낸다.

10) [⋯] 비둘기 속에 올리브를 채워 넣는다. 삶는 동안 고기가 터져 올리브가 흘러 나올 수 있으므로 너무 꽉 채우지 않는다. 속을 채운 비둘기를 작은 바구니에 담는다. 곰솥에 물을 붓고 비둘기를 담은 작은 바구니를 넣고 끓인다. 부글부글 끓어오르면, 잠시 불에서 내렸다가 다시 올린다. 이렇게 하면 비둘기고기가 터져 올리브가 흘러 나오는 일이 없다.

11) [142] a. 바르다누스[143]식(式) 닭

닭을 다음과 같은 소스에 삶는다: 리쿠아멘, 기름, 와인을 붓고 리크, 고수, 세이보리 한 단을 [넣는다.] 다 끓었으면, 절구에 후추와 잣을 빻다가 물 2퀴아투스(약 0.092리터)와 닭 육수를 붓는다. 녹색 건더기는 모두 건져내어 버린다. 우유로 간을 맞춘다. 절구에 있는 양념을 닭 위에 모두 쏟아 붓고 끓인다. 달걀흰자를 풀어 넣어 걸쭉하게 만든다. 쟁반에 닭을 올리고 위에 써 있는 대로 만든 소스를 붓는다. 이렇게 만든 소스를 '화이트소스'라고 부른다.

b. 바리우스[144]식(式) 닭

닭은 다음과 같은 소스에 삶는다: 리쿠아멘, 기름, 와인, 리크, 고수, 세이보리 한 단을 삶는다. 다 익으면, 절구에 후추, 잣을 넣고 빻다가 리쿠아멘 2퀴아투스(약 0.092

---

142 판본에 따라 '바르다누스 식' 또는 '바리우스 식'으로 다르게 전하고 있다. 아무래도 바르다누스와 바리우스가 이름이 비슷하기 때문에 초기의 여러 필사과정에서 오류가 있었던 듯 하다. 이 책의 기본으로 삼은 Milham의 내용에는 a, 다른 판본에서 가져온 조리법에는 b라고 옮긴이가 임의로 번호를 붙였다.

143 오늘날 수 많은 요리연구가들이 이 요리를 재현하기도 하지만 정작 바르다누스가 누구인지 알려진 바가 없다. 아우구스투스 시대에 시리아 총독을 지냈던 푸블리우스 퀸틸리우스 바루스라는 의견이 있으나 정확하지 않다.

144 바리우스는 엘라가발루스 황제(재위 218-222)를 가리키는 것으로 보인다. 본명은 바리우스 아비투스 바시아누스로 시리아 출신의 황제다. 기행과 방탕한 생활로 로마 제국의 몰락에 기여한 황제들 중 하나로 평가된다. 황제의 선조들이 이교도의 신 엘라가발루스를 섬겨서 엘라가발루스라는 별칭이 붙었다는 설이 있다. 또, 황제 자신은 이 별칭을 생전에 스스로 사용한 적이 없다. 황제 사후에 붙은 별칭으로 보인다.

리터)와 닭을 삶을 때 나온 육수를 부어 섞는다. 우유로 간을 맞춘다. 절구에 있는 양념을 닭이 들어있는 냄비에 모두 쏟아 붓고 끓인다. 여기에 달걀흰자를 풀어 넣어 걸쭉하게 만들었으면, 쟁반에 닭을 올리고, 위에 써 있는 대로 만든 소스를 붓는다. 이것을 '화이트 소스'라고 부른다.

12) 프론토[145]식(式) 닭

준비한 닭을 굽는다. 리쿠아멘과 기름을 붓고 딜 한 단, 리크, 세이보리, 신선한 고수를 섞어 넣고 구운 닭에 양념을 한 다음 끓인다. 다 끓으면 바로 불에서 내려, 준비한 쟁반에 붓고, 데프리툼을 뿌려 촉촉하게 만든다. 후추를 뿌려 식탁에 낸다.

13) 우유 반죽으로 쑨 죽을 곁들인 닭

리쿠아멘, 기름, 와인을 붓고 닭을 끓인다. 여기에 고수 작은 한 단과 양파를 넣는다. 다 익으면, 고기만 꺼내어 새로 준비해 놓은 새 냄비에 넣고 우유를 붓고 소금도 조금 뿌리고 꿀도 뿌린 다음, 냄비의 1/3분량의 뜨거운 물을 붓는다. 약한 불에서 뭉근히 끓인다. 반죽을 잘게 부숴 조금씩 나눠서 넣으면서 눌어붙지 않도록 쉬지 않고 계속 젓는다. 여기에 닭을 통째로 넣거나 잘라서 넣는다. 쟁반에 냄비를 뒤집어 엎어 쏟은 후, 다음과 같이 만든 소스를 끼얹는다: 후추, 러비지, 오레가노를 넣고 꿀, 데프리툼 조금, 닭 육수를 부은 다음 간을 한다. 작은 냄비에 끓인다. 다 끓었으면 전분을 풀어 걸쭉하게 만들어 고기 위에 끼얹는다.

14) 속을 채운 닭

준비한 닭의 목구멍에 리쿠아멘 같은 액체를 흘려 넣어 안쪽에 들어있는 찌꺼기들을 씻어낸다. 절구에 후추, 러비지, 생강, 다진 고기, 삶은 스펠트밀을 넣어 빻는다. 뇌를 으깨어 육수에 삶는다. 여기에 거품을 낸 달걀을 넣고 끓이면서 매끄러운 질감이 날 때까지 젓는다. 이렇게 만든 모든 재료를 한데 섞은 뒤 리쿠아멘으로 간을 맞추고 기름을 조금 붓고 통후추를 뿌린다. 잣도 아낌없이 넣는다. 반죽처럼 만든 속재료

145　누구를 가리키는지 정확하게 알려진 바가 없다.

를 닭이나 젖을 떼지 않은 새끼돼지 속에 공간을 조금 남기고[146] 채운다. 거세한 수탉[147]으로도 똑같이 만들 수 있다. 뼈 없이 삶는다.

15) 뽀얀 육수와 함께 내는 닭

닭은 위에서 했던 것처럼 손질하여 준비한다. 가슴을 중심으로 세로로 자른다. 자른 틈으로 물과 히스파니아산(產) 기름을 흘려보낸다. 이때 닭을 기울여 액체가 밖으로 흘러나오게 해야 한다. 이렇게 준비한 닭을 끓인다. 다 끓은 후에도 뭔가 남아있는 것이 있으면 꺼내어 제거한다. 후추를 뿌려 식탁에 낸다.

---

146 속을 꽉 채워 넣으면 익으면서 터져 나올 수 있기 때문이다. 이 책 6.8,10과 7.7의 내용 참조.

147 확실하게 무엇을 의미하는지 알 수 없다. 돼지 오줌보라는 의견도 있으나, 뒷문장에 있는 '뼈를 제거한 뒤에 삶는다'는 내용으로 보아 거세한 수탉이 내용에 가깝다고 생각한다.

a. 멧비둘기
b. 휘파람새
c. 개똥지빠귀
d. 숲비둘기
e. 자고새

미식가를 위한
호화롭고 현란한 요리

APICIUS
DE RE COQUINARIA

죽은 새와 버섯 정물
프레스코, 헤르쿨라네움

1. 새끼를 낳지 않은 어린 암퇘지의 애기보, 껍데기, 돌돌 만 고기, 돼지 꼬리와 돼지 정강이

2. 젖퉁이

3. 무화과를 먹여 부풀린 돼지 간

4. 썰어 구운 고기

5. 석쇠구이

6. 삶은 고기와 납작하게 썬 고기

7. 속을 채운 위

8. 돼지안심과 콩팥

9. 햄

10. 간이나 허파

11. 가정식 달콤한 후식과 발효유

12. 양파

13. 물푸레나무버섯이나 양송이

14. 송로버섯

15. 타로토란

16. 달팽이

17. 달걀

1. 새끼를 낳지 않은 어린 암퇘지의 애기보, 껍데기, 돌돌 만 고기[148], 돼지 정강이

1) 암퇘지의 애기보를 맛있게 요리하려면 반드시 라저와 퀴레나이카산(産) 식초나 파르티아산(産) 식초와 리쿠아멘으로 간을 해야 한다. 따뜻하게 해서 식탁에 낸다.

2) 일반 돼지[와] 새끼를 낳지 않은 어린 암퇘지의 애기보[149]

일반 돼지의 애기보와 어린 암퇘지의 애기보는 후추, 셀러리씨, 말린 민트, 라저 뿌리, 꿀, 식초, 리쿠아멘으로 양념한다.

3) 일반 돼지의 애기보[와] 새끼를 낳지 않은 어린 암퇘지의 애기보는 후추, 리쿠아멘, 파르티아산(産) 라저를 넣어 양념해서 식탁에 낸다.

4) 어린 암퇘지의 애기보는 후추, 리쿠아멘, 향신료와인[150]을 조금 넣어 양념해서 식탁에 낸다.

5) 껍데기, 돌돌 만 고기, 커틀릿, 돼지 정강이는 후추, 리쿠아멘, 라저를 넣어 양념해서 식탁에 낸다.

6) 애기보 볶음은 이렇게 만든다

준비한 애기보에 밀기울이나 보릿겨를 골고루 묻혀 돌돌 말아 소금물에 담갔다가 삶아서 사용한다.

2. 돼지 젖퉁이

1) 젖퉁이는 갈대로 만든 꼬챙이에 꽂아 삶는다. 소금을 뿌리고 오븐이나 석쇠에 굽

---

148 원문에서 '두루마리 책'이라는 뜻을 가진 단어를 사용한 것으로 보아 돌돌 말아 놓은 구이용 고기를 의미하는 것으로 보인다.

149 여기서 어린 암퇘지는 태어난 지 6개월이 된 돼지를 의미한다. 돼지는 태어난 후 6개월이면 성적으로 성숙한다.

150 후추, 감송향, 인도월계수, 사프란 등이 들어간다.

는다. 이때 살짝 굽는 게 중요하다. 절구에 후추와 러비지를 넣고 리쿠아멘을 부어가며 빻는다. 아무것도 섞지 않은 와인과 파숨으로 간을 맞춘 다음, 전분을 풀어 걸쭉하게 만든다. 이렇게 만든 소스를 젖퉁이 위에 끼얹어 식탁에 낸다.

2) 속을 채운 젖퉁이

절구에 후추, 캐러웨이, 소금에 절인 성게를 넣고 으깬 다음 젖퉁이 속에 채워 넣고 꿰매어 삶는다. 알렉[151]과 겨자를 곁들이면 더욱 즐기며 먹을 수 있다.

3. 무화과를 먹여 부풀린 돼지 간

1) 무화과를 먹여 부풀린 돼지 간[152]에 어울리는 오이노가룸

절구에 후추, 타임, 러비지를 넣고 빻다가 리쿠아멘과 와인을 조금 붓고 기름도 섞는다.

2) 다른 방법

무화과를 먹여 부풀린 돼지 간을 갈대로 만든 꼬챙이로 자른다. 여기에 리쿠아멘을 붓고 후추, 러비지, 월계수 잎 2장을 넣어 [빻아] 섞은 다음 대망막으로 싼다. 석쇠에 구워 식탁에 낸다.

---

151 알렉은 원래 리쿠아멘을 만드는 과정에서 생겨나는 부산물이다. 일반 시민들은 저렴한 알렉을 주로 사용했는데, 이것은 리쿠아멘을 만들고 난 통 아래에 가라앉은 생선의 뼈나 그 외의 침전물 같은 찌꺼기를 모은 것이다. 오늘날의 앤초비 페이스트와 비슷하다고 볼 수 있다. 리쿠아멘에 대한 각주 참조.

152 플리니우스에 따르면 이 방법은 아피키우스가 발명하였다고 한다. 아피키우스의 발명인 '피카툼'이라고 부르는 무화과 먹인 돼지 간은 푸아그라와 비슷한 방식으로 얻어지는 지방간이다. 무화과를 먹여 살을 찌운 암퇘지에게 음료를 주어 만든다. '피카툼'은 그 잔인한 사육방법 때문에 최근 법으로 금지하기 전까지 스트라스부르크 지역의 특산품이었다. 피카툼을 얻는 방법은 이렇다: 돼지를 굶긴다. 배고픈 돼지에게 말린 무화과를 준다. 그러면 돼지는 허기에 무화과를 흡입하듯이 먹었기 때문에 갈증을 느끼게 되는데, 그때 물 대신 벌꿀술을 돼지에게 준다. 말린 무화과는 돼지의 뱃속에서 급격하게 불어나면서 돼지는 엄청난 위통을 느끼거나 발효로 인한 급성 소화불량으로 죽는다. 이렇게 얻어지는 돼지 간은 푸아그라처럼 비정상적으로 매우 비대해진다.

4. 썰어 구운 고기[153]

1) 오스티아[154]식(式) 구이

구울 [고기] 껍데기 표면에 칼집을 낸다. 그래야 껍데기가 제대로 자리를 잡고 익는다. 절구에 후추, 러비지, 딜, 쿠민, 실피움과 월계수 열매 하나를 넣고 빻아, 리쿠아멘을 부어 섞어 진득하게 만든 다음, 구운 고기와 만들어 놓은 양념을 모두 사각형 팬에 붓는다. 이렇게 준비한 것을 이틀에서 사흘 정도 그대로 양념 속에 재워두었으면, 고기를 꺼내어 가로세로 열십자(十) 모양으로 엇갈려 꼬챙이를 꽂아 오븐에 굽는다. 다 익었으면, 서로 교차해서 끼웠던 꼬챙이를 뺀다. 절구에 후추, 러비지를 빻아 리쿠아멘을 섞은 다음 단맛이 나도록 파숨을 조금 부어 섞은 다음 끓인다. 다 끓었으면 전분을 풀어 걸쭉한 소스가 되도록 한다. 이 소스에 구운 고기를 담가 식탁에 낸다.

2) 아피키우스식(式) 구이

구이용 고기의 뼈를 제거한다. 손질한 고기를 돌돌 말아 꼬챙이로 고정시켜 오븐에 굽는다. 다 구웠으면 불에서 내려, 촉촉할 때 썰어 석쇠에서 약한 불에 구워 수분을 날린다. 이때 고기가 타지 않도록 한다. 후추, 러비지, 타이거넛츠, 쿠민을 빻아 리쿠아멘을 붓고 파숨으로 간을 맞춘다. 이렇게 만든 소스와 고기를 냄비에 넣는다. 다 끓었으면, 고기를 건져내어 물기를 털어 소스 없이 후추만 뿌려 식탁에 낸다. 고기에 기름기가 많으면, 껍데기를 잘라낸다. 삼겹살로도 이러한 구이를 만들 수 있다.

3) 멧돼지구이

기름과 리쿠아멘을 붓고, 갖은 향신료를 넣어 멧돼지고기를 삶는다. 삶은 멧돼지를

---

153 이하 모든 '구이'는 특별한 설명이 없는 한 썰어서 구운 고기를 의미한다.

154 오스티아는 로마의 중심지에서 남서쪽으로 23km 떨어진 곳에 있던 고대 로마의 항구도시이다. 티베르 강의 어귀에 있었던 이 도시의 지리적 위치 때문에 '강어귀'를 뜻하는 오스티움이라는 단어에서 유래하여 오스티아라는 이름이 붙었다.

오븐에 굽는다. 오븐에 구운 고기는 향신료 소스를 부어 새로 끓인다. 절구에 후추와 양념 허브를 빻아 꿀, 리쿠아멘을 붓고 전분을 풀어 섞어 끓인다. 리쿠아멘과 기름은 넣지 않고 그냥 끓인다. 다 끓었으면 후추를 뿌려 소스를 만든다. 이렇게 만든 소스를 끓고 있는 돼지가 들어있는 냄비에 붓는다. 그리고 다시 한소끔 끓인다.

4) 다른 방법의 구이

준비한 고기는 반드시 제대로 구워져야 한다. 그래야 석쇠에 구운 것처럼 된다. 질 좋은 리쿠아멘을 1쿼아투스(약 0,046리터) 준비한다. 물, 식초, 기름도 각각 1쿼아투스(약 0,046리터)씩 준비한다. 이 모든 것을 한데 섞는다. 흙으로 구운 팬에 고기를 넣고 양념을 부어 구운 다음 식탁에 낸다.

5) 또 다른 구이[155]

팬에 오이노가룸을 넉넉하게 붓는다. 후추를 뿌려 식탁에 낸다.

6) 또 다른 구이[156]

준비한 고기는 요리하기 전에 먼저 쿠민을 넣은 소금물에 담갔다가 굽는다.

5. 석쇠구이

1) 고기구이

고기를 그냥 오븐에 넣어 굽는다. 소금을 아낌없이 뿌린다. 꿀을 뿌려 식탁에 낸다.

2) 다른 방법의 석쇠구이

파슬리 6스크리풀룸(약 6,84그램), 라저 6스크리풀룸, 생강 6스크리풀룸, 월계수 잎 5장, 양념 허브, 라저 뿌리 6스크리풀룸, 오레가노 6스크리풀룸, 타이거넛츠 6스크리풀룸, 코스투스 뿌리 조금, 펠리토리 뿌리 3스크리풀룸(약 3,42그램), 셀러리씨 6스크리풀룸, 후추 12스크리풀룸(약 13,68그램)에 리쿠아멘과 기름을 넉넉하게 부어 양념

155　생략된 조리과정은 위와 동일할 것으로 생각된다.

156　5와 6에서 소개하는 방법은 조리법이라기보다는 멧돼지의 누릿내를 제거하기 위한 방법으로 보인다.

한다.

3) 다른 방법의 석쇠구이

씨를 제거해 말린 도금양 열매, 쿠민, 후추, 꿀, 리쿠아멘, 데프리툼과 기름을 넣고 빻는다. 이렇게 준비한 재료를 조려 소스를 만든다. 이렇게 만든 소스를 소금을 뿌려 석쇠에 구운 고기에 끼얹어 후추를 뿌려 식탁에 낸다.

4) 다른 방법의 석쇠구이

후추 6스크리풀룸(약 6.84그램), 파슬리 6스크리풀룸, 셀러리씨 6스크리풀룸, 딜 6스크리풀룸, 라저 뿌리 6스크리풀룸, 세신[157] 6스크리풀룸, 펠리토리 뿌리 조금, 타이거 넛츠 6스크리풀룸, 캐러웨이 6스크리풀룸, 쿠민 6스크리풀룸, 생강 6스크리풀룸, 리쿠아멘 1헤미나(약 0.274리터), 기름 1아케타불룸(약 0.07리터)을 넣어 양념한다.

5) 목살 석쇠구이

팬에 후추, 갖은 양념, 꿀, 리쿠아멘을 넣고 끓여 소스를 만든다. 이렇게 만들어 놓은 소스를 휴대용 오븐[158]에 구워 곱게 찧는다. 원한다면, 삶은 목살을 다시 한 번 구워도 좋다. 소스는 따로 준비해 두었다가 다 굽고 난 후 물기를 뺀 뜨거운 목살 위에 끼얹는다.

6. 삶은 고기와 납작하게 썬 고기

1) 삶은 모든 고기에 어울리는 소스

후추, 러비지, 오레가노, 루타, 실피움, 말린 양파, 와인, 카로이눔, 꿀, 식초를 넣고

---

[157] 족도리풀의 뿌리를 말린 것을 세신이라고 한다. 뿌리가 매우 가늘고 매운맛을 가지고 있어 붙은 이름이다. 영어권에서는 유럽야생생강, 야생감송향 따위로 불린다. 그 외에도 후추풀, 뱀뿌리, 개암나무뿌리처럼 지역에 따라 다양한 이름으로 부르고 있다.

[158] 종 모양의 뚜껑이 있는 솥처럼 생긴 휴대용 오븐으로 로마 군단에서도 유용하게 사용하였다. 흙이나 금속으로 만들어졌다. 빵을 굽기도 한다. 보통은 크기가 커서 어린 양이나 어린 염소도 통째로 요리할 수 있다.

마지막으로 기름을 조금 붓는다. 삶은 고기는 리넨 천으로 물기를 없앤 다음 그 위에 소스를 붓는다.

2) 삶은 고기용 소스

후추, 파슬리, 리쿠아멘, 식초, 카리요타시럽, 작은 양파와 기름을 조금 넣어 만든다. 소스는 뜨겁게 해서 붓는다.

3) 삶은 고기용 소스

후추, 말린 루타, 회향씨, 양파, 카리요타시럽, 리쿠아멘, 기름으로 만든다.

4) 삶은 고기에 어울리는 화이트소스

후추, 리쿠아멘, 와인, 루타, 양파, 잣, 갖은 양념과 끈적하게 흐를 정도로 부숴서 적신 빵과 기름을 섞는다. 소스가 다 끓었으면 준비해 놓은 삶은 고기 위에 붓는다.

5) 삶은 고기에 어울리는 다른 화이트소스

후추, 캐러웨이, 러비지, 타임, 오레가노, 작은 양파, 대추야자, 꿀, 리쿠아멘, 기름.

6) 납작하게 썬 고기에 어울리는 화이트소스

후추, 쿠민, 러비지, 루타씨, 다마스쿠스자두를 준비한다. 와인을 붓고 와인을 섞은 꿀과 식초를 넣어가며 간을 맞춘다. 타임과 오레가노를 뿌리고 잘 젓는다.

7) 납작하게 썬 고기에 어울리는 다른 화이트소스

후추, 타임, 쿠민, 셀러리씨, 회향, 민트, 도금양 열매와 건포도에 물숨을 부어가며 간을 맞춘다. 세이보리 가지로 저으며 섞는다.

8) 납작하게 썬 고기에 곁들이는 소스

후추, 러비지, 캐러웨이, 민트, 감송향[159]줄기와 잎, 달걀노른자, 꿀, 물숨, 식초, 리쿠아멘, 기름을 섞는다. 세이보리와 리크를 넣고 저어준 다음 걸쭉하게 만든다.

---

159   감송향은 감송 또는 나르드라고도 부른다. 나르드라는 이름은 산스크리트어의 nalada에서 유래한 것으로 '향기로운'이라는 의미를 가지고 있다. 나르드는 고대부터 유용 식물이자 약용 식물로 여겨져 히말라야에서 지중해 지역까지 수출되었다. 이 식물로 값진 기름과 연고를 만들 수 있는데, 이에 관한 내용 중 잘 알려진 이야기가 성서에 기록되어 있다. 마리아가 예수의 발에 부었다는 향유가 바로 나르드 기름으로 알려져 있다.

9) 납작하게 썬 고기에 곁들이는 또 다른 화이트소스

후추, 러비지, 쿠민, 셀러리씨, 타임, 물에 불린 잣, 물에 불려 껍네기를 벗겨낸 견과류, 꿀, 식초, 리쿠아멘, 기름을 넣어 만든다.

10) 납작하게 썬 고기에 어울리는 소스

후추, 셀러리씨, 캐러웨이, 세이보리, 홍화꽃 봉우리, 작은 양파, 볶은 아몬드, 카리요타시럽, 리쿠아멘, 기름에 겨자를 조금 넣어 만든다. 데프리툼으로 색을 낸다.

11) 납작하게 썬 고기에 어울리는 다른 소스

후추, 러비지, 파슬리, 작은 양파, 아몬드, 대추야자, 꿀, 식초, 리쿠아멘, 데프리툼과 기름을 넣어 만든다.

12) 납작하게 썬 고기에 어울리는 다른 소스

완전히 익힌 달걀을 잘게 썬다. 후추, 쿠민, 파슬리, 잘게 다진 리크, 도금양 열매에 꿀을 넉넉하게 뿌리고, 식초, 리쿠아멘, 기름을 넣어 만든다.

13) 삶은 고기에 어울리는 딜을 넣은 끓이지 않은 소스

후추, 딜 씨, 말린 민트, 라저 뿌리에 식초를 붓고, 카리요타시럽, 꿀, 리쿠아멘을 넣는다. 겨자도 조금 넣는다. 데프리툼과 기름으로 간을 맞춘다. 이렇게 만든 소스는 돼지 목살과 잘 어울린다.

14) 삶은 고기에 어울리는 알렉 소스

후추, 러비지, 캐러웨이, 셀러리씨, 타임, 작은 양파, 대추야자, 체나 헝겊으로 걸러낸 알렉을 넣는다. 와인과 꿀로 간을 맞춘다. 신선한 셀러리를 잘게 다져 소스 위에 뿌린 다음 기름을 뿌려 식탁에 낸다.

7. 속을 채운 위

1) 돼지 위

준비한 돼지 위는 속을 완전히 비워 식초와 소금으로 문질러 닦은 다음 물로 깨끗이

헹군다. 손질한 돼지 위에 다음과 같은 것을 넣어 속을 채운다: 잘게 다진 돼지고기와 껍질막을 벗긴 뇌 세 개, 날달걀, 잣, 통후추를 잘 섞는다. 그리고 다음과 같이 소스를 만들어 간을 맞춘다: 후추, 러비지, 실피움, 아니스[160], 생강, 루타 조금, 최상품 리쿠아멘과 기름을 조금 붓고 찧는다. 이렇게 만든 소를 돼지 위에 넣어 채운다. 이때 너무 꽉 채우지 않아야 끓일 때 터지지 않는다. 다 채웠으면 돼지 위의 양쪽 끝을 핀으로 찔러 고정시킨다. 곰솥에 물을 넣고 끓기 시작하면 준비해 놓은 돼지 위를 넣어 삶는다. 삶는 동안 잠깐 꺼내어 돼지 위의 여기저기를 꼬챙이로 찔러 구멍을 내야 터지지 않는다. 반쯤 익었을 때 꺼내어, 좋은 색이 나도록 걸어 놓고 훈연한다. 리쿠아멘과 아무것도 섞지 않은 와인과 기름을 조금 부어 넣고 다시 새로 삶는다. 완전히 익힌 다음 잘 드는 작은 칼로 잘라 리쿠아멘과 러비지를 곁들여 식탁에 낸다.

2) 돼지 위 볶음

볶음용 돼지 위는 밀기울을 묻혀 잘 싸서 놓았다가 소금물을 부어 삶아 준비한다.

8. 돼지 안심과 콩팥

1)[161] 안심 석쇠구이는 다음과 같은 방법으로 만든다

안심은 반을 갈라 벌린다. 빻아 놓은 후추, 잣, 잘게 다진 고수, 회향씨를 고기에 뿌린다. 반을 갈라 벌렸던 고기는 다시 접어 처음의 형태로 만든다. 이렇게 준비한 고기를 대망막으로 싼다. 기름을 두르고 리쿠아멘을 뿌려가며 굽다가, 휴대용 오븐이나 석쇠에서 다시 한 번 굽는다.

---

160   비니다리우스의 발췌본을 제외하면 이 책에서 유일하게 아니스를 사용한 조리법이다.

161   제목이 돼지 안심과 콩팥이고 작은 번호가 붙어 있는 것으로 보아 전해지는 과정에서 콩팥 요리가 빠진 것으로 보인다.

9. 햄

1) 카리아[162]산(産) 무화과를 아낌없이 넣고 월계수 잎 3장도 넣어 돼지 넓적다리를 삶아 바로 건져 껍데기를 벗겨낸 다음 모자이크 돌 모양으로 칼집을 낸다. 벌어진 칼집 사이사이에 꿀을 부어가며 채운다. 밀가루에 기름을 넣고 저은 다음 치대어 반죽을 만든다. 이렇게 만든 반죽으로 햄을 잘 감싸 대접에 넣은 다음 오븐에 굽는다. 반죽이 다 익으면, 그대로 식탁에 낸다.

2) 삶은 햄

간단하게 카리아산(産) 무화과를 넣어 물에 삶는다. 늘 하던 대로 빵과 카로이눔이나 향신료와인을 곁들여 식탁에 낸다. 빵은 머스트빵[163]이 좋다.

3) 머스트빵을 곁들인 앞다리햄

앞다리햄은 보리 2리브라(약 655그램)와 카리아산(産) 무화과 25개를 함께 삶아 만든다. 다 익으면 햄을 꺼내어 뼈와 살을 분리한다. 분리한 살은 비계가 붙은 쪽을 아래로 놓고 하얀 불이 오른 화로에 구운 다음 꿀에 적셔 놓는다. 냄비에 파숨, 후추, 루타 한 단, 아무것도 섞지 않은 와인을 넣고 섞다가 보기 좋게 색이 나면 간을 맞춘다. 제대로 색이 나왔으면, 분량의 반만 앞다리햄에 끼얹는다. 그리고 반만 남겨 놓은 후추소스에 머스트빵을 부숴 넣는다. 빵이 완전히 소스를 빨아들이면, 빵에 흡수되지 않고 남아있는 소스를 앞다리햄에 마저 끼얹는다.

4) 훈제 햄 삶기

햄을 넣은 냄비에 물을 붓고 아낌없이 딜을 넣는다. 기름을 몇 방울 떨어뜨리고 소

---

162 카리아는 소아시아의 서남쪽, 아나톨리아에 속해 있던 지방으로 오늘날은 터키에 속한다. 고대의 카리아는 독립왕국으로 동쪽으로 프리기아, 남쪽으로 리키아, 북쪽으로는 이오니아에 둘러싸여 있었다. 헤로도토스는 카리아인들이 미노아의 후손이라고 전하고 있지만, 카리아인들은 스스로를 아나톨리아의 토착민이라고 주장하였다. 이 지역은 고대 그리스 세계의 동쪽 변방으로 각기 다른 여러 문화권의 영향을 받아 그들만의 독특한 혼합문화가 형성되어 있었다.

163 머스트빵에 대해서는 이 책 5, 1, 3의 각주 참조.

금도 조금 뿌린다. 뚜껑을 덮어 삶는다.

10. 간이나 허파

1) 어린 염소나 어린 양의 간은 다음과 같이 삶는다

물과 물숨을 섞어 달걀을 풀어 넣고 우유도 붓는다. 여기에 얇게 썬 간을 넣고 재운다. 재운 간을 오이노가룸에 넣고 끓여 후추를 뿌리고 식탁에 낸다.

2) 다른 허파 조리법

허파는 우유를 부어가며 지저분한 것들을 손질하여 씻은 다음 물기를 제거한다. 날달걀 두 개로 거품을 낸다. 여기에 굵은 소금을 조금 뿌리고, 꿀 한 숟가락을 넣어 잘 섞은 다음 허파가 들어있는 냄비에 채운다. 삶은 허파를 잘게 썬다. 절구에 후추를 빻아 리쿠아멘, 파숨, 아무것도 섞지 않은 와인을 부어 섞는다. 잘게 썬 허파에 이렇게 만든 오이노가룸을 골고루 끼얹는다.

11. 가정식 달콤한 후식과 발효유[164]

1) 가정식 달콤한 후식

알이 굵거나 보통 크기의 대추야자를 준비한다. 씨를 제거한 다음 헤이즐넛이나 잣으로 속을 채우거나 빻은 후추로 속을 채운다. 겉에 소금을 솔솔 뿌린 다음 끓인 꿀에 지져 식탁에 낸다.

2) 다른 달콤한 후식

최상품의 아프리카산(産) 머스트빵을 준비한다. 표면의 바삭한 부분만 벗겨 우유에

---

164   포유류의 젖을 그냥 놔둬 자연스럽게 산패한 것을 마시는 풍습은 고대부터 널리 퍼져 있었다. 원료로는 염소젖, 양젖, 우유 따위를 사용하였는데, 고대 로마인들은 오늘날 우리에게 익숙한 우유를 드물게 사용하였다.

여러 가지 과일로 장식한 달콤한 후식
기원전 1세기 중반,
프레스코,
나폴리

담가 놓는다. 빵 껍데기가 우유를 충분히 빨아들이면, 오븐에 굽는다. 단, 바짝 마르지 않도록 너무 오래 굽지 않는다. 뜨거울 때 오븐에서 꺼내어 꿀을 붓는다. 이때 꿀이 잘 스며들도록 꼬챙이 같은 것으로 찔러 구멍을 내면서 부어 주면 좋다. 후추를 뿌려 식탁에 낸다.

3) 또 다른 달콤한 후식

밀빵은 바삭한 껍데기를 떼어 버리고 부드러운 부분만 대충 큼직하게 부순다. 우유에 담가 부드럽게 만들어 기름에 굽는다. 그 위에 꿀을 뿌려 식탁에 낸다.

4) 후추를 넣은 달콤한 후식[165]

꿀, 아무것도 섞지 않은 와인, 파숨, 루타를 섞는다. 여기에 견과류와 잣, 거칠게 빻아 삶은 스펠트밀도 넣어 섞는다. 마지막으로 볶아서 잘게 빻은 아벨라[166]산(産) 헤

---

165 제목과 내용이 맞지 않는다. 제목에는 후추가 들어갔다고 쓰여 있으나 후추에 관한 내용이 없다. 앞의 내용이 소실되었거나 나중에 필사하는 과정에서 오류가 있었던 것으로 보인다.

166 캄파냐 지방의 도시.

이즐넛을 섞어 식탁에 낸다.

5) 또 다른 달콤한 후식

후추, 잣, 꿀, 루타, 파슘을 섞어 넣고 우유를 부어가면서 문질러 빻아 끓인다. 우유가 익으면서 굳으면 그 양에 맞춰 알맞게 달걀을 풀어 넣고 끓인다. 여기에 꿀과 후추를 뿌려 식탁에 낸다.

6) 또 다른 달콤한 후식

위와 같은 재료를 준비한다. 준비한 재료를 뜨거운 물에 삶아 매우 단단하고 밀도가 높은 반죽을 만든다. 이렇게 만든 반죽을 팬에 놓고 밀어서 얇게 편 다음 식힌다. 식은 반죽을 같은 크기로 나눠 자른다. 질 좋은 기름을 뿌려 굽는다. 오븐에서 꺼내어 꿀을 끼얹고 후추를 뿌려 식탁에 낸다. 더 맛있게 만들려면 물 대신 우유를 넣는다.

7) 치즈케이크[167]

사용할 팬의 용량에 맞춰 우유를 준비한다. 우유는 우유죽을 만들 때와 비슷한 비율로 꿀을 섞어 간을 맞춘다. 여기에 달걀 5개 분량인 1섹스타리우스(약 0.55리터)를 섞는다. 달걀 1헤미나(약 0.274리터)는 따로 준비한다. 1헤미나면 달걀 3개 정도가 적당하다. 따로 준비한 달걀을 우유에 섞어 푼 다음 체에 걸러 쿠마나에 붓고 약한 불에서 끓인다. 걸쭉하게 되면 후추를 뿌려 식탁에 낸다.

8) 우유를 넣어 만든 폭신한 달걀 요리

달걀 4개, 우유 1헤미나(약 0.274리터), 기름 1운키아(약 27.3그램)를 모두 한데 넣고 응어리가 없을 때까지 저어 섞는다. 길쭉하고 얕은 팬에 기름을 두르고 먼저 준비한 재료를 붓는다. 익을 때까지 놔둔다. 한쪽 면이 다 익으면 팬 위에 둥근 접시를 대고 뒤집어 엎어 담은 다음 꿀을 뿌리고 그 위에 후추를 뿌려 식탁에 낸다.

9) 발효유

167　사전적 의미로는 치즈케이크이나 이 요리에 들어가는 재료에는 치즈가 없다. 완성된 모습과 색깔이 치즈와 비슷하여 이러한 이름을 붙였을 것이라는 추측을 하여 본다. 만드는 방법은 오늘날의 커스터드, 푸딩, 파나코타 따위와 유사하다.

후추, 리쿠아멘이나 소금, 기름, 고수로 양념한다.

12. 양파

1) 양파를 기름, 리쿠아멘, 식초로 버무린 다음 그 위에 쿠민을 뿌려 식탁에 낸다.

2) 다른 방법

물에 삶은 양파를 눌러 으깬 다음 기름에 지진다. 여기에 어울리는 소스는 다음과
같이 만든다: 타임, 페니로열, 후추, 오레가노, 꿀, 식초 조금을 넣는다. 리쿠아멘을
좋아한다면 이것도 조금 넣고 잘 섞는다. 후추를 뿌려 식탁에 낸다.

3) 다른 방법

흙으로 빚어 구운 냄비에 양파를 삶아 으깬다. 타임, 오레가노, 꿀, 식초, 데프리툼,
카리요타시럽, 리쿠아멘, 기름을 조금 넣고 버무린다. 후추를 뿌려 식탁에 낸다.

바로(Varro)는 이렇게 말한다: "양파에 대해 나는 이렇게 말하고 싶다. '물 속에서
베누스의 문'을 찾은 다음 그것을 공식적인 결혼피로연의 저녁식사로 제공하길 권
한다. 그것과 더불어 잣이나 자연산 루콜라를 넣어서 끓인 죽에 후추를 뿌려 함께
내면 좋다."[168]

4) 다른 방법: 볶은 양파에 오이노가룸을 곁들여 식탁에 낸다.

13. 물푸레나무버섯[169]이나 양송이

---

168 오늘날까지 남아있는 바로(Varro)의 작품 속에서 위와 같은 문장을 찾지 못했다. 그러나 '물 속에서 베
     누스의 문을 찾는다'는 물에 삶은 양파를 꺼내는 행동에 대한 은유적 표현으로 보인다. 베누스는 고대 로
     마의 사랑의 여신으로, 베누스의 문을 찾는다는 것은 사랑을 나눌 수 있는 기회를 만든다는 뜻으로 이해
     할 수 있다. 양파는 고대부터 성욕 항진에 좋은 채소로 알려져 있다. 그러므로 신랑과 신부에게 좋은, 결
     혼식의 저녁만찬에 어울리는 음식이라는 뜻으로 해석하면 좋을 것 같다. 잣과 루콜라와 후추도 마찬가지
     의 이유로 권하고 있다.

169 원문의 단어를 그대로 번역하자면 물푸레나무버섯이다. 그러나 풍기 파르네이로 부르는 이 버섯이
     정확히 어떤 종인지는 아직 확실하게 알려진 바가 없다. 유럽에서 고급 식용버섯으로 사용하고 있

가룸 생산자로 이름을 날렸던 아울루스 움브리쿠스
스카우루스의 빌라를 장식한 모자이크
폼페이
가룸을 담아 놓은 우르케우스라고 부르는 단지에는
"가룸의 꽃, 고등어로 담금, 스카우루스가 생산한 것은
스카우르스가 운영하는 가게에서"라고 써 있다.

1)[170] 물푸레나무버섯

가룸[171]에 후추를 뿌려 끓인 다음 물푸레나무버섯을 넣어 삶는다. 버섯이 뜨거울 때
건져내어 물기를 뺀다. 버섯을 삶고 남은 리쿠아멘 국물과 들어있는 후추를 빻아 사
용한다.

2) 물푸레나무버섯

후추, 카로이눔, 식초, 기름.

3) 물푸레나무버섯을 넣은 다른 요리

는 꾀꼬리버섯(*Cantharellus cibarius F.*)이라는 의견이 있다. 느타리과(*Pleurotaceae*)나 독청버섯과
(*Strophariaceae*)에 속하는 버섯으로 보는 견해도 있다.

170 내용으로 보아 13,2-6은 모두 13,1의 과정을 거쳐야 하는 것으로 보인다. 다시 말해서 13,1처럼 버섯을
삶고 기본 소스를 만드는 과정은 모두 똑같고, 그 다음 조리과정이 13,2-6에 소개되어 있다.

171 가룸은 그리스어 garos에 그 어원을 두고 있으며 일반적으로 생선을 발효시켜 만든 모든 재료의 상위개
념으로 사용된다. 하지만 여기서는 리쿠아멘과 같은 뜻으로 썼다. 실제로 많은 문헌에서 리쿠아멘과
같은 뜻으로 쓰이고 있다. 리쿠아멘과 와인을 섞어 만든 것을 오이노가룸, 식초를 섞으면 옥쉬가룸, 물을
섞으면 휘드로가룸이라고 부르는 것을 그 예로 들 수 있다.

소금을 뿌리고 기름과 아무것도 섞지 않은 와인을 붓고 잘게 다진 고수를 뿌려 식탁에 낸다.

4) 양송이

카로이눔과 신선한 고수 한 단을 준비한다. 다 끓었으면 재빨리 다발로 묶어 삶은 고수는 건져 버리고 식탁에 낸다.

5) 다른 양송이 요리

양송이를 뒤집어 리쿠아멘이나 소금을 솔솔 뿌려 식탁에 낸다.

6) 또 다른 양송이 요리

버섯자루를 잘게 썰어 새 팬에 담는다. 후추, 러비지, 꿀을 조금 뿌린다. 리쿠아멘으로 간을 맞추고, 기름을 조금 뿌린다.

14. 송로버섯

1) 송로버섯

송로버섯의 껍질을 벗겨 삶는다. 소금을 뿌려 꼬챙이에 꽂아 석쇠에 굽는다. 냄비에 기름, 리쿠아멘, 카로이눔, 와인, 후추, 꿀을 넣고 끓인다. 다 끓으면 전분을 풀어 걸쭉하게 만든다. 이렇게 만든 소스를 구운 송로버섯에 곁들여 식탁에 낸다.

2) 다른 송로버섯 요리

삶은 송로버섯은 소금을 뿌린 후 꼬챙이에 꽂아 석쇠에 굽는다. 냄비에 리쿠아멘, 녹색기름, 카로이눔, 와인을 조금 붓고 거칠게 빻은 후추와 꿀을 조금 넣어 끓인다. 다 끓었으면 전분을 풀어 걸쭉하게 만든 다음 구운 송로버섯을 집어넣는다. 소스가 버섯에 잘 배어들 때까지 끓인다. 소스를 곁들여 식탁에 낸다. 원한다면, 돼지의 대망막으로 송로버섯을 싸서 석쇠에 구워 식탁에 낸다.

3) 또 다른 송로버섯 요리

오이노가룸, 후추, 러비지, 고수, 루타, 리쿠아멘, 꿀, 와인, 기름 조금. 뜨겁게 끓여 낸다.

4) 또 다른 송로버섯 요리

후추, 민트, 루타, 꿀, 기름에 와인을 조금. 뜨겁게 끓여 식탁에 낸다.

5) 또 다른 송로버섯 요리

리크와 함께 삶아 소금, 후추, 잘게 다진 고수, 아무것도 섞지 않은 와인, 질 좋은 기름을 뿌려 식탁에 낸다.

6) 또 다른 송로버섯 요리

후추, 쿠민, 민트, 셀러리, 루타, 꿀, 식초나 와인, 소금이나 리쿠아멘, 기름을 조금.

15. 타로토란

후추, 쿠민, 루타, 꿀, 리쿠아멘, 기름을 조금. 다 끓었으면 전분을 풀어 걸쭉하게 만든다.

16. 달팽이

1) 우유로 살찌운 달팽이로 만든 요리

달팽이를 준비한다. 가볍게 톡톡 두드려 닦은 다음 달팽이의 동개[172]를 제거한다. 그래야 나중에 달팽이가 밖으로 나올 수 있다. 첫날은 단지에 소금을 섞은 우유를 붓고 달팽이를 넣어 놓는다. 다음날 우유를 따라내고 배설물을 정리한다. 달팽이가 뚱뚱해져서 더 이상 집으로 들어가지 못하면, 기름에 뭉근히 지지다가 오이노가룸을 뿌린다. 고기도 같은 방법으로 '살찌울' 수 있다.

2) 달팽이

---

172   달팽이가 겨울잠이나 여름잠 중에 말라붙는 것을 막기 위해 껍데기의 입구에 점액질을 분비한다. 동개는 이것이 단단하게 굳어서 생긴 막을 가리킨다.

달팽이에 정제한 소금을 뿌리고 기름을 발라 석쇠에 굽는다. 라저, 리쿠아멘, 후추, 기름을 뿌린다.

3) 달팽이 석쇠구이

리쿠아멘, 후추, 쿠민을 뿌려 굽는다. 다 익을 때까지 반복해서 바른다.

4) 다른 달팽이 요리

밀가루를 섞은 우유에 살아있는 달팽이를 넣는다. 달팽이가 뚱뚱해지면 삶는다.

17. 달걀

1) 달걀 부침

오이노가룸을 뿌려 먹는다.

2) 삶은 달걀

리쿠아멘, 기름, 아무것도 섞지 않은 와인이나 리쿠아멘, 후추와 라저로 만든 소스.

3) 부드럽게 익힌 달걀[173]

후추, 러비지, 물에 담가 부드럽게 만든 잣을 섞는다. 꿀과 식초를 뿌리고 리쿠아멘으로 간을 맞춘다.

---

173 조리법이 자세하게 설명되어 있지 않아 정확하게 어떠한 음식인지 모르지만 우리의 달걀찜과 비슷해 보인다.

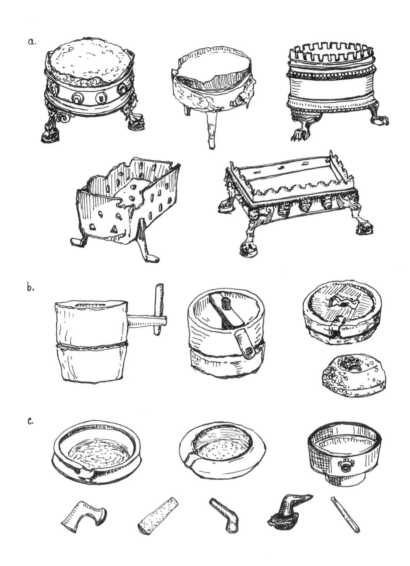

a. 화로
b. 멧돌
c. 절구와 절구공이

네발짐승

APICIUS
DE RE COQUINARIA

멧돼지 사냥 장면으로 장식한 유리접시
4세기경, 로마-게르만 박물관, 쾰른

1. 멧돼지
2. 사슴
3. 유럽노루
4. 무플론
5. 소고기나 송아지고기
6. 어린 염소나 어린 양
7. 새끼돼지
8. 멧토끼
9. 큰겨울잠쥐

1. 멧돼지

1) 멧돼지는 다음과 같은 방법으로 양념한다

준비한 고기는 해면으로 톡톡 두드려가며 닦는다. 소금과 갈아 놓은 쿠민을 뿌려 놓는다. 다음날 오븐에 굽는다. 다 익으면 빻은 후추, 멧돼지용 양념, 꿀, 리쿠아멘, 카로이눔, 파숨을 끼얹는다.

2) 다른 멧돼지 요리

바닷물에 월계수 가지를 넣고, 그 물에 육질이 부드러워질 때까지 멧돼지를 삶는다. 가죽을 벗긴다. 소금, 겨자, 식초를 뿌려 식탁에 낸다.

3) 또 다른 멧돼지 요리

절구에 후추, 러비지, 오레가노, 씨를 뺀 도금양 열매, 고수, 양파를 넣고 빻는다. 꿀, 와인, 리쿠아멘을 붓고 기름을 조금 뿌린다. 뜨겁게 데운 다음 전분을 풀어 걸쭉하게 만든다. 오븐에 구운 멧돼지 고기 위에 끼얹는다. 이렇게 만든 소스는 사냥한 어떠한 고기와도 잘 어울린다.

4) 뜨거운 소스를 곁들이는 멧돼지 석쇠구이는 다음과 같이 만든다

후추, 빻은 쿠민, 셀러리씨, 민트, 타임, 세이보리, 홍화꽃을 넣는다. 볶은 잣이나 볶은 아몬드와 꿀, 와인 1아케타불룸(약 0.07리터)과 기름을 조금 넣어 섞는다.

5) 다른 방법으로 만든, 뜨거운 소스를 곁들이는 멧돼지 석쇠구이

절구에 후추, 러비지, 셀러리씨, 민트, 타임, 볶은 잣을 빻아 와인, 식초, 리쿠아멘을 붓고 기름도 조금 부어 섞는다. 간단하게 소스를 끓이고 싶다면, 한 움큼 비벼서 부순 양념에 양파와 루타 한 단을 넣는다. 만약 좀 더 농도가 짙은 소스를 만들고 싶다면, 달걀흰자를 풀어 넣고 저어준 다음 빻은 후추를 위에 뿌린다.

6) 삶은 멧돼지에 어울리는 소스

후추, 러비지, 쿠민, 실피움, 오레가노, 잣, 카리요타시럽, 꿀, 겨자, 식초, 리쿠아멘과 기름.

돼지머리를 손질하는 정육점 장면. 묘석부조, 빌라 알바니, 로마

7) 삶은 멧돼지에 어울리는 차가운 소스

후추, 캐러웨이, 러비지, 갈은 고수씨, 딜 씨, 타임, 오레가노, 작은 양파 하나, 꿀, 식초, 겨자, 리쿠아멘과 기름.

8) 삶은 멧돼지에 어울리는 또 다른 차가운 소스

후추, 러비지, 쿠민, 딜 씨, 타임, 오레가노에 실피움을 조금 섞는다. 자연산 루콜라 씨도 넉넉하게 넣는다. 아무것도 섞지 않은 와인, 녹색 허브 조금, 양파, 폰투스산 (産) 헤이즐넛이나 잘게 부순 아몬드, 카리요타시럽, 꿀, 식초에 아무것도 섞지 않은 와인을 조금 부어 잘 섞는다. 여기에 데프리툼을 부어 색을 내고 리쿠아멘과 기름을 붓는다.

9) 멧돼지로 만든 다른 요리

절구에 후추, 러비지, 오레가노, 셀러리씨, 라저 뿌리, 쿠민, 회향씨, 루타, 리쿠아멘, 와인과 파숨을 넣어 찧는다. 이렇게 준비한 재료를 끓인다. 다 끓으면 전분을 풀어 걸쭉하게 만든다. 멧돼지고기는 안팎으로 소스에 충분하게 적셔 식탁에 낸다.

10) 테렌티우스식(式) 소[174]로 재운 멧돼지 뒷다리햄

햄으로 사용할 돼지 넓적다리에 나무막대기로 말뚝을 박듯이 쳐서 뼈를 분리한다. 이렇게 하면 뼈가 빠져 헐거워진 부분에 깔때기로 양념을 채워 넣을 수 있다. 절구에 후추, 월계수 잎, 루타를 넣고 빻는다. 원한다면 라저를 넣어도 좋다. 질 좋은 리쿠아멘, 카로이눔을 붓고 녹색기름을 몇 방울 떨어뜨린다. 이렇게 만든 양념을 채워 넣었으면, 벌어진 곳을 실로 묶어, 커다란 곰솥에 넣는다. 바닷물을 붓고 싹이 난 월계수와 딜을 넣어 함께 삶는다.

2. 사슴

1) 사슴고기에 어울리는 소스

절구에 후추, 러비지, 캐러웨이, 오레가노, 셀러리씨, 라저 뿌리, 회향씨를 빻아 리쿠아멘, 와인, 파숨을 붓고 기름도 조금 붓는다. 다 끓었으면 전분을 풀어 걸쭉하게 만든다. 삶아 놓은 사슴고기는 안팎으로 소스가 잘 배도록 하여 식탁에 낸다.

2) 다마사슴에 어울리는 소스도 같은 방법으로 만든다. 이렇게 만든 향신료 소스는 사냥한 어떠한 고기에도 잘 어울린다.

3) 다른 방법

사슴고기를 삶아서 석쇠에 굽는다. 절구에 후추, 러비지, 캐러웨이, 셀러리씨를 빻아 꿀, 식초, 리쿠아멘, 기름을 부어 섞는다. 이렇게 준비한 재료를 뜨겁게 데워 전분을 풀어 걸쭉하게 만든다. 고기 위에 끼얹는다.

4) 사슴고기에 어울리는 소스

후추, 러비지, 작은 양파 한 개, 오레가노, 잣, 카리요타시럽, 꿀, 리쿠아멘, 겨자, 식

---

174 이 책 4, 3, 2의 테렌티우스식 완자와 비교.

초, 기름.

5) 사슴구이에 어울리는 향신료 소스

후추, 쿠민, 향신료 허브, 파슬리, 양파, 루타, 꿀, 리쿠아멘, 민트, 파슘, 카로이눔, 기름을 조금. 소스가 끓었으면 전분을 넣어 걸쭉하게 만든다.

6) 사슴고기에 어울리는 뜨거운 소스

후추, 러비지, 파슬리, 캐러웨이, 볶은 잣이나 아몬드, 꿀, 식초, 와인, 기름 조금과 리쿠아멘을 넣고 짓는다.

7) 석쇠에 구운 사슴고기에 어울리는 소스

후추, 감송향 줄기와 잎, 셀러리씨, 말린 양파, 신선한 루타, 꿀, 식초, 리쿠아멘, 카리요타시럽, 건포도, 기름.

8) 석쇠에 구운 사슴고기에 어울리는 뜨거운 소스

후추, 러비지, 파슬리, 불린 다마스쿠스자두, 와인, 꿀, 식초, 리쿠아멘, 기름 조금. 리크와 세이보리를 넣고 젓는다.

3. 유럽노루

1) 유럽노루에 어울리는 소스

후추, 러비지, 캐러웨이, 쿠민, 파슬리, 루타씨, 꿀, 겨자, 식초, 리쿠아멘, 기름.

2) 유럽노루 석쇠구이에 어울리는 소스

후추, 향신료 허브, 루타, 양파, 꿀, 리쿠아멘, 파슘에 기름을 조금 넣어 만든다. 끓여서 먹으려면 전분을 푼다.

3) 유럽노루에 어울리는 다른 소스

후추, 향신료 허브, 파슬리, 오레가노 조금, 루타, 리쿠아멘, 꿀, 파슘, 기름 조금. 전분을 풀어 걸쭉하게 만든다.

4. 숲양이라고도 부르는 무플론

1) 무플론에 어울리는 뜨거운 소스

후추, 러비지, 쿠민, 말린 민트, 타임, 실피움에 와인을 붓고, 불린 다마스쿠스자두, 꿀, 와인, 리쿠아멘, 식초를 넣는다. 파숨으로 색을 내고 기름을 뿌린다. 다발로 묶어 말린 오레가노와 민트로 젓는다.

2) 삶거나 석쇠에 구운 모든 고기에 어울리는 소스[175]

후추 8스크리풀룸(약 9.1그램), 루타, 러비지, 셀러리씨, 주니퍼베리, 타임, 말린 민트 6스크리풀룸(약 6.84그램), 페니로열 3스크리풀룸(약 3.42그램)을 준비한다. 준비한 모든 재료를 아주 고운 가루로 만들어 한데 넣고 섞어 다시 한 번 갈아준다. 작은 단지에 꿀을 넉넉하게 붓고 옥쉬가룸을 섞어 사용한다.

3) 무플론에 어울리는 차가운 소스

후추, 러비지, 타임, 빻은 쿠민, 볶은 잣, 꿀, 식초, 리쿠아멘, 기름, 후추를 뿌린다.

5. 소고기나 송아지고기

1) 송아지고기 볶음

후추, 러비지, 셀러리씨, 쿠민, 오레가노, 말린 양파, 건포도, 꿀, 식초, 와인, 리쿠아멘, 기름, 데프리툼.

2) 리크를 넣은 송아지고기나 소고기

송아지고기나 소고기는 리크, 마르멜로나 양파, 아니면 타로토란을 넣어 조리한다. 여기에 리쿠아멘, 후추, 라저를 넣고 기름도 조금 뿌려준다.

3) 삶은 송아지고기에 어울리는 소스

---

175 마지막 문장으로 보아 조금 더 많은 재료가 들어간 옥쉬가룸을 만드는 방법이다. 이 책 1, 34의 옥쉬가룸 만드는 법 참조.

절구에 후추, 러비지, 캐러웨이, 셀러리씨를 빻아 꿀, 식초, 리쿠아멘, 기름을 넣고
섞는다. 뜨겁게 데워서 전분을 풀어 걸쭉하게 만든 다음 고기 위에 듬뿍 끼얹는다.

4) 삶은 송아지고기에 어울리는 다른 소스

후추, 러비지, 회향씨, 오레가노, 잣, 카리요타시럽, 꿀, 식초, 리쿠아멘, 겨자, 기름.

6. 어린 염소나 어린 양

1) 납작하게 썬 어린 염소나 어린 양

깍지콩에 후추를 뿌리고 리쿠아멘을 부어 아삭하게 데친다. 리쿠아멘, 후추, 라저,
볶은 쿠민을 넣는다. 잘게 부순 빵 조각과 기름도 조금 뿌린다.

2) 뭉근하게 익힌 어린 염소나 어린 양

납작하게 썬 고기를 냄비에 넣는다. 고수와 양파는 잘게 썰고, 절구에 후추, 러비지,
쿠민, 리쿠아멘, 기름, 와인을 넣고 빻는다. 이렇게 준비한 재료를 팬에 모두 넣고 끓
인 다음 전분을 풀어 걸쭉하게 만든다.

3) [또 다른 뭉근하게 익힌 어린 염소나 어린 양]

양고기는 생으로 준비하여 절구에 빻은 양념을 사용해야 한다. 그러나 염소고기는
반드시 익힌 다음 양념해야 한다.

4) 어린 염소나 어린 양 석쇠구이

어린 염소에 사용할 양념 국물: 리쿠아멘과 기름이 끓기 시작하면 어린 염소를 넣어
삶는다. 삶은 고기를 꺼내어 양념이 잘 스미도록 칼집을 낸 다음 후추, 라저, 리쿠아
멘, 기름을 조금 부어 만든 소스에 재웠다가 석쇠에 굽는다. 고기를 재워 놓았던 양
념 국물에 적신 다음 후추를 뿌려 식탁에 낸다.

5) 다른 양념으로 맛을 낸 어린 염소나 어린 양 석쇠구이

후추 1/2 운키아(약 13.6그램), 세신 6스크리풀룸(약 6.84그램), 생강 조금, 파슬리 6스
크리풀룸(약 6.84그램), 라저 조금, 질 좋은 리쿠아멘 1헤미나(약 0.274리터), 기름 1아

케타불룸(약 0.07리터).

6) [아직 어미젖을 떼지 않은] 어린 염소나 어린 양

조심스럽게 식도로 뼈를 발라내어 마치 빈 관만 몸에 들어있는 것처럼 만든다. 그리고 창자도 비워야 하는데, 맨 위에서 공기를 불어 넣어 끝까지 가도록 하면 항문을 통해 배설물 같은 찌꺼기가 밖으로 빠져나올 수 있다. 이렇게 손질한 창자를 깨끗하게 물로 씻은 다음 리쿠아멘을 섞어 만든 양념으로 속을 채운다. 어깨부터 꿰매어 휴대용 오븐에 올려 놓는다. 다 익으면, 끓고 있는 소스를 그대로 고기 위에 붓는다: 우유, 빻은 후추, 리쿠아멘, 카로이눔, 데프리툼 조금, 기름을 넣어 끓인다. 소스가 부글부글 끓어오르면, 전분을 넣는다. 아니면 그물망이나 바구니에 넣어 잘 엉겨붙도록 한다. 그러고 나서 커다란 곰솥에 끓는 물을 붓고 소금을 넣는다. 세 번 정도 거품이 올라올 때까지 끓이다가 위에 써 놓은 대로 만든 소스에 넣어 함께 끓인다. 끓고 있는 양념소스를 그대로 고기 위에 뿌린다.

7) 또 다른 방법으로 만든 젖먹이 어린 염소나 어린 양

우유 1섹스타리우스(약 0.55리터), 꿀 4운키아(약 109.2그램), 후추 1운키아(약 27.3그램), 소금 조금과 라저로 양념한다. 소스는 이렇게 만든다: 기름 1아케타불룸(약 0.07리터), 리쿠아멘 1아케타불룸(약 0.07리터), 꿀 1아케타불룸(약 0.07리터)을 넣고, 으깬 대추야자 8개, 질 좋은 와인 1헤미나(약 0.274리터)와 전분도 조금 풀어 넣는다.

8) 어린 염소나 어린 양을 생으로 양념하는 법

준비한 고기의 표면을 후추와 기름으로 잘 문지른다. 고기 겉에만 정제한 소금을 뿌리고 고기 속에는 고수 씨를 충분히 채워 넣는다. 이렇게 준비한 고기를 오븐에 구운 다음 한 번 더 석쇠에 구워 식탁에 낸다.

9) 타르페이우스[176]식(式) 어린 염소나 어린 양

고기를 삶기 전에 모양을 잡아 실로 꿰맨다. 후추, 루타, 세이보리, 양파, 타임을 조

---

176 타르페이우스가 누구인지 확실하게 알려진 사실이 없다.

금 넣어 섞은 리쿠아멘을 고기에 골고루 뿌려 오븐에서 익혀 부드럽게 한다. 고기는 팬에 올려 굽는데, 이때 팬에 기름이 자작하게 있어야 한다. 다 익었으면 팬에 남아 있는 육즙에 세이보리, 양파, 루타, 대추야자, 리쿠아멘, 와인, 카로이눔, 기름을 섞어 만든 소스를 섞는다. 이렇게 만든 소스를 둥근 접시에 부어 고기와 함께 식탁에 낸다.

10) 살찌운 어린 염소나 어린 양

고기를 오븐에 굽는다. 절구에 후추, 루다, 양파, 세이보리, 씨를 뺀 다마스쿠스자두, 라저 조금, 와인, 리쿠아멘, 기름을 넣고 빻는다. 둥근 접시에 올려 끓인 뜨거운 소스에 적셔 식초를 뿌려 먹는다.

11) 어린 염소에 어울리는 월계수 잎을 넣은 우유 양념

염소는 뼈와 내장 그 밖의 지방조직을 제거한 다음 깨끗이 씻는다. 절구에 후추, 러비지, 라저 뿌리, 월계수잎 두 장, 펠리토리 뿌리 조금, 뇌를 두세 개 넣는다. 리쿠아멘을 부어가며 으깬 다음 소금으로 간을 맞춘다. 이렇게 섞어 만든 양념에 우유 6섹스타리우스(약 3.3리터)와 꿀 두 숟가락을 넣는다. 이것을 대망막으로 싸서 길쭉한 모양으로 만든 다음 양끝을 묶어 링처럼 만든다. 그 다음 파피루스 잎으로 한 번 더 싸서 꼬챙이를 꽂아 고정시켜 염소 속에 넣는다. 염소고기를 솥이나 팬에 넣고 리쿠아멘, 기름, 와인을 붓는다. 반 정도 익으면 러비지를 뿌리고 익으면서 흘러나온 육즙을 끼얹어준다. 여기에 데프리툼을 조금 부어준 다음 고기를 부숴 냄비에 쏟아 익힌다. 다 익었으면 전분을 풀어 걸쭉하게 만든다. 모양을 내어 식탁에 낸다.

7. 새끼돼지

1) 속을 채운 새끼돼지 두 가지

목으로 내장을 꺼내어 속을 비워 모양을 잡는다. 굽기 전에 새끼돼지의 작은 귀 아

래쪽 피부를 갈라 안쪽까지 벌린다. 소의 방광에 테렌티우스식(式) 소[177]를 채워 넣고, 닭에 속을 채울 때처럼 갈대로 묶는다. 새끼돼지의 벌어진 부분에 방광을 귀 쪽에서 힘껏 눌러 안쪽으로 밀어 뱃속에 채워 넣는다. 그런 다음 새끼돼지의 벌어진 부분을 파피루스로 잘 싸서 클립으로 고정시켜 놓고, 다음 소를 준비한다. 그 다음에 만드는 소는 이렇다: 후추, 러비지, 오레가노를 절구에 넣는다. 라저 뿌리도 조금 넣는다. 리쿠아멘을 부어 빻는다. 여기에 삶은 뇌와 생 달걀을 넣는다. 삶은 스펠트밀을 넣고 육수도 부어 끓인다. 다 끓었으면 푸른머리되새와 같은 작은 새, 잣, 통후추를 추가로 넣는다. 리쿠아멘으로 간을 맞춘다. 이렇게 준비한 소를 새끼돼지 속에 채워 넣고 종이로 잘 싸서 클립으로 고정한다. 오븐에 넣어 굽는다. 다 익었으면 보기 좋게 담아 기름을 뿌리고 식탁에 낸다.

2) 다른 방법

소금, 쿠민, 라저로 양념한다.

3) 리쿠아멘 소스를 넣어 만든 새끼돼지 요리

새끼돼지의 다른 부위는 그대로 놔두고 내장만 제거한다. 절구에 후추, 러비지, 오레가노를 빻다가 리쿠아멘을 붓는다. 여기에 뇌 1개를 넣고 으깬 다음 달걀 2개를 넣고 잘 섞는다. 이렇게 만든 소를 살짝 구운 새끼돼지 안에 채워 넣고 클립으로 봉한다. 작은 바구니에 담은 다음 물이 끓고 있는 곰솥에 넣어 삶는다. 다 익으면 돼지를 건져 속에 차 있는 육즙이 밖으로 흘러나올 수 있도록 클립을 푼다. 후추를 그 위에 뿌려 식탁에 낸다.

4) 삶아서 속을 채운 새끼돼지

새끼돼지는 내장을 제거하고 살짝 굽는다. 절구에 후추, 러비지, 오레가노는 리쿠아멘을 섞어가면서 빻는다. 여기에 삶은 뇌를 넉넉하게 넣고 달걀도 적당량 풀어 섞은 다음 리쿠아멘으로 간을 맞춘다. 삶은 소시지는 툭툭 썰어 넣는다. 그런 다음 미리

---

177   이 책의 8, 1, 10 참조.

살짝 구워 놓은 새끼돼지에 리쿠아멘을 뿌려가며 잘 닦아 속을 채운 다음 벌어진 곳을 집게로 집어 봉해서 작은 바구니에 담아 물이 끓고 있는 곰솥에 넣어 삶는다. 다익으면 물기를 털어 후추를 뿌리지 않고 그대로 식탁에 낸다.

5) 꿀반죽을 곁들인 새끼돼지 석쇠구이

새끼돼지는 목으로 내장을 꺼내어 손질해 물기를 닦는다. 절구에 후추 1운키아(약 27.3그램), 꿀, 와인을 넣어 빻는다. 준비한 양념을 불에 올려 놓은 냄비에 붓는다. 말려 놓은 반죽도 잘게 부숴 냄비에 넣는다. 신선한 월계수 가지로 저어가며 부드러우면서 뻑뻑한 질감이 나올 때까지 끓인다. 이렇게 만든 소를 새끼돼지 속에 채워 넣는다. 파피루스로 잘 싼 다음 꼬챙이를 꽂아 고정해서 오븐에 굽는다. 보기 좋게 담아 식탁에 낸다.

6) 살찌운 새끼돼지를 우유에 넣어 삶는다. 끓이지 않은 차가운 아피키우스식(式) 소스[178]를 뜨거운 고기 위에 끼얹는다: 절구에 후추, 러비지, 고수씨, 민트, 루타를 넣고 리쿠아멘을 부어가며 빻는다. 꿀, 와인, 리쿠아멘을 더 넣고, 보송하게 말린 깨끗한 리넨 천에 부어 거른다. 뜨거운 새끼돼지 위에 끼얹어 식탁에 낸다.

7) 비텔리우스[179]식(式) 새끼돼지

멧돼지를 요리할 때처럼 손질을 해서 모양을 잡는다. 소금을 뿌려 오븐에 굽는다. 절구에 후추, 러비지를 넣고 리쿠아멘을 부어가며 빻아 냄비에 붓고, 와인, 파숨을 붓고 기름을 조금 뿌려 간을 맞춘 다음 끓인다. 이렇게 만든 소스를 구워 놓은 새끼돼지에 끼얹어 소스가 껍데기 속까지 배도록 한다.

8) 플라쿠스[180]식(式) 새끼돼지

멧돼지를 요리할 때처럼 손질해서 모양을 잡는다. 소금을 뿌려 오븐에 굽는다. 고기

---

178 이 책 6, 7 참조. 리넨 천의 쓰임이 조금 다른 것만 빼면 같은 방법으로 보인다.

179 이 책 5, 3, 5와 5, 3, 9의 황제 비텔리우스로 보인다.

180 여기에 언급된 플라쿠스가 68~70년에 로마의 속주였던 게르마니아 수페리오르의 총독을 지낸 마르쿠스 호르데오니우스 플라쿠스라는 의견이 있으나 정확하지는 않다.

가 익는 동안 절구에 후추, 러비지, 캐러웨이, 셀러리씨, 라저 뿌리, 신선한 루타를 넣고 리쿠아멘을 부어 빻는다. 와인과 파숨으로 간을 맞춘다. 냄비에 기름을 조금 두르고 양념을 넣어 끓인다. 전분을 풀어 걸쭉하게 소스를 만든다. 고기가 다 익었으면 뼈를 발라내고 소스에 촉촉하게 적신다. 셀러리씨를 빻아 고운 가루로 만들어 고기 위에 뿌린 다음 식탁에 낸다.

9) 월계수잎 소스를 곁들인 새끼돼지[181]

새끼돼지는 뼈를 발라내고 오이노가룸소스를 만들 때처럼 재료를 준비한다. 신선한 월계수 잎을 잘게 부숴 모양을 잡은 돼지 속에 아낌없이 넣고 오븐에 굽는다. 절구에 후추, 러비지, 캐러웨이, 셀러리씨, 라저 뿌리, 월계수 잎을 넣고, 리쿠아멘을 부어 빻는다. 와인과 파숨으로 간을 맞춘다. 냄비에 기름을 조금 두르고 양념을 쏟아 붓고 끓인다. 걸쭉하게 만든다. 새끼돼지 배 속에 있던 월계수 잎을 꺼내어 버리고, 발라낸 뼈로 끓인 육수를 부어 만든 소스에 적셔 식탁에 낸다.

10) 프론토식(式) 새끼돼지 요리

뼈를 발라낸 새끼돼지를 살짝 구워 모양을 잡는다. 냄비에 리쿠아멘과 와인을 붓고 리크와 딜을 다발로 묶어 넣는다. 반쯤 익으면 데프리툼을 첨가한다. 다 익으면 꺼내어 씻어 물기를 털어낸다. 후추를 뿌려 식탁에 낸다.

11) 와인 소스를 곁들인 새끼돼지

새끼돼지를 살짝 구워 모양을 잡는다. 냄비에 기름, 리쿠아멘, 와인, 물을 붓는다. 리크와 고수는 다발로 묶는다. 반쯤 익으면 데프리툼을 넣어 색을 낸다. 절구에 후추, 러비지, 캐러웨이, 오레가노, 셀러리씨, 라저 뿌리를 넣고 빻는다. 리쿠아멘과 고기 육수를 넣는다. 와인과 파숨으로 간을 맞추고, 이렇게 만든 소스는 냄비에 부어 끓인다. 다 익으면 전분을 풀어 걸쭉하게 만들어 새끼돼지를 올린 쟁반에 붓는다. 후추를

---

181 오이노가룸소스에 관한 내용은 이 책의 1, 31; 4, 5, 1; 4, 5, 3; 10, 4, 11에 소개되어 있다. 맨 뒤에 뼈를 끓인 육수를 부어 만든 소스에 적신다는 내용으로 보아 이 책의 4, 5, 1에 소개된 오이노가룸소스를 만드는 법과 비슷한 방법이다.

뿌려 식탁에 낸다.

12) 켈시누스[182]식(式) 새끼돼지

새끼돼지는 모양을 잡아 후추, 루타 양파, 세이보리를 넣은 육수에 담근다. 귓속으로
계란을 부어 넣는다. 후추와 리쿠아멘, 식초종지에 조금 따른 와인으로 간을 맞춘다.
그리고 맛있게 먹는다.

13) 석쇠에 구운 새끼돼지

절구에 후추, 루디, 세이보리, 양파, 삶은 달걀노른자를 빻아 리쿠아멘, 와인, 기름,
향신료와인을 넣고 섞는다. 끓인다. 식탁용 대접에 새끼돼지를 보기 좋게 놓고 향신
료 소스를 끼얹어 식탁에 낸다.

14) 뜰에서 자란 새끼돼지

새끼돼지는 식도로 뼈를 제거하여 속이 빈 관처럼 되도록 손질한다. 돼지 속에 잘게
썬 닭고기, 개똥지빠귀, 휘파람새, 손질하면서 나온 고기로 다진 것, 루카니아소시지,
씨를 제거한 대추야자, 말린 양파, 집을 제거한 달팽이, 아욱, 비트, 리크, 셀러리, 삶
은 배추속 채소의 어린 잎, 고수, 통후추, 잣을 채워 넣는다. 달걀 15개도 풀어 붓는
다. 여기에 후추를 친 리쿠아멘을 뿌리고 다시 달걀 3개를 더 넣은 다음 꿰메어 살짝
굽는다. 그런 다음 오븐에 굽는다. 돼지의 등 쪽에 칼집을 내어 소스를 붓는다: 절구
에 후추, 루타를 빻아 리쿠아멘, 파숨, 꿀을 붓고 기름을 조금 뿌려 섞는다. 다 끓으
면 전분을 푼다.

15) 새끼돼지에 어울리는 차가운 소스

고기는 다음과 같이 삶는다: 후추, 캐러웨이, 딜, 오레가노 조금, 잣을 절구에 넣고
식초, 리쿠아멘, 카리요타시럽, 꿀, 만들어 놓은 겨자[183]를 넣고 빻는다. 기름을 방울
방울 떨어뜨리고, 후추를 뿌려 식탁에 낸다.

182　누구인지 알려지지 않았다.

183　오늘날 우리가 완성품으로 구매하여 사용하는 식초를 섞어 만든 서양겨자와 같다. 만드는 법은 이 책 1,
　　9 참조.

16) 트라야누스[184]식(式) 새끼돼지

트라야누스식 새끼돼지 요리는 다음과 같이 만든다: 새끼돼지는 뼈를 발라내고 와인소스[185]를 만들었던 때와 마찬가지로 조리한다. 훈연실에 매달아 놓는다. 고기를 저울에 달아 같은 무게의 소금을 준비한다. 곰솥에 물을 붓고 소금을 뿌려 고기를 삶는다. 간이 짭짤하게 밴 고기는 물기를 털어 쟁반에 담아 식탁에 낸다.

17) 젖먹이 새끼돼지

후추 1운키아(약 27.3그램), 와인 1헤미나(약 0.274리터), 질 좋은 기름 1아케타불룸 마이우스(약 0.14리터), 리쿠아멘 1아케타불룸(약 0.07리터), 식초 1아케타불룸 미누스(약 0.035리터)로 양념한다.

8. 멧토끼[186]

1) 소스에 담가 내는 멧토끼

토끼를 물에 데친다. 기름을 두른 팬에 데친 토끼를 올려 오븐에 굽는다. 거의 다 익었으면 남아있는 기름은 버리고 새로 기름을 둘러 더 굽는다. 다음과 같은 향신료소스를 만들어 굽고 있는 고기에 끼얹는다: 절구에 후추, 세이보리, 양파, 루타, 셀러리씨를 빻다가 리쿠아멘, 라저, 와인을 부어 섞고 기름도 조금 넣어 섞는다. 이렇게 만든 양념을 끓이는 동안 고기를 몇 번 뒤집어준다.

2) 위와 같은 방법으로 만든 다른 양념소스

---

184   여기에 제시된 트라야누스는 로마 제국의 5현제 중 한 사람으로 로마 제국을 최대의 영토로 넓혔던 황제 트라야누스(재위 98-117)와 동일 인물로 보고 있다.

185   이 책의 8, 7, 11 참조.

186   고대 로마인이 알고 있던 멧토끼에는 두 종류가 있다. 하나는 숲멧토끼이고 다른 하나는 고산토끼다. 숲멧토끼는 전체적으로 황갈색에서 회갈색을 띠는 털을 가지고 있으며 배 쪽은 흰색에 가까운 밝은 회색이다. 목초지와 덤불지대에 살며 단독생활을 한다. 고산토끼는 알프스지역에 서식하며 겨울에는 흰색으로 털갈이를 한다. 로마인들은 주로 숲멧토끼를 사냥하였다. 알베르티나 미술관이 소장하고 있는 독일 르네상스의 거장 알브레히트 뒤러가 1502년 그린 유명한 토끼 수채화의 토끼가 바로 숲멧토끼이다.

준비한 고기가 다 익어 불에서 내려야만 한다면, 절구에 후추, 대추야자, 라저, 건포도, 카로이눔, 리쿠아멘을 넣고 기름을 조금 뿌려 빻는다. 이렇게 섞어 만든 양념이 다 끓으면 고기 위에 부은 다음 후추를 뿌려 식탁에 낸다.

3) 속을 채운 멧토끼

잣, 아몬드, 잘게 부순 호두나 유럽너도밤나무 열매, 잘 말린 통후추와 잘게 썬 토끼고기를 섞는다. 준비한 재료에 달걀을 풀어 치대어 찰기가 있게 만든 다음, 돼지의 대망막으로 싸서 소시지를 만든다. 오븐에 넣어 굽는다. 그런 다음 이와 같은 소스를 만든다: 후추를 넉넉하게 넣는다. 루타, 양파, 세이보리, 대추야자, 리쿠아멘, 카로이눔이나 향신료 와인을 한데 섞은 다음 진득해질 때까지 끓여 조린다. 완성된 소스를 토끼고기 위에 끼얹는다. 단, 이때 주의할 점은 소스를 뿌리기 전에 토끼고기는 후추와 라저를 섞은 리쿠아멘에 담가 놓아야 한다.

4) 멧토끼 석쇠구이에 어울리는 화이트 소스

후추, 러비지, 쿠민, 셀러리씨, 완전히 익힌 달걀노른자를 섞어 둥글게 뭉쳐 경단을 만든다. 냄비에 리쿠아멘, 와인, 기름을 붓고, 식초 조금과 잘게 다진 양파를 넣어 끓인다. 여기에 경단을 넣고 오레가노나 세이보리를 넣은 다음 골고루 휘젓는다. 소스의 점도가 묽으면 좀 더 걸쭉해질 때까지 조린다.

5) 다른 방법으로 만든 멧토끼 요리

토끼 피, 간, 허파로 만든 미누탈

냄비에 리쿠아멘, 기름, 육수를 붓는다. 리크와 고수는 잘게 썰어 넣고 간과 허파도 냄비에 넣는다. 다 익으면 후추, 쿠민, 고수, 라저 뿌리, 민트, 루타, 페니로열을 절구에 넣고 식초를 뿌린 다음 빻는다. 토끼 간과 피도 추가로 넣어 으깬다. 여기에 꿀, 고기 삶은 육수를 더 넣고 식초로 간을 맞춘다. 이렇게 만든 양념을 냄비에 쏟아 붓는다. 잘게 썬 토끼 허파도 같은 냄비에 넣고 팔팔 끓인다. 다 익으면, 전분을 풀어 걸쭉하게 만들고, 후추를 뿌려 식탁에 낸다.

6) 자체 육즙으로 만든 또 다른 멧토끼

토끼는 뼈를 발라내고 모양을 잡아 준비해 놓는다. 냄비에 기름을 두르고 토끼를 넣은 다음 리쿠아멘과 육수를 붓는다. 리크 한 단, 고수, 딜도 넣는다. 토끼를 삶는 동안, 절구에 후추, 러비지, 쿠민, 고수씨, 라저 뿌리, 말린 양파, 민트, 루타, 셀러리씨를 넣어 빻는다. 여기에 리쿠아멘을 붓고, 꿀과 토끼를 삶은 육수를 붓는다. 데프리툼과 식초로 간을 맞춘 다음 끓게 놔둔다. 다 끓었으면, 전분을 풀어 걸쭉하게 만든다. 토끼를 보기 좋게 담아 그 위에 소스를 끼얹고 후추를 뿌려 식탁에 낸다.

7) 파세니우스[187]식(式) 멧토끼

토끼는 뼈를 발라 사지를 쭉 펴서 모양을 잡아 준비한다. 훈연실에 걸어 놓는다. 고기의 색이 짙어지면 꺼내어 반 정도 익을 때까지 삶는다. 삶은 고기는 씻어서 소금을 뿌린 다음 석쇠에 구워 오이노가룸에 담가 재운다. 절구에 후추, 러비지를 빻아서 리쿠아멘과 와인을 부어 섞은 다음 다시 리쿠아멘으로 간을 맞춘다. 냄비에 기름을 두르고 양념을 끓인다. 다 끓었으면 전분을 풀어 걸쭉하게 만든다. 구운 토끼는 등쪽이 쟁반 바닥을 향하게 놓아 소스가 등 쪽에 잘 배도록 한다. 후추를 뿌려 식탁에 낸다.

8) 작게 썬 멧토끼고기

위와 같은 방법으로 양념을 만들어 불려 놓은 잣을 넣어 섞는다. 이렇게 만든 소스로 양념한 고기를 대망막이나 파피루스로 동그랗게 잘 싸서 꼬챙이를 꽂는다.

9) 속을 채워 넣은 멧토끼

손질한 토끼를 사각형 쟁반에 놓고 거기에 맞춰 모양을 잡는다. 절구에 후추, 러비지, 오레가노를 넣고 빻다가 리쿠아멘을 붓고 삶아 놓은 닭 간과 뇌, 다진 고기, 날달걀 3개 넣고 으깨어 잘 섞은 다음 리쿠아멘으로 간을 맞춘다. 이렇게 준비한 재료를 대망막으로 싸고 종이로 한 번 더 덮어 꼬챙이에 모두 꽂는다. 약한 불에서 은근히 굽는다. 절구에 후추, 러비지를 넣고 곱게 빻아 리쿠아멘을 부은 다음 와인과 리

---

187 파세니우스에 대해서 알려진 바가 없다.

쿠아멘으로 간을 맞춰 끓인다. 다 끓으면 전분을 풀어 걸쭉하게 만들어 살짝 구운 토끼 위에 끼얹는다. 후추를 뿌려 식탁에 낸다.

10) 다른 방법으로 양념한 삶은 멧토끼

삶은 토끼는 모양을 잡아 기름을 두른 쟁반에 올린다. 리쿠아멘, 식초, 파슘, 잘게 다진 양파, 신선한 루타, 잘게 썬 타임을 뿌려 식탁에 낸다.

11) 멧토끼에 어울리는 향신료 소스

후추, 루다, 작은 양파 한 개, 토끼 간, 리쿠아멘, 카로이눔, 파슘을 한데 섞어 으깬다. 기름을 섞는다. 다 끓었으면 전분을 푼다.

12) 말린 후추를 뿌린 멧토끼요리

그리고[188] 타르페이우스[189]식(式) 어린 염소 요리와 같은 양념을 한다. 토끼는 삶기 전에 모양을 잡아 꿰맨다. 후추, 루타, 세이보리, 양파, 타임을 조금 넣고, 리쿠아멘을 부어 간을 맞추고, 고기에 양념을 한 다음 오븐에 넣어 굽는다. 구운 토끼를 꺼내어 다음과 같이 만든 양념을 주변에 빙 둘러 뿌려준다: 후추 1세무니카[190](약 13.65그램), 루타, 양파, 세이보리, 대추야자 4개, 건포도 적당량을 뿌린다. 이렇게 만든 양념을 화로에 볶아 그을린다. 와인, 기름, 리쿠아멘, 카로이눔을 붓는다. 고기에 소스가 완전히 배도록 계속 고기를 적셔준다. 그런 다음 말린 후추를 뿌린다. 구울 때 사용한 둥근 접시를 그대로 식탁에 내어 즐긴다.

13) 다른 방법으로 양념한 멧토끼

냄비에 와인, 리쿠아멘, 물을 붓는다. 겨자를 조금 넣고, 딜과 뿌리 채로 리크도 넣는다. 여기에 토끼를 삶는다. 다 익으면 다음과 같이 소스를 만든다: 후추, 세이보리, 고리 모양으로 썬 양파, 대추야자, 다마스쿠스자두 2개, 와인, 리쿠아멘, 카로이눔과 기름을 조금 섞는다. 전분을 풀어 걸쭉하게 만들어 살짝 끓인다. 토끼를 쟁반에 올리

---

188 '그리고'로 시작하는 것으로 보아 앞의 내용이 빠진 것으로 보인다.

189 이 책 8, 6, 9 참조.

190 세무니카는 1/2운키아와 같다.

고 소스를 끼얹는다.

9. 큰겨울잠쥐[191]

큰겨울잠쥐는 잘게 다진 돼지고기로 속을 채운다. 이때 고기의 양을 잘 가늠하여 거기에 맞는 양의 후추, 잣, 라저, 리쿠아멘과 섞어 넣는다. 속을 채운 큰겨울잠쥐를 꿰매어 벽돌 위에 올려 오븐에 굽거나 휴대용 오븐에 굽는다.

---

191 큰겨울잠쥐는 작은 포유류의 일종으로 큰겨울잠쥐속의 유일종이며 겨울잠쥐 중 가장 몸집이 크다. 몸무게는 보통 70~160그램 정도지만, 겨울잠 직전에는 두 배까지 늘어나기도 한다. 9월부터 5월 초까지 겨울잠을 잔다. 겨울잠쥐는 주로 연회나 축제 때 먹었다. 로마인들은 겨울잠쥐를 사육하기도 했는데, 어두운 곳에 가두어 호두, 도토리, 너도밤나무 같은 것을 먹이로 주며 키웠다. 기원전 115년 시행한 사치규제법은 겨울잠쥐를 먹지 못하도록 규제하였으나, 그 당시에는 여전히 음성적으로 소비되고 있었다는 기록이 남아있다.

a. 숲멧토끼
b. 큰겨울잠쥐
c. 다마사슴

d. 유럽노루
e. 무플론
f. 사슴

아피키우스의 제 9 권

바다

APICIUS
DE RE COQUINARIA

바다 생물 모자이크
폼페이, 나폴리 고고학 박물관, 나폴리

1. 닭새우
2. 전기가오리
3. 오징어
4. 갑오징어
5. 문어
6. 굴
7. 모든 종류의 갑각류
8. 성게
9. 홍합
10. 소금에 절인 다랑어와 어린 다랑어
11. 바이아이식(式) 냄비요리

1. 스캄피에 어울리는 [소스]

1) 닭새우와 스캄피에 어울리는 소스

잘게 다진 차이브를 뭉근히 익힌다. [⋯그]리고 소스: 후추, 러비지, 캐러웨이, 쿠민, 카리요타시럽, 꿀, 식초, 와인, 리쿠아멘, 기름, 데프리툼. 이 재료들을 넣어 만든 소스가 끓어오르면 겨자를 넣는다.

2) 닭새우 구이는 다음과 같이 만든다

닭새우는 껍질째 반으로 살라 후추와 고수를 넣어 만든 소스에 담갔다가 석쇠에 굽는다. 굽는 동안 닭새우가 건조해지지 않도록 여러 번 소스를 발라 가면서 잘 구워 식탁에 낸다.

3) 쿠민 소스를 곁들인 삶은 닭새우

절구에 후추, 러비지, 파슬리, 말린 민트를 넣는다. 쿠민도 넉넉하게 넣어 빻는다. 꿀, 식초, 리쿠아멘을 붓는다. 원한다면 인도월계수를 넣어도 좋다.

4) 다르게 조리한 닭새우

닭새우 작은 완자는 이렇게 만든다: 우선 먹기 힘든 껍질을 벗긴다. 그 다음 닭새우 살만 삶아 잘게 썬다. 리쿠아멘, 후추, 달걀을 섞어 잘 치대어 작은 완자를 빚는다.

5) 삶은 닭새우

후추, 쿠민, 루타, 꿀, 식초, 리쿠아멘, 기름.

6) 다르게 조리한 닭새우

후추, 러비지, 쿠민, 민트, 루타, 잣, 꿀, 식초, 리쿠아멘, 와인.

2. 전기가오리[192]

---

[192] 전기가오리를 로마인들은 토르페도라고 불렀다. 토르페도는 라틴어로 '실신시키다', '마비시키다'의 의미를 갖고 있다. 전기가오리가 먹이 사냥을 하거나 자신을 방어할 목적으로 발생시키는 생체전기에 어떠한 대상이 감전되었을 때의 상황에서 유래한 이름이다.

1) 전기가오리에 어울리는 소스

절구에 후추, 루타, 말린 작은 양파, 꿀, 리쿠아멘, 파숨, 와인 조금, 질 좋은 기름을 넣고 빻는다. 끓기 시작하면 전분을 풀어 걸쭉하게 만든다.

2) 삶은 전기가오리

후추, 러비지, 파슬리, 민트, 오레가노, 달걀노른자, 꿀, 리쿠아멘, 파숨, 와인, 기름. 원한다면 겨자와 식초를 넣어도 좋다. 뜨겁게 먹으려면, 건포도를 넣는다.

3. 오징어

1) 오징어 팬요리

절구에 후추, 루타, 꿀 조금, 리쿠아멘, 카로이눔 넣고 빻다가 기름 몇 방울을 떨어뜨린다.

2) 속을 채운 오징어

후추, 러비지, 고수, 셀러리씨, 달걀노른자, 꿀, 식초, 리쿠아멘, 식초, 기름을 섞어 반죽한다.

4. 갑오징어

1) 속을 채운 갑오징어

후추, 러비지, 셀러리씨, 캐러웨이, 꿀, 리쿠아멘, 와인. 속을 채워 익힌 갑오징어는 한 김 식혀 잘라 소스를 끼얹는다.

2) 갑오징어는 이렇게 삶는다

삶은 뇌는 껍질을 벗긴 다음 후추를 넣고 으깨면서 날달걀을 충분히 깨어 넣어 섞는다. 통후추, 잘게 썬 고기를 섞어 갑오징어 안에 채워 넣은 다음 꿰맨다. 커다란 솥에 끓는 물을 붓고 속을 채운 갑오징어를 넣는다. 채워 넣은 소가 단단해질 때까지 익힌다.

3) 솥에 담아 내는 삶은 갑오징어

솥에 찬물을 붓고 갑오징어와 후추, 라저, 리쿠아멘, 잣, 달걀을 모두 섞어 푼다. 원하는 다른 재료를 넣어도 좋다.

 4) 다른 갑오징어 요리

후추, 리쿠아멘, 쿠민, 신선한 고수, 말린 민트, 달걀노른자, 꿀, 리쿠아멘, 와인, 식초, 약간의 기름을 넣은 다음 끓인다. 전분을 풀어 걸쭉하게 만든다.

5. 문어

후추, 리쿠아멘, 라저를 곁들여 식탁에 낸다.

6. 굴

굴 요리: 후추, 러비지, 달걀노른자, 식초, 리쿠아멘, 기름, 와인으로 소스를 만든다. 취향에 따라 꿀을 넣을 수도 있다.

7. 모든 종류의 갑각류

후추, 러비지, 파슬리, 말린 민트에 쿠민을 아끼지 않고 넣어 섞는다. 꿀과 리쿠아멘을 붓는다. 원한다면 인도월계수 잎을 넣어도 좋다.

8. 성게

1) 성게 요리

고양이, 야생 오리, 해산물 모자이크
기원전 1세기경,
로마 국립 박물관,
로마.

흙으로 빚어 구운 냄비에 기름을 두르고 리쿠아멘, 단 와인, 빻은 후추를 넣어 끓인다. 다 끓었으면 성게 하나를 넣고 저은 다음 세 번 끓어 오를 때까지 끓인다. 성게가 다 익으면 불에서 내린다. 후추를 뿌려 식탁에 낸다.

2) 다른 성게 요리

후추, 코스투스 뿌리 조금, 말린 민트, 물숨, 리쿠아멘, 시엽감송 뿌리와 잎을 넣어 만든다.

3) 또 다른 성게 요리

뜨거운 물을 부은 바가지에 체[193]를 겹쳐 올린 다음 성게를 넣고 풀어 주면서 끓인다. 성게 껍데기는 건져 버리고, 나머지를 팬에 붓는다. 여기에 잎[194], 후추, 꿀, 리쿠아멘과 기름을 조금 넣고 달걀을 풀어 걸쭉하게 만든다. 화로에 올려 굽는다. 후추를 뿌려 식탁에 낸다.

---

193 고대 로마에서 사용하던 체는 주로 길다란 손잡이가 달린 바가지와 한 벌로 구성되어 있다. 청동이기 때문에 그대로 불에 올려 가열할 수 있다.

194 어떤 종류의 잎을 의미하는지 알 수 없다.

4) 소금에 절인 성게

소금에 절인 성게에 최상품 리쿠아멘, 카로이눔, 후추를 뿌려 간을 맞춘다. 식탁에 낸다.

5) 다른 성게요리

소금에 절인 성게를 최상품 리쿠아멘으로 버무린다. 성게를 마치 바닷물에서 갓 잡아 집어 먹는 것처럼 신선하게 보이도록 리쿠아멘을 자작하게 담아서 낸다.

9. 홍합

홍합 요리: 리쿠아멘, 잘게 다진 리크, 쿠민, 파슘, 세이보리, 와인. 이렇게 준비한 재료는 수분이 촉촉하게 배어나는 정도로 양을 조절하여 섞는다. 삶은 홍합을 넣고 버무린다.

10. 대서양다랑어[195]와 어린 다랑어와 숭어[196]

1) 대서양다랑어

속을 채워 넣은 다랑어는 다음과 같이 조리한다: 대서양다랑어의 가시를 제거한다. 페니로열, 쿠민, 후추, 민트, 호두를 갈아 뿌리고 꿀을 넣는다. 이렇게 준비한 재료를 다랑어 속에 채워 넣고 꿰맨 다음 종이로 싸서 냄비에 넣고 뚜껑을 덮어 불 위에 걸어 놓고[197] 찐다. 다 찐 다랑어는 기름, 카로이눔, 알렉으로 간을 맞춘다.

---

195 일반적으로 '투누스'나 '튀누스'라고 부르던 다랑어는 나이, 크기, 종에 따라 다르게 불렸다. 예를 들어 부화한지 1년 미만의 어린 다랑어는 '펠라뮈스', 그 이상의 어린 다랑어는 '코르둘라', 대서양에서 잡히는 다랑어는 '사르다' 따위로 불렸다. 이러한 다랑어는 신선하게 그대로 먹기도 하였으나 운송과 저장의 문제로 대부분은 소금에 절여서 사용하였다.

196 숭어는 자연산과 양식 숭어가 있었다.

197 고대 로마에서 사용하던 냄비는 오늘날의 흔한 냄비처럼 불 위에 직접 올려 조리하는 것과 천장이나 지지대에 걸어서 사용할 수 있는 것이 있다.

2) 대서양다랑어는 이렇게 조리한다

대서양다랑어는 삶아서 가시를 제거한다. 후추, 러비지, 타임, 오레가노, 루타, 카리요타시럽, 꿀을 넣어 으깨어 잘 섞어 작은 그릇에 담고, 그 양에 맞게 삶은 달걀을 썰어 보기 좋게 올린 다음 와인 조금, 식초, 데프리툼, 녹색 기름을 뿌린다.

3) 대서양다랑어에 어울리는 소스

후추, 오레가노, 민트, 양파, 식초 조금, 기름.

4) 대서양다랑어에 어울리는 소스

후추, 러비지, 말린 민트, 삶은 양파, 꿀, 식초, 기름. 대서양다랑어에 소스를 부은 다음 완전히 삶은 달걀을 잘게 다져 그 위에 뿌린다.

5) 석쇠에 구운 어린 다랑어에 어울리는 소스

후추, 러비지, 셀러리씨, 민트, 루타, 카리요타시럽, 꿀, 식초, 와인, 기름. 모두 섞어 대서양다랑어에 끼얹는다.

6) 소금에 절인 숭어에 어울리는 소스

후추, 러비지, 쿠민, 양파, 민트, 루타, 람베르트 헤이즐넛, 카리요타시럽, 꿀, 식초, 겨자, 기름.

7) 소금에 절인 숭어에 어울리는 다른 소스

후추, 오레가노, 루콜라, 민트, 루타, 람베르트 헤이즐넛, 카리요타시럽, 꿀, 기름, 식초, 겨자.

8) 메기[198]와 1년 미만의 어린 다랑어와 다랑어에 어울리는 소스

후추, 러비지, 쿠민, 양파, 민트, 루타, 람베르트 헤이즐넛, 카리요타시럽, 꿀, 식초, 겨자, 기름.

9) 타리쿠스 촉수과 생선[199]에 어울리는 소스

---

198 민물생선인 메기는 9권의 주제에 맞지 않으나 바다생선과 같은 소스를 사용하기 때문에 여기에 속한 것 같다.

199 타리쿠스는 타리케아에서 온 단어인 듯하다. 고대도시 타리케아는 오늘날 이스라엘의 북부지방 갈릴래

후추, 루타, 양파, 대추야자, 겨자를 준비한다. 여기에 성게를 넣고 기름을 부어 으깬다. 기름에 튀기듯이 굽거나 석쇠에 구운 생선 위에 소스를 뿌린다.

10) 설인 생선이 들어가지 않은 절인 생선 요리[200]

간을 삶아 으깨어 후추나 리쿠아멘이나 소금을 넣는다. 기름도 넣는다. 간은 토끼, 어린 염소, 어린 양이나 닭 간을 사용한다. 그러고 나서 원한다면 생선 모양의 오븐용 틀을 사용하여 모양을 잡아 굽는다. 녹색 기름을 뿌린다.

11) 소금에 절인 생선 대신 먹을 수 있는 다른 요리

쿠민, 후추, 리쿠아멘을 함께 넣고 빻는다. 여기에 파슘을 조금 붓거나 카로이눔을 붓고 호두를 듬뿍 넣어 한 번 더 빻아 잘 섞는다. 생선 모양의 그릇에 옮겨 담는다. 그 위에 기름을 몇 방울 떨어뜨려 식탁에 낸다.

12) 또 다른 절인 생선 없는 절인 생선 요리

쿠민을 한 주먹 가득 쥐어 절구에 넣는다. 그 양의 반만큼만 후추를 넣는다. 마늘 한 알도 넣고 함께 으깬다. 리쿠아멘을 붓고 기름을 몇 방울 떨어뜨린다. 이렇게 만든 양념은 위가 아픈 사람에게 효과가 있으며 소화를 돕는다.

11. 바이아이 식(式) 냄비요리

잘게 다진 굴, 가시굴, 쐐기풀을 냄비에 넣는다. 볶아서 다진 잣, 루타, 셀러리, 후추, 고수, 쿠민, 파슘, 리쿠아멘, 카리요타시럽, 기름을 넣고 끓인다.

아피키우스의 제9권 바다는 여기서 끝난다.

아에 있었다. 고대 로마에서는 이 지역에서 잡힌 소금에 절인 생선은 종을 따지지 않고 모두 타리케아산(産) 생선이라는 의미인 '타리쿠스'라고 불렸던 것 같다.

200 모양만 생선처럼 만들어 식탁에 내는 요리이다. 붕어빵에 붕어가 들어있지 않은 것과 같다.

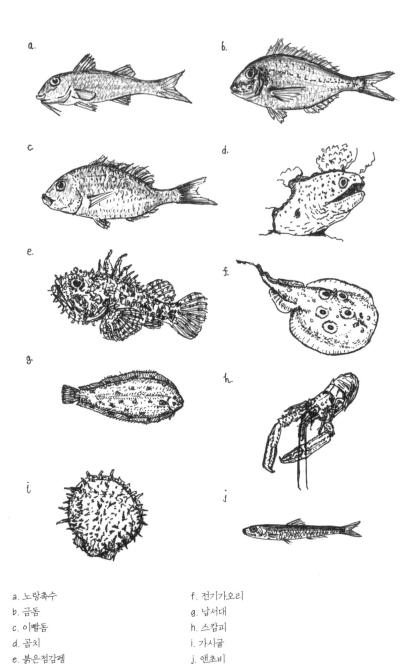

a. 노랑축수   f. 전기가오리
b. 금돔   g. 납서대
c. 이빨돔   h. 스캄피
d. 곰치   i. 가시굴
e. 붉은점감펭   j. 앤초비

고기잡이

APICIUS
DE RE COQUINARIA

나일강에서 고기를 잡는 사람들
모자이크, 퇴스드루스 (오늘날 엘 젬)

1. 생선

1) 생선구이에 어울리는 허브 소스

좋아하는 생선을 준비한다. 소금을 뿌려 굽는다. 절구에 후추, 쿠민, 고수씨, 말린 라저 뿌리, 오레가노, 루타를 넣어 빻아 식초를 붓고 카리요타시럽, 꿀, 데프리툼, 기름, 리쿠아멘으로 간을 맞춰 냄비에 모두 쏟아 붓고 끓인다. 다 끓었으면, 구운 생선 위에 듬뿍 끼얹은 다음 후추를 뿌려 식탁에 낸다.

2) 삶은 생선에 어울리는 소스

후추, 러비지, 쿠민, 작은 양파, 오레가노, 잣, 카리요타시럽, 꿀, 식초, 리쿠아멘, 겨자에 기름을 조금 넣어 소스를 만든다. 소스를 뜨겁게 낸다면, 건포도도 넣는다.

3) 삶은 생선에 어울리는 다른 소스

후추, 러비지, 신선한 고수, 세이보리, 양파, 삶은 달걀노른자, 파슴, 식초, 기름, 리쿠아멘.

4) 삶은 생선에 어울리는 소스

생선은 세심하고 꼼꼼하게 손질하여 준비해 놓는다. 절구에 소금, 고수 씨를 넣고 빻는다. 양념에 생선을 이리저리 굴려 골고루 묻힌 다음 팬에 놓는다. 생선이 들어 있는 팬을 석고로 덮어 봉했으면 그대로 오븐에 넣어 굽는다. 생선이 다 익으면 아주 매운 식초를 몇 방울 떨어뜨려 식탁에 낸다.

5) 삶은 생선에 어울리는 다른 소스

생선 손질이 끝났으면, 팬에 고수씨, 물, 신선한 딜, 생선을 넣고 끓인다. 다 끓었으면 식초 몇 방울을 떨어뜨려 식탁에 낸다.

6) 생선구이에 곁들이면 좋은 알렉산드리아식(式) 소스

후추, 말린 양파, 러비지, 쿠민, 오레가노, 셀러리씨, 씨를 뺀 다마스쿠스자두, 물숨, 식초, 리쿠아멘, 데프리툼, 기름을 섞어 끓인다.

7) 생선구이에 곁들이면 좋은 다른 재료로 만든 알렉산드리아식(式) 소스

후추, 러비지, 신선한 고수, 씨를 뺀 건포도, 와인, 파슘, 리쿠아멘, 기름을 섞어 끓인다.

8) 생선 구이에 어울리는 또 다른 알렉산드리아식(式) 소스

후추, 러비지, 신선한 고수, 양파, 씨를 뺀 다마스쿠스자두, 파슘, 리쿠아멘, 식초, 기름을 섞어 끓인다.

9) 바다장어구이에 어울리는 소스

후추, 러비지, 볶은 쿠민, 오레가노, 말린 양파, 삶은 달걀노른자, 와인, 물슘, 식초, 리쿠아멘, 데프리툼을 섞어 끓인다.

10) 가오리[201]에 어울리는 소스

후추, 러비지, 오레가노, 양파, 씨를 뺀 건포도, 와인, 꿀, 식초, 리쿠아멘, 기름을 섞어 끓인다.

11) 촉수과 생선구이에 어울리는 소스

후추, 러비지, 루타, 꿀, 잣, 식초, 와인, 리쿠아멘, 기름 조금. 소스를 뜨겁게 데워 구운 생선 위에 끼얹는다.

12) 촉수과 생선구이에 어울리는 다른 소스

루타, 민트, 고수, 회향은 모두 신선한 것으로 준비한다. 후추, 꿀, 리쿠아멘, 기름 조금.

13) 석쇠에 구운 1년 미만의 어린 다랑어에 어울리는 소스

후추, 러비지, 오레가노, 신선한 고수, 양파, 씨를 뺀 건포도, 파슘, 리쿠아멘, 데프리툼, 기름을 섞어 끓인다. 이렇게 만든 소스는 삶은 다랑어와도 잘 어울린다. 원한다면 꿀을 넣어도 좋다.

14) 퍼치[202]에 어울리는 소스

---

201 블루 스케이트와 같은 몸집이 큰 가오리의 한 종류로 보고 있다.

202 퍼치는 페르카, 농어류의 육식성이며 해수나 담수에 서식한다. 비늘이 많고 날카로운 지느러미를 가지고 있다. 육질이 희고 탄력이 있으며 맛이 좋다.

후추, 러비지, 볶은 쿠민, 양파, 씨를 뺀 다마스쿠스자두, 와인, 물숨, 식초, 기름, 데프리툼을 섞어 끓인다.

15) 붉은 생선[203]에 어울리는 소스

후추, 러비지, 캐러웨이, 야생 타임, 셀러리씨, 말린 양파, 와인, 파숨, 식초, 리쿠아멘, 기름을 섞어 끓인다. 전분을 풀어 걸쭉하게 만든다.

[2. 곰치]

1) 곰치 구이에 어울리는 소스

후추, 러비지, 세이보리, 사프란기름을 짜고 남은 찌꺼기, 씨를 뺀 다마스쿠스자두, 와인, 물숨, 식초, 리쿠아멘, 데프리툼, 기름을 섞어 끓인다.

2) 곰치 구이에 어울리는 다른 소스

후추, 러비지, 다마스쿠스자두, 와인, 물숨, 식초, 리쿠아멘, 데프리툼, 기름을 섞어 끓인다.

3) 또 다른 곰치 구이 소스

후추, 러비지, 산악개박하, 고수씨, 양파, 잣, 꿀, 식초, 리쿠아멘, 기름을 섞어 끓인다.

4) 삶은 곰치에 어울리는 소스

후추, 러비지, 딜, 셀러리씨, 시리아옻나무, 카리요타시럽, 꿀, 식초, 리쿠아멘, 기름, 겨자, 데프리툼.

5) 삶은 곰치에 어울리는 다른 소스

후추, 러비지, 캐러웨이, 셀러리씨, 고수, 말린 민트, 잣, 루타, 꿀, 식초, 와인, 리쿠아멘, 기름 조금. 뜨겁게 데워 전분을 풀어 걸쭉하게 만든다.

---

203 원문의 단어를 그대로 번역하였다. 여기서 말하는 생선이 정확하게 어떠한 종을 가리키는지 확실하게 알려진 바가 없다. '붉은 색이 나는 생선'이라는 표현으로 보아 노랑촉수나 붉은점감펭이나 노르웨이해덕과 비슷한 종이 아닐까 추측한다.

6) 삶은 곰치에 곁들이는 소스

후추, 러비지, 캐러웨이, 쿠민, 호두, 카리요타시럽, 겨자, 꿀, 식초, 리쿠아멘, 기름, 데프리툼.

[3. 민물장어]

1) 민물장어에 어울리는 소스

후추, 러비지, 셀러리씨, 딜, 시리아옻나무, 카리요타시럽, 꿀, 식초, 리쿠아멘, 기름, 겨자, 데프리툼을 섞어 만든다.

2) 민물장어에 어울리는 소스

후추, 러비지, 시리아옻나무, 말린 민트, 루타열매, 삶은 달걀노른자, 물숨, 식초, 리쿠아멘, 기름을 섞어 끓인다.

10권은 여기서 끝난다.

[4. 대서양전갱이 요리][204]

1) 삶은 대서양전갱이에 어울리는 소스

후추, 러비지, 쿠민, 신선한 루타, 양파, 꿀, 식초, 리쿠아멘에 기름을 조금 넣고 끓이다가 끓어오르면, 전분을 풀어 걸쭉하게 만든다.

2) 삶은 생선에 어울리는 소스

후추, 러비지, 파슬리, 오레가노, 말린 양파, 꿀, 식초, 리쿠아멘, 와인, 기름 조금. 끓

---

204 10권의 4, 1부터 4, 12까지는 Milham 본에는 없는 내용들로 다른 판본에서 가져와 보충하였다. 다른 판본들에서는 10권의 4장 대서양 전갱이 요리가 3장으로, 3장의 민물장어가 4장으로 서로 바뀌어 있는 경우가 있다.

이다가 끓어오르면 전분을 풀어 걸쭉하게 만든다. 대접에 담아 식탁에 낸다.

3) 생선구이에 어울리는 소스

후추, 러비지, 타임, 신선한 고수, 꿀, 식초, 리쿠아멘, 와인, 기름, 데프리툼. 뜨겁게 데우는 동안 루타가지로 잘 저어준다. 전분을 풀어 걸쭉하게 만든다.

4) 다랑어에 어울리는 소스

후추, 쿠민, 타임, 고수, 양파, 건포도, 식초, 꿀, 와인, 리쿠아멘, 기름. 뜨겁게 데운 다음 전분을 풀어 걸쭉하게 만든다.

5) 삶은 다랑어에 어울리는 소스

후추, 러비지, 타임, 절구에 빻아 섞은 갖은 양념, 양파, 카리요타시럽, 꿀, 식초, 리쿠아멘, 기름, 겨자.

6) 이빨돔 구이에 어울리는 소스

후추, 러비지, 고수, 민트, 말린 루타, 삶은 마르멜로, 꿀, 와인, 리쿠아멘, 기름. 뜨겁게 데운 다음 전분을 풀어 걸쭉하게 만든다.

7) 삶은 이빨돔에 어울리는 소스

후추, 딜, 쿠민, 타임, 민트, 신선한 루타, 꿀, 식초, 리쿠아멘, 와인, 기름 조금. 뜨겁게 데운다. 전분을 풀어 걸쭉하게 만든다.

8) 금돔에 어울리는 소스

후추, 러비지, 캐러웨이, 오레가노, 루타 열매, 민트, 도금양 열매, 달걀노른자, 꿀, 식초, 기름, 리쿠아멘. 뜨겁게 데워 그대로 소스로 사용한다.

9) 금돔 구이에 어울리는 소스

후추, 고수, 말린 민트, 셀러리씨, 양파, 건포도, 꿀, 식초, 와인, 리쿠아멘, 기름.

10) 삶은 붉은점감펭에 어울리는 소스

후추, 캐러웨이, 파슬리, 카리오타시럽, 꿀, 식초, 겨자, 리쿠아멘, 기름, 데프리툼.

11) 생선용 오이노가룸 만드는 법

절구에 후추, 루타, 잡꿀, 파숨, 리쿠아멘, 카로이눔을 빻아 섞어 약한 불에서 뭉근히 익힌다.

12) 생선용 오이노가룸 만드는 법

위와 같은 재료로 만든다. 끓어 오르면 전분을 풀어 걸쭉하게 만든다.]

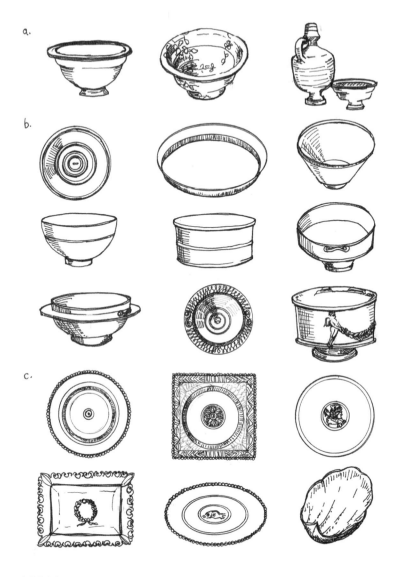

a. 아케타불룸
b. 붉은 색을 띠는 식탁용 도기
c. 은쟁반과 은접시

II

비니다리우스가
아피키우스로부터 발췌

가정에서 양념할 때 빠짐 없이
갖추어야 할 향신료에 대한
간략한 목록

포도와 무화과가 있는 정물
프레스코, 폼페이

사프란, 후추, 생강, 라저, 도금양 잎과 열매, 코스투스 뿌리, 정향, 시엽감송, 아데나[205], 카다몸, 감송향.

씨앗 종류는 다음과 같다:

양귀비 씨, 루타 씨, 루타열매, 월계수 씨, 딜 씨, 셀러리 씨, 회향 씨, 러비지 씨, 루콜라 씨, 고수 씨, 쿠민, 아니스, 파슬리, 캐러웨이, 참깨.

말려서 사용하는 것들은 다음과 같다:

라저 뿌리, 민트, 개박하, 세이지, 측백나무[206], 오레가노, 주니퍼베리, 양파, 겐티아나[207], 타임열매, 고수, 펠리토리, 시트론, 당근이나 파스닙[208], 셜롯, 골풀 뿌리, 딜, 페니로열, 타이거넛츠, 마늘, 콩과(科) 식물, 마조람, 토목향, 실피움, 카다몸.

액상 조미료는 다음과 같다:

꿀, 데프리툼, 카로이눔, 후추소스, 파숨.

---

205 아데나가 어떤 식물을 가리키는지 아직까지 정확하게 알려진 바가 없다.

206 측백나무의 어느 부분인지 정확하게 표기되어 있지 않다.

207 노란 겐티안(*Gentiana lutea*)은 용담속에 속하는 식물로 유럽의 고산지대와 터키에 널리 분포한다.

208 파스나티카라고 써 있다. 파스나티카는 파스닙을 가리키는경우가 대부분이다. 파스닙은 뿌리채소로 당근과 비슷한 식물이다. 당근과 생김새는 비슷하지만 색깔이 훨씬 하얗고 특히 요리했을 때 더 달다. 당근처럼 유라시아 대륙이 원산이며 고대부터 먹어왔다. 로마시대에는 당근과 설탕당근 두 종 모두 색이 흰 빛이었으며 잘 구별이 되지 않았기 때문에 오늘날 문맥상으로는 당근과 파스닙을 구별하기 어려운 경우도 있다. 이 책의 본문에서는 당근을 가리키는 라틴어 '카로타'만 사용하고 있다.

견과류는 다음과 같다:

호두, 잣, 아몬드, 헤이즐넛.

나무에서 열리는 과실 중 말려서 사용하는 것은 다음과 같다:

다마스쿠스자두, 대추야자, 건포도, 석류. 모두 향과 풍미를 잃지 않도록 건조한 곳
에 보관한다.

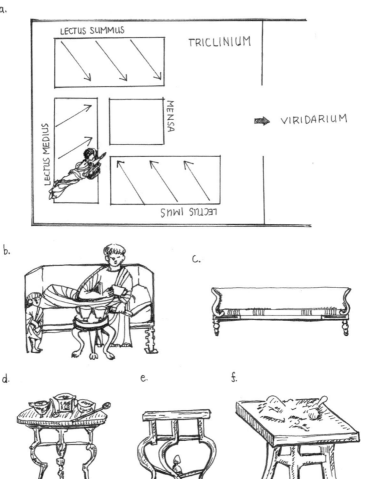

a. 고대 로마의 식당 모습. 식탁(mensa)를 중심으로 세 명씩 누울 수 있는 소파가 세 개 놓여있다. 그
   림의 아래쪽 소파(lectus imus)에는 집주인 가족, 왼쪽(lectus medius)에는 중요한 손님, 위쪽
   (lectus summus)에는 그 밖의 손님이 눕는다. 식당은 정원 쪽으로 트여있다.
b. 묘비부조에 새겨진 일인용 식사 소파에 누워 있는 모습
c. 묘비부조에 새겨진 일인용 식사소파
d/e/f. 벽화에서 찾아 볼 수 있는 로마의 식탁

간략한 음식목록

APICIUS
DE RE COQUINARIA

9월 풍경으로 수확한 포도를 밟아 즙을 내고 있는 장면
모자이크, 3세기경, 튀스드루스 (오늘날 엘 젬),
수스 고고학 박물관, 튀니지

1. 작은 냄비요리
2. 쏟아 부어 만든 냄비요리
3. 가뭄을 곁들인 납작하게 썬 고기
4. 먹기 좋게 잘라 구운 고기
5. 다른 방법의 잘라 구운 고기
6. 가뭄 소스에 익힌 납작하게 썬 고기
7. 순무를 곁들인 붉은점감펭
8. 생선튀김의 모든 것
9. 생선튀김
10. 생선구이
11. 와인소스를 곁들인 생선
12. 소금에 절인 대서양다랑어
13. 와인소스를 곁들인 생선
14. 딜을 넣은 촉수과 생선
15. 다른 방법의 촉수과 생선
16. 곰치와 민물장어
17. 닭새우와 민물가재
18. 삶은 생선
19. 달걀 팬요리
20. 고수소스를 곁들인 새끼돼지
21. 와인소스로 익힌 새끼돼지
22. 소스에 담근 새끼돼지
23. 타임을 뿌린 새끼돼지
24. 매운 양념을 바른 새끼돼지
25. 라저소스를 곁들인 새끼돼지
26. 육수에 담가 내는 새끼돼지
27. 간단한 어린 양
28. 라저소스를 곁들인 어린 염소
29. 개똥지빠귀 아폰코메노스
30. 멧바둘기
31. 자고새에 어울리는 소스

1. 작은 냄비요리

1) 작은 냄비요리

여러 가지 삶은 채소를 준비한다. 닭고기를 넣고 싶다면, 리쿠아멘과 기름으로 양념을 한 다음 끓인다. 후추를 조금 넣고 향신료 잎을 갈아서 뿌리고, 달걀 한 개에 향신료를 섞어 넣고 잘 풀어 붓는다.

2) 다른 방법의 냄비요리

냄비요리에 넣을 갈아 만든 양념: 절구에 넣는 잎은 종류별로 정확하게 계량하여 넣어야 한다. 처빌 한 줄기, 1/4 월계수잎, 1/2 삶은 양배추, 고수 잎을 갈아 넣는다. 잎 재료를 넣어 끓인다. 들어간 재료들이 완전히 푹 퍼지도록 뜨거운 재를 덮어 찐다. 대접에 담아 내기 전까지, 대략 한 시간 정도 뜨거운 재를 계속 덮어 온도를 유지시킨다. 이렇게 만든 향신료 소스를 요리 위에 끼얹는다.

2. 쏟아 부어 만든 냄비요리

아욱, 리크, 순무나 배추속 채소의 어린 잎 삶은 것, 개똥지빠귀와 잘게 다진 닭고기, 한입 크기로 빚은 돼지고기 완자와, 계절에 따라 부엌에 구비되어 있는, 더 넣고 싶은 어울리는 다른 재료들을 준비하여도 좋다. 절구에 후추, 러비지, 묵은 와인 2폰두스(약 655그램), 리쿠아멘 1폰두스(약 327.5그램), 꿀 1폰두스(약 327.5그램), 기름을 아낌없이 넉넉하게 붓고 빻아서 잘 섞는다. 저으면서 맛을 본 다음 간이 잘 맞았으면, 팬에 쏟아 살짝 끓인다. 다 끓었으면 우유 1섹스타리우스(약 0.55리터)를 붓고 달걀 하나를 풀어 넣은 다음, 단단하게 익을 때까지 기다렸다가 그 팬 그대로 식탁에 낸다.

3. 가룸 소스를 곁들인 납작하게 썬 고기

구울 고기를 깊은 팬에 넣는다. 여기에 리쿠아멘 1폰두스(약 327.5그램)를 붓고, 같은 양의 기름을 붓는다. 꿀도 웬만큼 많이 넣은 다음 이대로 지진다.

4. 납작하게 썬 고기구이

준비한 고기는 적당하게 습기를 준 다음 팬에 올린다. 오이노가룸을 뿌려가면서 굽는다. 다 구운 후에 팬 바닥에 남은 오이노가룸소스를 끼얹은 다음 후추를 뿌린다.

5. 다른 방법의 잘라 구운 고기

고기를 리쿠아멘에 적셔 지진다. 뜨거울 때 꿀을 뿌려 식탁에 낸다.

6. 가룸 소스에 익힌 납작하게 썬 고기

라저, 생강, 카다몸, 리쿠아멘 1아케타불룸(약 0.07리터)을 섞어 팬에 붓는다. 여기에 고기를 넣고 익힌다.

7. 순무를 곁들인 붉은점감펭

리쿠아멘과 기름을 부은 냄비에 붉은점감펭을 넣어 끓인다. 다 익으면 건져 놓는다. 삶은 순무는 촉촉할 때 바로 잘게 다져 손으로 꽉 눌러 짠다. 물기를 뺀 다진 순무는 생선과 잘 섞어서 엉겨붙도록 치댄 다음 기름을 넉넉하게 붓고 끓인다. 다 익으면 절구에 쿠민, 월계수잎 반쪽, 예쁘게 색을 내어 줄 사프란을 넣고 빻아서 뿌린다. 쌀가루를 풀어 걸쭉해질 때까지 조린다. 생선 위에 부어 식탁에 내는데, 여기에 식초를 조금 뿌린다.

8. 모든 생선튀김은 다음과 같이 만들 수 있다

절구에 후추, 고수씨, 라저 뿌리, 오레가노, 루타, 카리요타시럽을 넣고 빻는다. 식초, 기름, 리쿠아멘, 데프리툼을 붓는다. 간을 맞춘 다음 작은 냄비에 넣고 끓인다. 이렇게 만든 소스를 뜨거울 때 생선 위에 끼얹은 다음 후추를 뿌려 식탁에 낸다.

9. 이것도 똑같이 생선튀김을 만드는 방법이다

절구에 후추, 러비지, 월계수잎, 고수, 꿀, 리쿠아멘, 와인, 파숨이나 카로이눔을 넣고 빻아 간을 맞춘다. 약한 불에서 끓인 다음 쌀가루를 풀어 걸쭉하게 만들어 식탁에 낸다.

10. 생선구이

절구에 후추, 러비지, 세이보리, 말린 양파를 넣고 빻아 식초를 붓는다. 여기에 카리요타시럽, 딜, 달걀노른자, 꿀, 식초, 리쿠아멘, 기름, 데프리툼을 부어 섞은 다음 생선 위에 뿌린다.

11. 와인소스[209]를 곁들인 생선

---

209 제목은 와인소스이나 재료에서 와인이 빠졌다.

생선을 기름에 지진다. 후추, 러비지, 루타, 여러 가지 신선한 허브, 말린 양파를 넣고 빻는다. 기름과 리쿠아멘을 부어 섞은 다음 식탁에 낸다.

12. 대서양다랑어

절구에 후추, 러비지 씨, 오레가노, 말린 양파, 삶은 달걀노른자를 빻아 식초와 기름을 섞는다. 간을 맞춘 다음 대서양다랑어 위에 뿌린다.

13. 와인소스를 곁들인 생선

생선을 씻는다. 원한다면 그대로 팬에 생선을 올린 다음 기름, 리쿠아멘, 와인, 리크 작은 한 단과 고수를 넣고 끓인다. 절구에 후추, 오레가노, 러비지를 빻는다. 그리고 조금 전에 삶은 리크 한 단도 넣고 찧어 팬에 쏟아 붓는다. 걸쭉하게 만든다. 딱 맞게 걸쭉해지면 후추를 뿌려 식탁에 낸다.

14. 딜을 넣은 촉수과 생선요리는 이렇게 만든다

생선을 손질하여 씻는다. 손질한 생선을 팬에 올리고 기름, 리쿠아멘, 와인, 리크 한 단, 고수를 넣고 끓인다. 절구에 후추를 넣고 빻다가 기름을 붓고 식초를 어느 정도 부은 다음 와인과 파숨으로 간을 맞춘다. 이렇게 만든 양념을 냄비에 넣고 끓인다. 전분을 풀어 걸쭉하게 만들어 팬에서 익혀 둔 생선에 붓고 후추를 뿌린다.

15. 촉수과 생선으로 만든 다른 요리

손질하여 깨끗이 씻은 생선을 팬 위에 올린다. 기름, 리쿠아멘, 와인을 붓고 끓이다가 리크 한 단과 고수를 넣고 더 끓인다. 절구에 후추, 러비지, 오레가노, 좀 전에 끓어 둔 생선에서 나온 국물을 넣고 빻는다. 파숨으로 간을 맞춘 다음 냄비에 넣고 끓이다가 전분을 풀어 걸쭉하게 만든다. 이렇게 만든 소스를 팬에서 익혀 둔 생선에 부은 다음 후추를 뿌려 식탁에 낸다.

16. 곰치나 민물장어 또는 촉수과 생선은 이렇게 조리한다

깨끗하게 손질한 생선을 조심스럽게 팬 위에 올린다. 절구에 후추, 러비지, 오레가노, 민트, 말린 양파를 넣고 와인 1아케타불룸(약 0.07리터)을 부어 빻는다. 리쿠아멘 1/2 아케타불룸(약 0.35리터), 꿀 1/3 아케타불룸(약 0.023리터), 대략 한 순가락 정도의 데프리툼을 넣고 섞는다. 이렇게 만든 소스를 팬 위에 놓은 생선이 완전히 잠길 만큼 충분한 양을 넣어 끓인다. 졸아붙지 않고 소스가 자작하게 남아 있을 때까지 끓인다.

17. 닭새우와 [민물가재]

절구에 후추, 러비지, 셀러리씨를 빻는다. 여기에 식초와 리쿠아멘을 붓고 달걀노른자를 넣는다. 이 모든 재료들을 잘 섞어 새우나 가재 위에 끼얹어 식탁에 낸다.

18. 삶은 생선

절구에 후추, 러비지, 셀러리씨, 오레가노를 빻는다. 여기에 식초를 붓고 잣을 뿌린 다음 카리요타시럽을 아낌없이 부은 다음 꿀, 식초, 리쿠아멘, 겨자를 넣는다. 간을 맞춰 사용한다.

19. 달걀을 넣은 납서대 팬요리

깨끗하게 손질한 납서대를 팬 위에 올린 다음 리쿠아멘, 기름, 와인, 리크 한 단, 고수 씨를 넣고 익혀서 놔둔다. 절구에 후추 조금, 오레가노를 넣어 빻는다. 여기에 납서대 육수를 붓고, 날달걀 10개를 깨어 넣고 멍울지지 않도록 잘 풀어준다. 이렇게 만든 소스를 익혀두었던 납서대 위에 부어 약한 불에서 완전히 익힌다. 단단하게 익으면 후추를 뿌린다.

20. 고수소스를 곁들인 새끼돼지

새끼돼지를 조심스럽게 석쇠에 굽는다. 절구에 빻아 섞을 양념은 다음과 같다: 후추, 딜, 오레가노, 신선한 고수를 잘게 빻는다. 여기에 꿀, 와인, 리쿠아멘, 기름, 식초, 데프리툼을 부어 섞는다. 이 모든 재료들을 끓여 구운 돼지 위에 끼얹는다. 그 위에 건포도와 잣을 뿌리고 잘게 다진 양파도 뿌려준다. 이대로 식탁에 낸다.

21 와인소스로 익힌 새끼돼지

손질한 새끼돼지는 모양을 잡아 기름과 리쿠아멘을 부어 삶는다. 고기가 다 익으면, 절구에 후추, 루타, 월계수잎, 리쿠아멘, 파숨이나 카로이눔, 묵은 와인을 넣고 모두 으깬 다음 간을 맞춘다. 이렇게 만든 소스를 청동팬에 옮겨 쏟은 다음 그 위에 익힌 새끼돼지를 놓는다.

22[210]. 소스에 담근 새끼돼지

---

210   앞뒤의 맥락으로 보아 21번의 연속으로 생각된다.

소스에 담근 새끼돼지를 그대로 익힌다. 다 익으면 불에서 내려 전분을 풀어 소스는 다른 그릇에 따로 담아 식탁에 낸다.

23. 타임을 뿌린 새끼돼지

아직 젖을 떼지 않은 새끼돼지를 잡아 하루 전에 소금과 딜을 뿌려 찬물에 담가 놓는다. 그래야 돼지 고기의 표면이 변색 없이 하얗게 유지된다. 준비해 놓은 돼지를 삶는다. 그리고 나서 양념에 사용할 신선한 허브를 준비한다. 여기에 타임, 페니로열 조금, 완전히 익힌 달걀, 잘게 다진 양파를 넣고 섞어서 삶은 돼지 위에 뿌린다. 리쿠아멘 1헤미나(약 0.274리터), 기름 1폰두스(약 327.5그램), 파숨 1폰두스(약 327.5그램)도 부어준다. 이대로 식탁에 낸다.

24. 매운 양념을 바른 새끼돼지

깨끗하게 손질한 새끼돼지는 모양을 잡아 놓는다. 사용할 양념은 다음과 같은 방법으로 만든다: 절구에 후추 50알, 돼지의 크기에 맞춰 계량한 만큼의 꿀, 말린 양파 3개, 신선한 고수 조금(없으면 말린 것도 괜찮다), 리쿠아멘 1헤미나(약 0.274리터), 기름 1섹스타리우스(약 0.55리터), 물 1헤미나(약 0.274리터)를 넣고 섞어 빻아 간을 맞춘다. 이렇게 만든 양념을 작은 냄비에 쏟아 붓고 거기에 새끼돼지를 넣어 끓인다. 끓기 시작하면 눌어붙지 않게 저어주면서 졸인다. 만약 소스가 너무 졸았다 싶으면 물을 1헤미나(약 0.274리터) 정도 더 부어준다. 완성된 새끼돼지를 식탁에 낸다.

25. 라저소스를 곁들인 새끼돼지

절구에 후추, 러비지, 캐러웨이, 쿠민을 조금 넣어 섞고, 신선한 라저 잎과 뿌리와 식초를 넣어 빻는다. 여기에 잣, 카리요타시럽, 꿀, 식초, 리쿠아멘, 만들어 놓은 겨자를 넣고 섞는다. 기름을 부어 맛을 부드럽게 한 다음 돼지고기 위에 끼얹는다.

26. 육수에 담가 내는 새끼돼지

절구에 후추, 러비지나 아니스[211], 고수, 루타, 월계수 잎을 넣고 빻는다. 리쿠아멘, 리크, 파슴이나 꿀을 조금 넣고 와인도 조금 부은 다음 기름을 충분히 부어 잘 섞는다. 다 끓었으면 전분을 풀어 걸쭉하게 만든다.

27. 간단한 어린 양

가죽을 벗긴 양을 꼼꼼하게 구석구석 잘 씻는다. 먹기 좋은 크기로 잘라 냄비에 넣는다. 여기에 기름, 리쿠아멘, 와인, 리크, 칼로 잘게 썬 고수를 넣고 끓인다. 끓기 시작하면 가끔 저어준다. 식탁에 낸다.

28. 라저소스를 곁들인 어린 염소

손질하여 깨끗하게 씻은 어린 염소의 창자에 후추, 리쿠아멘, 라저, 기름을 섞어서 채운다. 이렇게 속을 채운 창자를 다시 어린 염소의 배 속에 넣고 잘 꿰맨 다음 통째로 삶는다. 다 익으면, 절구에 루타와 월계수 잎을 빻아 염소를 삶고 있는 국물에 풀어 넣는다. 솥을 불에서 내린 다음 염소를 건져 물기를 뺀다. 고기를 삶은 국물로 만든 소스를 뿌려 식탁에 낸다.

---

211   철자의 오류로 어떤 재료인지 확실하지 않다. 아니스나 딜 중 하나로 보인다.

29. 개똥지빠귀 아폰코메노스[212]

절구에 후추, 라저, 월계수 잎을 빻은 다음 쿠민을 넣어 섞고 가룸을 붓는다. 이렇게 만든 양념을 개똥지빠귀의 식도에 채워 넣은 다음 실로 묶는다. 기름, 소금, 물, 딜을 잘 섞어 냄비에 쏟아 붓고 개똥지빠귀를 넣어 삶는다. 마지막에 리크도 넣는다.

30. 멧비둘기

멧비둘기를 세로로 반으로 갈라 조심스럽게 모양을 잡는다. 절구에 후추, 라저, 리쿠아멘을 조금 부어 빻은 다음 손질한 멧비둘기를 담가 재운다. 양념이 잘 배어들면 석쇠에 굽는다.

31. 자고새에 어울리는 소스

절구에 후추, 셀러리, 민트, 루타를 넣어 빻는다. 식초를 붓고, 카리요타시럽, 꿀, 식초, 리쿠아멘, 기름을 부어 섞는다. 한데 끓여 식탁에 낸다.

짧은 요리 목록은 여기서 끝난다.

---

212 아폰코메노스는 아마도 그리스어에서 유래한 단어인 것으로 보이나 정확하게 무엇을 의미하는지는 알 수 없다.

·
부
록

고대 로마의 대저울
폼페이, 나폴리 고고학 박물관, 나폴리

아피키우스의 요리 재현

손잡이가 달린 체와 체로 거른 액체를 따르기에
좋은 주둥이가 달린 대접을 비롯한 여러가지 냄비들
2세기경, 청동, 역사박물관, 슈파이어

콘디툼 파라독숨 (1, 1)
장미를 넣지 않은 장미와인 (1, 4, 2)
참치 스프레드 (9, 10, 2)
오이노가룸을 뿌린 달걀 부침 (7, 17, 1)
마타리상추 샐러드 (3, 16)
브로콜리 샐러드 (3, 9, 3)
당근 샐러드 (3, 21, 2)
미네스트로네 (5, 5, 2)
병아리콩 샐러드 (5, 8, 1)
비트 샐러드 (3, 11, 1)
양송이 샐러드 (7, 5, 14)
송로버섯 구이 (7,14,1)
토란 샐러드 (7, 15)
녹색 잎 채소 수플레 (4, 2, 3)
엘더베리 프리타타 (4, 2, 8)
납서대 캐서롤(4, 2, 28)
속을 채운 오징어(9, 4, 2)
닭새우 불레트(9, 1, 4)
삶은 햄(7, 9, 2)
닭고기 프리카세(2, 2, 9)
누미디아식(式) 닭(6, 8, 4)
아피카우스식(式) 소스를 뿌린 삶은 거위(아피카우스 6, 7)
양고기 스튜(8, 6, 2)
속을 채운 대추야자(7,11,1)
수박, 멜론 샐러드(3,7)
로마식(式) 크레센티나(7,11,6)
속을 채운 오징어에 어울리는 소스(9, 3, 2)
가금류에 어울리는 그린소스(6, 5, 4)
생선구이에 어울리는 알렉산드리아식(式) 소스(10, 1, 7)
만물장어에 어울리는 소스(10, 3, 1)
삶은 고기에 어울리는 화이트소스(7, 6, 4)

아피키우스의 요리 재현

이 책이 고대 요리의 실용서인 만큼 원문의 내용대로 음식을 만들어 볼 수 있도록 몇 가지 조리법을 오늘날에 맞게 각색해 보았다. 아피키우스의 요리 대부분은 개인적인 생각으로는 오늘날 우리의 입맛에는 매우 낯선 음식들이지만, 고대 로마의 상류층 요리가 어떠하였는지 간접적으로나마 경험할 수 있다는 사실에 만족한다면 흥미로울 것이다. 아피키우스가 이 책에서 분류해 놓은 것과 상관없이 음료, 전채요리, 주요리, 샐러드, 디저트, 소스로 정리하였으나 따로 소제목을 붙여 범주를 나누지는 않았다. 요리의 이름은 원문을 따르지 않고 오늘날 익숙한 이름을 사용하였다. 요리 이름 아래에 이 책의 권과 번호를 표기하여 비교하기 쉽도록 하였다. 재료를 준비하는 시간은 조리시간에 포함되지 않는다. 원문의 재료를 그대로 사용하는 것이 당연하나 국내에서 구하기 어렵거나 구할 수 없는 재료들은 다른 비슷한 것으로 대신하였다: 리쿠아멘 대신, 이와 매우 흡사한 이탈리아의 아말피와 소렌토의 특산물인 콜라투라 디 알리치(Colatura di Alici)를 사용할 것을 권하나 동남아산(産) 피시소스도 나쁘지 않다고 생각한다. 파숨 대용으로는 마이어와 페쉬케가 권하는 대로 디저트와인 빈 산토(Vin Santo), 파시토 디 판텔레리아(Passito di Pantelleria), 마르살라(Marsala)를 추천한다. 데프리툼과 카로이눔은 조린 포도주스나 꿀로 대체할 수 있다. 내용상으로 의미가 있어 보이는 아위(Ferula assa-foetida)를 재료에 포함시키기는 하였으나, 사용할 때 주의해야 하는 식물이므로 웬만하면 사용하지 않는 것이 좋을 것 같다.

여기에 소개된 모든 계량과 조리법은 Maier(2010 ; 2015), Cech(2013), Peschke(2010)의 저서를 참고하였다.

콘디툼 파라독숨(아피키우스 1, 1)

난이도 - 보통 | 준비 시간 - 24시간 | 용량 - 1L

• 재료

꿀 약 300g, 화이트와인 2병, 통후추 7g, 마스틱스 가루 한 꼬집, 월계수잎 1장, 사프란 한 꼬집, 대추야자 1알

• 만드는 법

꿀에 와인 3스푼을 넣고 끓인다. 부글부글 끓어오르면 와인을 더 부어 거품을 가라 앉힌 다음 불에서 내려 식힌다. 다 식었으면, 다시 끓이고 붓기를 3번 더 반복한다. 이렇게 끓인 와인은 하룻밤 서늘한 곳에서 숙성시킨다. 대추야자는 씨를 빼서 와인 에 담가 절여 놓고, 씨는 기름 없이 팬에 볶는다. 끓여 놓았던 와인은 다음 날 위에 뜬 거품을 걷어내고 와인에 절여 둔 대추야자와 볶은 씨를 포함하여 준비한 향신료 를 모두 와인에 넣는다. 여기에 끓이지 않은 와인을 채워 1l의 양을 만든다.

* 와인의 양은 넉넉하게 준비하였다. 끓이는 과정에서 와인이 줄어드는 양은 조리하 는 사람에 따라 다를 수 있기 때문이다.

장미를 넣지 않은 장미와인(아피키우스 1, 4, 2)

난이도 - 어려움 | 조리시간 - 40일 | 용량 - 10L

• 재료

갓 짠 포도주스 9.5l, 레몬 잎 약 100장, 꿀 500g, 생(生)이스트 4ml

• 만드는 법

옹기 술 항아리에 레몬잎과 갓 짠 신선한 포도주스를 붓는다. 생이스트를 넣고 40일 동안 발효시킨다. 와인이 만들어졌으면 꿀을 넣는다.

참치 스프레드(아피키우스 9, 10, 2)

난이도 - 보통 ㅣ 조리시간 - 15분 ㅣ 용량 - 4인분

• 재료

삶은 참치 뱃살 500g, 씨를 뺀 대추야자 150g, 화이트와인 50ml,

데프리툼 4큰술, 화이트와인식초 2큰술, 엑스트라 버진 올리브기름 2큰술,

꿀 1큰술, 말린 러비지 1/2작은술, 말린 루타 1/2작은술, 말린 타임 1/2 작은술,

말린 오레가노 1/2작은술, 피시소스 1작은술, 삶은 달걀 1알, 후추

• 만드는 법

삶은 달걀을 얇게 썬다. 삶은 참치에 올리브기름, 화이트와인, 화이트와인식초, 포도주스, 꿀을 넣고 잘 섞어가면서 응어리진 참치가 없도록 곱게 으깬다. 대추야자를 얇게 저며 작은 그릇에 넣고 준비한 허브와 잘 섞는다. 여기에 후추를 뿌리고 피시소스로 간을 맞춘다. 미리 으깨어 섞어 놓은 참치와 잘 섞는다. 그릇에 담아 삶은 달걀을 곁들여 식탁에 낸다.

* 신선한 허브를 넣으면 향이 더 좋다. 신선한 허브는 잘게 다져 넣는다.

오이노가룸을 뿌린 달걀 부침(아피키우스 7, 17, 1)

난이도 - 매우 쉬움 ㅣ 조리시간 - 20분 ㅣ 용량 - 4인분

• 재료

달걀 4알, 올리브기름 2큰술,

오이노가룸 : 화이트와인 3큰술, 피시소스 1큰술, 꿀 1작은술, 신선한 고수 1/2작은술,

말린 러비지 1/2작은술

• 만드는 법

팬에 올리브기름을 두르고 달걀을 원하는 정도로 익힌다. 달걀이 익는 동안 필요한 재료를 모두 섞어 오이노가룸을 만든다. 달걀이 다 익었으면 각각의 접시에 담아 오이노가룸을 입맛에 맞게 몇 방울씩 떨어뜨려 먹는다. 동남아 피시소스가 없으면 국내에서 생산한 액젓을 사용해도 좋다. 단, 물을 약간 섞어 짠맛을 희석하여 사용한다. 러비지 분말이 없으면 타라곤 분말을 대신 사용해도 좋다. 단, 타라곤은 맛과 향이 강하기 때문에 양을 반으로 줄이는 것을 추천한다.

마타리상추 샐러드(아피키우스 3, 16)

난이도 - 매우 쉬움 ㅣ 조리시간 - 10분 ㅣ 용량 - 4인분

• 재료

마타리상추 200g, 피시소스 1큰술, 올리브기름 3큰술, 와인식초 2큰술,
쿠민 1/2작은술, 마스틱스 열매 조금, 후추

• 만드는 법

손질하여 씻은 마타리상추를 보울에 담고 피시소스, 올리브기름, 식초, 쿠민, 마스틱스 열매를 넣어 버무린다. 그릇에 담은 다음 후추를 뿌려 식탁에 낸다. 꼭 마타리상추가 아니어도 좋다. 녹색잎 채소는 어떤 것이든 잘 어울린다. 아피키우스의 원문에서처럼 살짝 볶아서 먹을 수도 있다.

브로콜리 샐러드(아피키우스 3, 9, 3)

난이도 - 쉬움 ㅣ 조리시간 - 30분 ㅣ 용량 - 4인분

• 재료

잎이 있는 브로콜리 600g, 말린 루타 1/2작은술, 소금 1/2작은술, 화이트와인 100ml, 올리브기름 100ml, 신선한 고수 한 줌, 쿠민 1작은술, 리크 조금

• 만드는 법

브로콜리는 잎을 떼어 내지 않은 채로 끓는 물에 데친다. 데친 브로콜리는 먹기 좋은 크기로 잘라 보울에 담는다. 쿠민, 소금, 와인, 올리브기름을 잘 섞어 만든 드레싱으로 버무린 다음 잘게 썬 리크와 다진 고수를 뿌려 식탁에 낸다.

당근 샐러드(아피키우스 3, 21, 2)

난이도 - 아주 쉬움 | 조리시간 - 10분 | 용량 - 4인분

• 재료

작은 당근 4개,

드레싱 : 소금 1/2작은술, 올리브기름 2큰술, 와인식초 1큰술

• 만드는 법

당근은 깨끗하게 씻어 얇게 채 썬다. 팬에 당근을 살짝 볶는다. 큰 대접에 소금, 올리브기름, 식초를 넣고 빠르게 저어 잘 섞는다. 여기에 볶은 당근을 넣고 잘 버무린 다음 맛이 잘 배도록 20분 정도 놔둔다.

미네스트로네(아피키우스 5,5,2)

난이도 - 어려움 | 조리시간 - 80분 | 용량 - 4인분

• 재료

납작보리 100g, 병아리콩 100g, 렌틸콩 100g, 완두콩 100g, 사보이양배추 100g,

회향 1/2쪽, 올리브기름 4큰술, 리크 1대, 신선한 고수 한줌, 신선한 딜 한줌, 회향씨 1작은술, 오레가노 1작은술, 아위 1/2작은술, 말린 러비지 1큰술, 피시소스 2큰술, 식소다 1큰술

• 만드는 법

완두콩을 뺀 병아리콩과 렌틸콩은 하룻밤 물에 불려 놓는다. 콩을 모두 끓는 물에 40분 정도 삶는다. 납작보리도 삶아 놓는다. 삶은 콩과 보리를 냄비에 넣고 모두 잠길 때까지 물을 붓는다. 20분 정도 삶는다. 만약 물이 너무 줄어들면 물을 더 부어 준다.

콩과 보리를 삶는 동안 사보이양배추는 식소다를 푼 물에 데쳐 건져 놓는다. 리크와 고수는 잘게 다져 놓고, 딜은 따로 잘게 다져 콩이 익고 있는 냄비에 넣는다. 올리브 기름도 붓는다. 회향, 회향씨, 오레가노, 아위 잎, 러비지도 넣고 맛이 들도록 잠시 더 끓인 다음 피시소스로 간을 맞춘다. 데쳐 건져 놓은 사보이양배추를 잘게 썬다. 냄비의 내용물을 그릇에 담아 썰어 놓은 사보이양배추를 위에 올려 식탁에 낸다.

미네스트로네는 이탈리아에서 즐겨 먹는 야채수프의 일종으로 내용물이 풍부해서 일품요리로도 좋다. 지역에 따라 쌀이나 파스타, 밀로 만든 흰 빵, 판체타나 소시지 같은 육가공품들도 넣어 만든다.

리크는 요즘 국내에서도 판매를 하고 있으나 구입하기 어렵다면 대파나 양파의 녹색 잎을 사용하여도 나쁘지 않다.

* 아사푀티다라고도 부르는 아위는 구하기도 어려울 뿐만 아니라 그 맛과 향이 매우 낯설다. 아위 대신 캐러웨이를 사용해도 좋을 듯싶다.

병아리콩 샐러드(아피키우스 5, 8, 1)

난이도 - 쉬움 | 조리시간 - 30분 | 용량 - 4인분

• 재료

병아리콩 500g, 소금 1/2작은술, 쿠민 1작은술, 올리브기름 1큰술,

드라이 화이트와인 2큰술

• 만드는 법

병아리콩은 전날 물에 담가 불린다. 불린 병아리콩은 20~40분 정도 물에 삶아 체에 건져 놓는다. 보울에 소금, 쿠민, 올리브기름, 화이트와인을 섞어 드레싱을 만든 다음 병아리콩을 부어 잘 섞는다. 취향에 따라 따뜻하게 데워서 먹거나 차게 먹는다.

비트 샐러드(아피키우스 3, 11, 1)

난이도 - 보통 ㅣ 조리시간 - 70분 ㅣ 용량 - 4인분

• 재료

리크 2대, 비트 4개, 건포도(설타나) 100g, 쿠민 가루 1큰술, 밀가루 50g,

피시소스 1큰술, 올리브기름 1큰술, 레드와인 식초 1큰술, 신선한 고수 한 줌

• 만드는 법

깨끗하게 씻은 비트는 끓는 물에 30~40분 정도 삶아 껍질을 벗긴다. 적당한 크기로 썰어 믹서에 갈아 퓌레를 만든다. 리크는 송송 썰고, 고수는 잘게 다진다. 냄비에 비트 퓌레를 넣고 리크, 고수, 쿠민, 건포도를 넣는다. 약한 불에 놓고 밀가루를 체에 쳐서 넣으면서 뭉치지 않도록 거품기로 냄비 밑바닥까지 잘 저어 풀어준다. 냄비 바닥에 눌어붙지 않도록 계속 저어주면서 15분 정도 끓인다. 불을 끄고 피시소스와 올리브기름을 뿌리고 마지막으로 잘 저어 섞는다. 식탁에 낸다.

양송이 샐러드(아피키우스 7, 15, 4)

난이도 - 매우 쉬움 | 조리시간 - 30분 | 용량 - 4인분

• **재료**

양송이 500g, 카로이눔 200ml, 신선한 고수 한 줌

• **만드는 법**

양송이는 물에 씻지 말고 젖은 행주로 깨끗하게 닦는다. 납작하게 썰어 팬에 넣고
카로이눔을 붓는다. 고수도 넣는다. 약한 불에서 10분 정도 뒤적이며 끓인다.

* 양송이의 질감을 느끼고 싶다면 반으로 잘라서 조리한다.

송로버섯 구이(아피키우스 7, 14, 1)

난이도 - 보통 | 조리시간 - 30분 | 용량 - 4인분

• **재료**

송로버섯 4개, 소금

소스 : 올리브기름 1큰술, 피시소스 1큰술, 카로이눔 2큰술,

       드라이 마르살라 2큰술, 데프리툼 1큰술, 후추 1/2작은술, 전분

• **만드는 법**

송로버섯은 껍질을 벗기거나 솔로 잘 문질러 손질한 다음 끓는 물에 5분 정도 데친
다. 건져낸 송로버섯에 소금을 조금 뿌려 간을 한다. 소금간을 한 송로버섯을 꼬치에
꽂아 석쇠에 굽는다. 그 사이 냄비에 전분을 제외한 소스재료를 모두 넣고 약한 불
에서 몇 분 정도 끓이다가 전분을 풀어 넣고 걸쭉하게 만든다. 송로버섯이 식기 전
에 접시에 올려 소스를 뿌려 식탁에 낸다.

* 송로버섯은 매우 값비싼 식료품으로 1인당 1알씩을 먹는다는 건 오늘날 일반적인

요리책에서는 보기 힘든 일이다. 병조림의 경우 대부분 소금에 절여서 판매하므로 소금간을 따로 할 필요는 없다.

토란 샐러드(아피키우스 7, 15)

난이도 - 보통 ㅣ 조리시간 - 40분 ㅣ 용량 - 4인분

• 재료

타로토란 600g

소스 : 후추 1/2작은술, 쿠민 1작은술, 데프리툼 1큰술, 피시소스 1큰술, 올리브기름 1큰술, 말린 루타 한 꼬집, 전분 1큰술

• 만드는 법

토란은 껍질을 까서 납작하게 썰거나 깍둑썰어 끓는 물에 10~15분 정도 익힌다. 냄비에 전분을 뺀 나머지 재료를 모두 넣고 저으면서 끓인다. 한소끔 끓어 오르면 삶은 토란을 넣고 5~10분 정도 약한 불에 끓여 토란에 소스가 배어들도록 한다. 전분을 풀어 넣어 걸쭉하게 만든다. 식탁에 낸다.

녹색잎 채소 수플레(아피키우스 4, 2, 3)

난이도 - 어려움 ㅣ 조리시간 - 예열한 180도 오븐에서 30분 ㅣ 용량 - 4인분

• 재료

근대나 사보이양배추 같은 녹색잎 채소, 달걀 4개, 후추 1/2작은술, 피시소스 2큰술, 카로이눔 2큰술, 생수 1큰술, 올리브기름 1큰술

• 만드는 법

녹색잎 채소는 씻어서 물기를 뺀 다음 잘게 썬다. 그릇에 달걀을 풀고 나머지 재료도 모두 섞는다. 여기에 잘게 썬 채소를 넣어 잘 섞어 냄비에 붓고 죽과 비슷한 질감이 될 때까지만 살짝 익힌다. 이때 달걀이 뭉치지 않도록 잘 젓는다. 오븐을 예열한다. 앞서 준비해 놓은 것을 오븐용 그릇에 옮겨 담고 호일로 덮은 다음 180도 오븐에서 30분정도 굽는다.

* 아피키우스의 조리법에 따라 채소의 부드러운 잎은 물론, 단단한 줄기부분도 함께 넣으면 씹는 맛이 좋다.

엘더베리 프리타타(아피키우스 4, 2, 8)

난이도 - 보통 | 조리시간 - 40분 | 용량 - 4인분

• 재료

잘 익은 엘더베리 500g, 후추 1/2큰술, 피시소스 2큰술,
빈 산토(Vin Santo) 같은 디저트와인 2큰술, 올리브기름 5큰술, 달걀 3개

• 만드는 법

엘더베리를 씻는다. 붙어있는 가지는 모두 제거하고 익지 않은 것은 골라낸 다음 끓는 물에 10분 정도 삶는다. 체에 받쳐 물기를 뺀다. 그릇에 달걀을 넣고 거품기로 거품을 낸다. 팬에 올리브기름을 두르고 달걀을 뺀 나머지 재료들을 모두 넣고 살짝 지진다. 약한 불로 줄인 다음 거품 낸 달걀을 붓고 달걀이 어느 정도 단단해질 때까지 익힌다.

* 엘더베리를 구하기 어렵다면 블루베리 같은 달지 않은 베리류로 대신해도 나쁘지 않다.

납서대 캐서롤(아피키우스 4, 2, 28)

난이도 - 보통 | 조리시간 - 25분 | 용량 - 4인분

• 재료

납서대 필레 8장, 달걀 6개, 올리브기름 3큰술, 피시소스 1작은술,

드라이 화이트와인 100㎖, 신선한 러비지 작은 한 줌, 신선한 오레가노 작은 한 줌,

백후추 1/2작은술, 소금 1/2작은술

• 만드는 법

납서대 필레를 캐서롤에 잘 펴서 놓는다. 올리브기름, 화이트와인, 피시소스를 섞어 납서대 위에 골고루 뿌린다. 중불에서 10분 정도 익힌다. 익히면서 생긴 육즙에서 1 큰술 정도의 양을 덜어 놓는다. 러비지와 오레가노를 잘게 다진다. 소금과 후추를 빻아 섞는다. 여기에 아까 남겨두었던 1큰술 분량의 생선육즙을 뿌리고, 달걀을 풀어 섞는다. 납서대 위에 골고루 부어 약한 불에서 10분 정도 단단해질 때까지 익힌다. 후추를 뿌려 간을 맞춰 식탁에 낸다.

* 다른 흰살생선에도 잘 어울리는 조리법이다. 납서대가 없으면 서대를 사용할 수 있다.

속을 채운 갑오징어(아피키우스 9, 4, 2)

난이도 - 매우 어려움 | 조리시간 - 40~90분, 뇌를 준비하는 시간 3시간 30분 | 용량 - 4인분

• 재료

송아지 뇌 100g, 후추 1/4작은술, 달걀 2개, 통후추 10알, 송아지 소시지 100g,

갑오징어 몸통 600g, 물 2ℓ, 화이트와인식초 1큰술, 소금 1큰술, 레몬즙 1작은술

• 만드는 법

송아지 뇌를 2시간 정도 찬물에 담가 놓는다. 그 다음 1시간 정도 물 1리터에 식초 1큰술을 섞어 만든 식초물에 담가 놓는다. 냄비에 물 1리터를 붓는다. 여기에 소금 1큰술을 녹이고 레몬즙 1작은술을 섞은 다음 송아지 뇌를 넣고 불 위에 올린다. 팔 팔 끓이는 것이 아니라 물이 비등점에 오르기 바로 직전까지 약 15분 정도 데친다. 뇌를 건져 외피와 하얗게 보이는 핏줄을 벗겨낸 다음 잘게 다진다. 달걀은 거품기로 어느 정도 거품을 낸다. 다진 뇌, 거품 낸 달걀, 통후추, 후추가루, 잘게 다진 소시지 를 한데 섞는다.

갑오징어 몸통은 소금물에 데친다. 물기를 빼서 식혀 놓는다. 갑오징어 삶은 물은 버 리지 않고 남겨 놓는다. 미리 만들어 놓은 소를 갑오징어 몸통에 채워 넣고, 이쑤시 개 같은 것으로 벌어진 부분을 꿰어 내용물이 흘러 나오지 않도록 한다. 갑오징어를 데쳤던 물에 20분 정도 삶는다.

* 여기에 곁들일 소스는 '속을 채운 오징어에 어울리는 소스' 참조
* 갑오징어 대신 일반 오징어를 사용할 수 있다.
* 송아지 뇌 대신 송아지 지라를 사용하기도 한다.

닭새우 불레트(아피키우스 9, 1, 4)

난이도 - 보통 | 조리시간 - 20분 | 용량 - 4인분

• 재료
닭새우꼬리 600g, 달걀 2개, 바게트 1/4개, 피시소스 4큰술, 밀가루 1큰술, 올리브기름 3큰술, 후추

• 만드는 법
닭새우꼬리를 삶아 껍질을 벗긴 다음 잘게 다진다. 후추를 빻는다. 바게트를 잘게 부 순다. 올리브기름을 뺀 나머지 재료들을 그릇에 넣고 섞어 동그랗게 빚는다. 팬에 버

터를 녹이고 노릇하게 굽는다.

아피키우스는 닭새우를 사용하였으나 상대적으로 저렴한 대하나 다른 새우로노 만들 수 있다.

* 바게트가 없으면 식빵이나 빵 가루를 사용해도 좋다.

삶은 햄(아피키우스 7, 9, 2)

난이도 - 보통 | 조리시간 - 90분 | 용량 - 4인분

• 재료
훈제 햄이나 돼지 앞다리 또는 어깨살 800g, 말린 무화과 15개, 월계수잎 1장, 칸투치니 알라 만도를라, 빈 산토(Vin Santo) 같은 디저트와인

• 만드는 법
냄비에 햄을 넣고 햄이 완전히 잠길 때까지 물을 붓는다. 말린 무화과와 월계수 잎을 넣고 90분 정도 끓인다. 칸투치니에 디저트와인을 몇 방울 떨어뜨려 향과 맛이 배도록 하여 삶은 햄에 곁들여 식탁에 낸다.

* 칸투치니 알라 만도를라는 아몬드를 섞어 만든 이탈리아 토스카나 지방의 구움과자 중 하나로 비노 산토와 함께 먹는다. 칸투치니가 없을 때에는 다른 종류의 아몬드비스킷으로 대신할 수 있다.

닭고기 프리카세(아피키우스 2, 2, 9)

난이도 - 보통 | 조리시간 - 30분 | 용량 - 4인분

• 재료

뼈 없는 닭고기 800g, 리크 2대, 신선한 딜 한 줌, 신선한 세이지 한 줌,

통후추 1/4작은술, 옥수수가루 2작은술, 닭육수 100ml, 피시소스 2큰술,

빈 산토(Vin Santo) 1/2큰술, 소금, 꿀

• 만드는 법

닭고기를 깍둑썬다. 리크도 먹기 좋은 크기로 썬다. 딜과 세이지를 잘게 다진다. 후추를 빻는다. 준비한 냄비에 닭육수를 붓고 준비해 둔 재료를 넣어 약 20분정도 끓인다. 끓고 있는 냄비에 옥수수가루를 풀어 넣어 걸쭉하게 만든다. 피시소스, 빈 산토, 소금, 후추로 간을 맞춘다.

* 후추는 갈아서 판매하는 것을 쓰는 것보다 직접 갈아 쓰는 것이 좋다.

누미디아식(式) 닭(아피키우스 6, 8, 4)

난이도 - 어려움 ｜ 조리시간 - 150분 ｜ 용량 - 4인분

• 재료

물 3l, 소금 11/2 큰술, 양파 1개, 월계수잎 1장, 정향 2알, 당근 1개,

로즈마리 한 줌, 큰 닭 1마리, 올리브기름 3큰술

소스 : 잣 50g, 후추 1/4작은술, 쿠민 한꼬집, 고수씨 한꼬집, 양파 1개, 대추야자 4알, 말린 루타 1/4작은술, 와인식초 1큰술, 데프리툼 1작은술, 피시소스 4큰술,

올리브기름 2큰술, 옥수수가루 1작은술, 후추

• 만드는 법

냄비에 물을 붓고, 소금, 월계수 잎을 넣는다. 양파에 정향을 꽂아 넣는다. 당근과 로즈마리도 넣고 함께 끓여 육수를 만든다. 여기에 손질하여 씻은 닭을 넣고 2시간 정도 푹 삶아 식힌다. 식혀 둔 닭을 건져 후추를 뿌린 다음 팬에 올리브기름을 두르고 굽는다.

소스 : 키친 타올 위에 잣을 놓고 칼등으로 눌러 으깬다. 후추, 쿠민, 고수 씨도 절구에 빻는다. 양파와 대추야자를 잘게 다진다. 루타, 와인식초, 꿀, 피시소스, 올리브기름과 준비해 놓은 모든 재료를 냄비에 넣고 5~10분 정도 약한 불에 끓인다. 마지막으로 옥수수가루를 넣고 뭉치지 않도록 잘 젓는다. 삶은 닭을 접시에 담아 소스를 뿌리고 후추도 뿌려 식탁에 낸다.

* 소스가 조금 빽빽하다 싶으면 닭 삶은 물을 조금 넣어주면 좋다.

* 루타 대신 캄파리(Campari)를 사용할 수 있다. 캄파리는 리큐르의 일종으로 루타 1큰술은 캄파리 1큰술로 대신한다. 그러나 맛이 강한 캄파리는 샐러드 같은 가벼운 요리에는 추천하지 않는다.

아피키우스식((式) 소스를 뿌린 삶은 거위(아피키우스 6, 7)

난이도 - 매우 어려움 | 조리시간 - 3시간 | 용량 - 4인분

• 재료

거위 1마리, 피시소스 2큰술, 소금, 후추

소스 : 후추 1작은술, 고수씨 1/2작은술, 말린 러비지 4큰술, 말린 민트 4큰술, 말린 루타 1큰술, 피시소스 100ml, 올리브기름 200ml

• 만드는 법

손질하여 씻은 거위는 물기를 닦아 소금과 후추를 뿌린다. 뚜껑이 있는 오븐용 냄비에 거위를 넣고 220도에서 2시간 정도 굽는다. 냄비 바닥에 흘러나온 육즙에 피시소스를 부어 섞은 다음 거위 표면에 발라가면서 뚜껑 없이 30분 정도 굽는다. 거위를 뒤집어 다시 육즙을 발라주기를 반복하며 20분 정도 더 굽는다. 거위를 굽는 동안 소스를 만든다 : 후추와 고수 씨를 빻는다. 민트와 러비지, 루타를 모두 그릇에 넣고 피시소스 2큰술과 올리브기름을 부어 잘 섞는다. 거위가 다 구워졌으면 소스를 뿌려

식탁에 낸다.

* 이 요리에서 '삶는다' 는 의미는 물에 넣어 삶는 것이 아니라 자체 수분으로 삶는다는 뜻으로 이해할 수 있다.

* 뚜껑이 있는 오븐용 냄비로는 두꺼운 주물냄비나, 고대 로마인들이 사용하던 것과 매우 비슷한 흙으로 구운 '뢰머토프' 나 '타진' 을 추천한다. 뢰머토프는 반드시 물에 담가놓았다가 사용해야 하며, 타진을 사용할 경우 오븐이 필요 없다.

양고기 스튜(아피키우스 8, 6, 2)

난이도 - 어려움 | 조리시간 - 120분 | 용량 - 4인분

• 재료

양 어깨살 800g, 올리브기름 100ml, 양파 2개, 화이트와인 1l, 신선한 고수 한 줌, 말린 러비지 1큰술, 후추 1작은술, 쿠민 1작은술, 피시소스 200ml, 옥수수가루, 소금, 후추

• 만드는 법

양고기를 한입 크기로 자른다. 양파도 잘게 다진다. 냄비에 올리브기름을 두르고 뜨겁게 달궈 겉이 노릇하게 굽는다. 다진 양파도 함께 넣고 볶는다. 다진 고수, 러비지, 쿠민을 넣는다. 후추도 갈아 뿌린다. 피시소스도 부은 다음 뚜껑을 닫고 30~40분 정도 뭉근히 끓인다. 불에서 내리기 전에 옥수수가루를 넣어 걸쭉하게 만들고 소금과 후추로 간을 맞춘다.

속을 채운 대추야자(아피키우스 7, 11, 1)

난이도 - 보통 | 조리시간 - 20분 | 용량 - 4인분

• 재료

대추야자 8개, 호두 8알, 잣 20g, 데프리툼 3큰술

• 만드는 법

대추야자에 세로로 칼집을 내어 대추야자가 찢어져 너덜거리지 않도록 조심스럽게 씨를 뺀다. 여기에 적당히 호두와 잣을 채워 넣는다. 팬에 꿀을 뿌리고 중불에서 가열한다. 꿀이 부글거리며 거품이 올라오면 대추야자를 넣고 여러 번 뒤적거린다. 이때 속에 채워 넣은 견과류가 흘러나오지 않도록 조심한다. 꿀이 갈색으로 변하면서 점도가 높아지기 시작하면 재빨리 불을 끄고, 대추야자가 식기 전에 접시에 보기 좋게 담아 식혀서 식탁에 낸다.

꿀이 식으면서 대추야자끼리 들러붙기 때문에 식기 전에 모양을 잡아 놓아야 한다. 식혀서 먹어야 더 맛있다.

* 매우 달기 때문에 1인 2개로 양을 정하였으나 더 원하면 많이 만들 수도 있다.

수박, 멜론 샐러드 (아피키우스 3, 7)

난이도 - 보통 | 조리시간 - 80분 | 용량 - 4인분

• 재료

수박 1/2, 멜론 1/2, 빈 산토(Vin Santo) 500ml, 잘게 다진 신선한 페니로열 1큰술, 빻은 후추 1/2, 피시소스 1작은술

• 만드는 법

멜론을 뺀 나머지 재료를 그릇에 넣고 잘 섞는다. 멜론은 껍질을 벗기고 속을 파서 과육만 남긴다. 한입 크기로 깍둑썰기를 한다. 소스에 멜론을 넣고 버무린 다음 맛이 잘 배도록 1시간 이상 냉장고에 넣어 둔다.

* 페니로열이 없으면 민트 잎으로 대신할 수 있다.

로마식(式) 크레센티나 (아피키우스 7, 11, 6)

난이도 - 어려움 | 조리시간 - 40분 | 용량 - 4인분

• 재료

밀가루 200g, 우유 200ml, 꿀 3큰술, 후추

• 만드는 법

우유를 끓인다. 우유가 한소끔 끓어오르면 불을 줄이고 밀가루를 조금씩 나누어 넣으며 젓는다. 되직하게 잘 풀어졌으면 불을 끈다. 여기에 남은 밀가루를 마저 털어넣고 찰기가 생기도록 반죽한다. 국수 반죽과 같이 밀도가 높아질 때까지 치댄다. 반죽을 밀대로 얇게 밀어 가로 세로 길이가 5cm 정도 되는 사각형으로 자른다. 깊은 냄비에 올리브기름을 자작하게 부어 데운다. 반죽이 부풀어 오르면서 밝은 갈색이 될 때까지 앞뒤로 뒤집어 가며 튀긴다. 다 튀겨진 반죽은 꺼내어 체에 받쳐 기름기를 뺀다. 접시에 보기 좋게 담아 꿀과 후추를 뿌려 식탁에 낸다.

* 오늘날 볼로냐와 그 주변지역에서 많이 먹는 크레센티나와 매우 비슷하다. 일반적인 크레센티나는 꿀 대신 파우더슈거를 뿌려 먹는다. 고대 로마시대에는 꿀을 사용하였다.

속을 채운 오징어에 어울리는 소스(아피키우스 9, 3, 2)

난이도 - 쉬움 | 조리시간 - 10분 | 용량 - 4인분

• 재료

달걀노른자 2, 후추 1/4작은술, 말린 러비지 1/2작은술, 고수 한 줌,
셀러리씨 1/4작은술, 꿀 1/2작은술, 와인식초 1/2큰술, 피시소스 3큰술,
화이트와인 1큰술, 올리브기름 2큰술

• 만드는 법

팬에 올리브기름을 두른다. 후추, 러비지, 고수, 셀러리씨를 블렌더에 살아 팬에 붓
는다. 나머지 재료들도 모두 팬에 넣고 저어주면서 약한 불에 데운다. 노른자가 단단
해지지 않도록 너무 오래 데우지 않는다. 속을 채운 오징어에 뿌려 식탁에 낸다.

* 속을 채운 오징어 만드는 법은 주요리 참조.

가금류에 어울리는 그린소스(아피키우스 6, 5, 4)

난이도 - 보통 ㅣ 조리시간 - 15분 ㅣ 용량 - 4인분

• 재료

후추 1/4작은술, 쿠민 1/4작은술, 캐러웨이 1/4작은술, 월계수잎 1장,

신선한 파슬리 한 줌, 신선한 오레가노 한 줌, 말린 민트 1큰술, 대추야자 3,

데프리툼 1/2작은술, 화이트와인 2큰술, 화이트와인식초 1큰술, 피시소스 3큰술,

홍화기름 2큰술

• 만드는 법

후추, 쿠민을 빻는다. 캐러웨이를 비롯한 나머지 녹색 허브를 잘게 다져 냄비에 넣는
다. 월계수 잎도 넣는다.

대추야자는 얇고 길게 저며 꿀, 식초, 와인, 굴소스, 홍화기름과 섞어 10분 정도 끓인
다. 월계수 잎은 건진다.

차갑게 또는 따뜻하게 먹을 수 있다. 또는 구운 새요리에 곁들여 낸다.

* 피시소스 대신 굴소스를 사용하면 맛이 조금 부드러워진다.

생선구이에 어울리는 알렉산드리아식(式) 소스 (아피키우스 10, 1, 7)

난이도 - 쉬움 | 조리시간 - 20분 | 용량 - 4인분

• 재료

통후추 8알, 러비지 1큰술, 고수 11/2 큰술, 건포도(설타나) 1큰술, 데프리툼 1큰술,

빈 산토(Vin Santo) 2큰술, 피시소스 2큰술, 화이트와인식초 1큰술, 올리브기름 1큰술

• 만드는 법

올리브기름을 뺀 나머지 재료를 블렌더에 넣고 간다. 팬에 올리브기름을 두르고 블렌더에 간 양념을 부어 10분 정도 약한 불에서 끓인다. 체에 걸러 따뜻하게 낸다.

장어에 어울리는 소스(아피키우스 10, 3, 1)

난이도 - 매우 쉬움 | 조리시간 - 10분 | 용량 - 4인분

• 재료

옻나무가루 1/4작은술, 셀러리씨 1/4작은술, 말린 러비지 1/4작은술,

딜 1큰술, 대추야자 2알, 데프리툼 1/2큰술, 화이트와인식초 1/2큰술,

피시소스 3큰술, 겨자 1/2작은술, 빈 산토(Vin Santo) 1큰술

• 만드는 법

씨를 뺀 대추야자와 나머지 재료들을 모두 블렌더에 넣고 간다. 그대로 차갑게 낸다.

* 옻나무 알레르기가 있다면 레몬즙 1작은술로 대신한다.

* 피시소스 대신 굴소스를 넣으면 맛과 향이 더 부드럽다.

삶은 고기에 어울리는 화이트소스(아피키우스 7, 6, 4)

난이도 - 보통 ┃ 조리시간 - 25분 ┃ 용량 - 4인분

• 재료

바게트 1개, 우유 100ml, 양파 1개, 올리브기름 4큰술, 후추 1/4작은술,

피시소스 1큰술, 화이트와인 2큰술, 노와이 프라트(Noilly Prat) 1큰술, 잣 20g

• 만드는 법

바게트의 질긴 껍데기를 잘라낸 다음 부드러운 부분만 우유에 적신다. 양파를 잘게 다져 팬에 기름을 두르고 약한 불에 타지 않게 볶는다. 여기에 후추, 멸치액젓, 화이트와인, 노와이 프라트, 잣, 우유에 적신 빵을 넣고 5분 정도 약한 불에 끓인 다음 블렌더에 넣고 곱게 간다. 삶은 고기류에 곁들여 먹는다.

* 노와이 프라트(Noilly Prat)는 프랑스에서 생산하고 있는 베르무트 중 하나로 향이 좋다. 노와이 프라트를 구입하기 어렵다면, 다른 베르무트를 사용해도 상관 없으나 아무래도 향이 덜하다.

옮긴이 해설

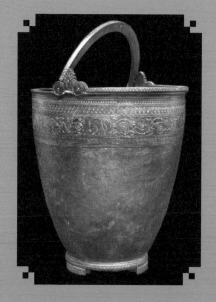

화려한 문양으로 장식한 양동이
1-49년경, 청동, 폼페이, 나폴리 고고학 박물관, 나폴리

아피키우스와 〈데 레 코퀴나리아 (원제: De re coquinaria)〉 그리고 이 책에서 사용한 로마의 식료품에 대한 짧은 글

고대 로마의 음식문화에 대한 1차 문헌과 요리서

우리는 고대 로마의 문학작품들을 통하여 다양한 관점에서 조명된 동시대의 음식문화에 대한 풍부한 정보를 얻을 수 있다. 잔치에 초대된 손님들의 목록이나 음식이 나오는 순서, 혹은 특별한 요리에 대한 설명을 덧붙이거나, 잔치에 나오는 음식과 관련 있는 일화가 소개되는 등 이들 문학작품들은 식도락과 연관된 많은 이야기들을 담고 있다. 예를 들면, 로마제국 오현제 시대의 역사가인 수에토니우스는 그의 저서 〈로마 황제들의 생애〉에서 지배계급의 식도락적인 방탕함을 보여주고 있으며, 플루타르코스는 로마 최고의 미식가로 알려진 〈루쿨루스의 생애〉를 저술하였다. 또 다른 작품으로는 아테나이오스가 쓴 〈현자들의 잔치〉와 페트로니우스의 〈사튀리콘〉이 있다. 그 밖에도 많은 고대의 시인들이 그들의 작품에서 먹고 마시는 일에 대해 매우 유쾌하고 풍자적인 방법으로 묘사한 흔적들이 남아있다. 이러한 순수한 문학작품과 마찬가지로 우리에게 중요한 1차 문헌으로는 실용서와 백과사전류가 있는데, 이들 중 대표적인 작품으로는 오늘날까지 우리에게 든든한 안내자 역할을 하고 있는 대(大)카토와 콜루멜라의 〈농업론〉을 들 수 있다. 이들이 쓴 농업안내서는 가축, 가금은 물론 생선의 양식 방법이라든가 경작방법, 과실수와 와인제조에 관한 것들과 생필품의 저장방법뿐만 아니라 심지어 그것을 이용한 조리법까지 소개한다. 특히 콜루멜라는 오늘날까지 전해지지 않는 다른 저서의 정보도 제공한다. 플리니우스의 〈박물지〉 또한 없어서는 안 될 중요한 자료로, 다른 문헌에서 언급하고 있는 내용에 얽힌 일화나 세세한 내용까지 실려 있기 때문에 조사와 확인을 위해 큰 역할을 하고 있다. 하지만 이러한 모든 자료들은 단편적일 뿐 체계적이지 못하며, 고

대 로마 요리를 주제로 하는 저작이 어떻게 발전하였는지 제대로 연구하기에는 턱없이 부족하다. 확실하게 알려진 사실은 그저 고대 로마의 요리가 처음부터 끝까지 고대 그리스의 요리에 그 뿌리를 두고 있다는 것이다. 이렇듯 지금까지 알려진 요리법은 순수하게 요리서를 통해서가 아니라 당대의 유명한 문학작품들이나 다른 실용서 안에 포함되어 있는 정도에 그친다. 그렇기 때문에 아피키우스의 〈데 레 코퀴나리아〉가 갖는 의미는 매우 크다. 왜냐하면 아피키우스의 저서는 그 내용이 온전한 상태로 오늘날까지 전해지고 있는 최초의 요리책이자 현존하는 가장 오래된 서양 요리 실용서이기 때문이다.

아피키우스 — 원전과 판본에 대한 간단한 소개

서양의 요리 역사에서 아피키우스의 〈데 레 코퀴나리아〉 이후로 거의 800여 년 동안 새로 쓰인 요리책은 전해지는 게 없다. 게다가 고대 로마의 아피키우스 원본 또한 전해지지 않는다. 어떠한 이유로 그 오랜 시간 동안의 공백이 생겨났는지 우리는 잘 알지 못한다. 오늘날까지 전해지는 아피키우스 필사본 중 가장 오래된 것은 모두 한참 뒤에 로마시대의 것을 필사한 것으로 보이는 두 권뿐이다. 이 두 권 모두 9세기경, 카롤링 왕조 시대의 필사본으로 풀다의 수도원에서 만들어졌다. 현재 한 권은 1929년 New York Academy of Medicine에서 구매하여 지금까지 소장하고 있으며, 이것을 필사본 'E'라고 부른다. 그리고 바티칸에서 소장하고 있는 다른 한 권을 필사본 'V'라고 부른다. 이 밖에도 후대의 필사본들이 여럿 존재하지만 학계에서는 모두 필사본 V를 그대로 베껴 쓴 것으로 보고 있다. 이들 후대의 필사본들 중에 중요한 판본이 있는데, 그것은 파리의 루브르에 소장되어 있는 이른바 필사본 'A'로, 이 책에는 〈비니다리우스의 아피키우스 발췌본〉이라는 부록이 덧붙어 있다. 비니다리우스의 발췌본은 아피키우스의 원본과 양식을 같이 하고 있으며, 아피키우스 요리책의 내용에 대한 짤막한 정리에 가깝다. 그 이후의 판본들은 필사본이 아닌

인쇄본으로 16세기에 이르러 제작되기 시작하였다. 수많은 후속 제작물들 중에 최초의 학문적인 판본으로 평가 받는 Gabriel Humlberg의 판본은 1542년 취리히에서 출판되었으며, 지금까지도 끊임없이 연구되고 수정되며 활발히 새로운 번역본들이 출판되고 있다. 오늘날까지 전해 내려오는 이 고대 로마의 요리책이 언제 어떻게 쓰였는지, 누가 제목을 붙였는지, 아피키우스라고 부르는 인물은 대체 누구인지, 그리고 그는 이 책과 어떤 관계가 있는지에 대한 문제는 아직까지 연구가 진행 중이다.

아피키우스는 누구인가

현재까지 〈데 레 코퀴나리아〉의 저자로 알려진 마르쿠스 가비우스 아피키우스의 생애에 대해 남아 있는 기록은 거의 없다. 여러 고대의 저술가들이 자신의 작품 속 여기저기에 흩뿌려 놓은 퍼즐 조각처럼 단편적인 내용만을 남겨 놓았을 뿐이다. 아마도 제정 로마 초기의 철학자였던 세네카(?~65년)의 기록이 없었더라면, 우리는 로마시대의 사치스러운 부유층의 대명사가 되어버린 아피키우스가 절제와 신중함을 추구하는 모든 철학자들의 공격 대상이었다는 정도의 지극히 짧은 정보만을 갖고 있었을지도 모른다. 이들 철학자 중 한 사람이었던 세네카가 추방당하였을 때 어머니에게 쓴 〈헬비아에게 보내는 위로문〉에 아피키우스의 짧은 일화가 실려 있는데, 이를 통하여 유일하게 그의 죽음이 어떠하였는지 알 수 있다. 아피키우스는 젊은이들이 철학에 전념하고 있을 때 요리 연구에만 전념하다가 결국 스스로 목숨을 끊어 생을 마감하였다고 전한다. 그는 요리에 무려 1억 세스테르티우스라는 엄청난 비용을 소비하였고, 황제들에게 많은 선물을 하였으며 한 번의 잔치에 상상할 수 없는 많은 돈을 들이다가 결국 심각한 재정적인 문제에 부딪히게 되었으며, 자신에게 단지 1천만 세스테르티우스[213]의 돈이 남았다는 사실을 알고, 그 돈으로는 극도의 기아 속에

---

213   당시 제빵사의 급여는 50일에 7.12 데나리우스였고, 산수교사의 급여는 50일에 한 학생당 7.67 데나리우스였다. 또, 백인대장은 하루에 30 세스테르티우스, 갈리아 총독은 일년에 300,000 세스테르티우스를 받

서 남은 인생을 보낼 수밖에 없다고 생각하여, 독으로 생을 마감하였다고 한다.

세네카는 자신의 다른 저서 〈서한집〉에서 이보다 조금 더 구체적이고 신빙성이 있어 보이는 다른 일화도 전하고 있다. 티베리우스(기원후 14~37년 재위)의 통치기간에 커다란 경매가 열렸는데, 그 경매에서 낙찰받은 촉수과 생선이 티베리우스 황제에게 들어왔다고 한다. 사람들이 말하기를 그 무게가 4.5 폰두스였다고 한다. 황제는 선물로 받은 이 생선을 시장에 내다 팔도록 하였는데, 그 이유는 아피키우스가 아니라 P. 옥타비아누스가 구매한 생선이었기 때문이었다고 한다.

또 다른 기록으로는 플리니우스의 박물지가 있다. 플리니우스는 아피키우스를 이미 태어나는 그 순간부터 상상할 수 있는 모든 종류의 방탕한 생활에 대한 능력을 타고난 사람이며, 이 세상 최고의 낭비자이자 방탕자라고 표현하고 있다. 그 밖에도 그는 아피키우스의 부단한 음식 연구와 사랑을 보여주는 일화로 '무화과로 살찌운 돼지'를 소개하고 있다.

아피키우스의 식료품에 대한 열정을 묘사한 또 다른 일화가 아테나이오스의 〈현자들의 잔치〉에 실려있다: "아피키우스는 티레니아 해의 해변가에 있는 민투르나이에서 살았다. 최고의 품질을 자랑하는 게의 산지로 잘 알려진 도시다. 이 게가 아프리카에서는 조금 더 크고 좋다는 이야기를 듣고는 한치의 망설임도 없이 그는 배를 타고 그곳으로 갔다. 여행 중에 매우 고되고 힘들었다. 오로지 게에 정신이 팔린 '슈퍼리치'가 도착하였다는 소식이 퍼졌다. 아직 그의 배가 정박하기도 전에 토박이 어부들이 타고온 작은 배가 그의 배를 둘러싸고는 자신들이 가져온 게를 팔기 위해 보여주었다. 아피키우스는 게를 보고 혹시 좀 더 크거나 좀 더 좋은 품질의 게는 없는지 물었다. 그러자 한 사람이 그에게 여기에 보여준 상품이 이곳에서 나는 것들 중 가장 크고 가장 좋은 것이라고 말하자, 아피키우스는 땅을 밟아 볼 틈도 없이 곧바로 돌아가자고 명령하였다."

았다. 1 데나리우스는 4 세스테르티우스와 같다.

이렇듯 전해지는 아피키우스의 기록은 애석하게도 대부분 그의 성격이나 생활 성향을 단편적으로 알 수 있는 내용이 대부분이고 동시대인 세네카도 그가 활동하던 시기가 티베리우스 황제의 통치시절이라는 정도만 언급할 뿐이기 때문에 그의 정확한 나이와 출생 그리고 그의 삶 전반이 어떠하였는지 알 수 없다. 플리니우스 (23/24~79년)도 세네카와 함께 아피키우스와 같은 시대를 살았지만 정확한 시기에 대해서는 언급하지 않는다. 또 다른 기록으로는 타키투스의 〈연대기〉가 있는데, 티베리우스 황제의 근위대장이었던 아일리우스 세이아누스가 아직 젊었을 때 부유한 '방탕자' 아피키우스가 부도덕한 일을 위해 그를 샀다는 소문을 전하고 있다. 아일리우스 세이아누스는 기원전 20년경에 태어났다. 만약 이 이야기가 사실이라면 당시 아피키우스는 성인이었을 것이 분명하므로 적어도 기원전 25년경이나 그보다 더 이전에 태어났을 것으로 추측해 볼 수 있다. 그 밖의 다른 기록을 통해서도 아피키우스가 살았던 시대를 짐작해 볼 수는 있지만 이전의 기록들과 비교해 볼 때, 그것을 확실하게 뒷받침할 만한 근거를 찾을 수 없다. 게다가 그의 이름도 마찬가지로, 로마 시대의 정치가이자 역사가인 카시우스 디오가 그를 '마르쿠스 가비우스 아피키우스'라고 부르기 전까지, 그는 그저 '아피키우스'였다. 플리니우스가 'M. 아피키우스'라고 표기한 것을 제외하면 아무도 그의 전체 이름을 언급하지 않았기 때문이다. 지금까지 소개한 내용을 종합해 보자면, 티베리우스 시대를 살았던 아피키우스의 전체 이름은 마르쿠스 가비우스 아피키우스로, 그는 미식에 몰두하였으며, 방탕한 생활을 하다가 자신의 처지를 비관하고 음독자살로 생을 마감한 역사적 인물로, 로마의 부유한 계층의 대명사가 되었다는 내용이 지금까지 우리에게 알려진 사실이다.

이 책의 구성과 내용

이 책의 완전한 제목은 전해지지 않는다. 필사본 V에만 부분적으로 남아있는데, 그 문장에 대한 설명은 이 책이 시작되는 첫머리에 간단하게 적어 두었다. 부분적으로 남아있는 제목이 맞다면 이 책은 아침이나 점심식사를 위한 것이 아니라 오로지 저녁식사를 위한 요리책이다. 이는 로마인들의 식문화 연구를 위한 방향을 잡는 데 매우 유용한 정보이다. 일반적으로 제정 로마 시대의 로마인들은 아침에는 납작한 빵을 먹었다. 부유한 가정이라면 여기에 소금, 꿀, 달걀, 치즈를 곁들여 먹거나, 조금 더 여유가 있는 가정이라면 동물의 젖, 과일, 모레툼[214]을 식탁에 내기도 하였다. 점심메뉴도 간단한 편이었으며, 햄, 달걀, 빵, 올리브, 견과류, 무화과, 대추야자 같은 차갑게 먹는 것들이었으나 아침식사 보다는 영양적으로 풍부한 메뉴가 식탁에 올라 왔다. 하지만 이는 단지 부유한 계층의 평범한 식사였고, 일반 시민들은 훨씬 더 간 단하게 끼니를 때웠다. 세네카가 전하는 이야기에 따르면 점심식사는 대부분 간이식 당에서 서서 먹었는데, 손을 씻지 않아도 되었다고 한다. 앞서 기술한 바와 같이 로 마인들의 점심과 저녁식사가 간단하였던 이유는, 이들이 하루의 세끼 중에 저녁식사 에 커다란 의미를 부여하였기 때문이다. 그렇기 때문에 이들의 저녁식사 식단을 눈 여겨볼 필요가 있다. 아피키우스의 〈데 레 코퀴나리아〉는 모두 10권으로 구성되어 있으며 465가지의 요리법이 실려있다. 표제어는 판본에 따라 모두 그리스어이거나 그리스어와 라틴어를 함께 써 놓았다(옮긴이의 학문의 깊이가 얕아 그리스어의 뜻은 다른 연구서들에서 가져왔다. 괄호 안의 숫자는 조리법의 수이다):

　　1권: epimeles - 검소한 살림꾼(40)

　　2권: sarcoptes - 잘게 다진 것(24)

　　3권: cepuros - 채소 재배자(57)

　　4권: Pnadecter - 여러 가지(54)

　　5권: Ospereos - 콩과 식물(31)

　　6권: Tropetes / Aeropetes - 가금류와 날짐승(41)

　　7권: Polyteles / voluntaria volatilia - 미식가를 위한 호화롭고 현란한 요리(77)

---

214   이 책 본문 1,35 참조.

8권: Tetraptes / quadripedia- 네발짐승(70)

9권: Thalassa / mare- 바다(36)

10권: Halieus / piscatura- 고기잡이(35)

여기서 우리는 '저자의 문제'도 함께 생각해볼 만한 흥미로운 사실을 몇 가지 발견하게 된다. 첫째, 책의 제목에 사용된 언어가 일치하지 않는다. 지금까지 남아 있는 여러 판본들을 살펴보면 통일된 모습을 볼 수 없다. 그리스어와 라틴어를 부분적으로 섞어 사용하고 있기도 하고 또 어떤 곳에서는 그리스어만을 사용하고 있다. 이러한 이유를 들어 연구자들은 이 책의 원저자나 편집자가 그리스 출신이라 주장하기도 하지만 그 부분에 대해서 동의할 수 없는 증거들을 이 책 본문 안에서 찾아볼 수 있다. 이 책의 내용상 동의할 수 없는 부분이 너무나 많다. 그 한 예로 본문의 2, 2, 8에서 "로마인들이…"라는 표현을 사용한 것만 보면 저자가 그리스 출신이라는 견해에 동의할 수도 있겠지만, 그와 반대로 1, 14에서는 "그리스인들이…"라는 표현도 사용하고 있는 것으로 보아, 그리스의 저술과 또 다른 로마의 저술을 참고하여 저술한 것이 아닐까 생각해 볼 수도 있다. 둘째, 각 권의 맨 앞에 작은 목차가 정리되어 있는데, 이들 목차 또한 부분적으로는 본문의 내용과 정확하게 일치하지 않는다. 예를 들면, 3권 〈채소 재배자〉 20장에서는 가시굴을 다루고 있고, 6권 〈가금류와 날짐승〉 5장의 제목은 '공작'이라고 되어 있지만 본문에서는 '모든 날짐승에 어울리는 소스'에 대해 소개하고 있다. 빈약한 자료로 쉽게 결론을 내릴 수는 없지만 필사 과정에서 오류가 있었을 가능성을 생각해 볼 수 있다. 셋째, 문체, 표현양식, 어휘 사용에 통일성이 없다. 스페인과 히스파니아, 라저와 실피움을 모두 사용하고 있다. 알파벳 'y'와 i의 사용도 제각각이다. 이 밖에도 같은 내용을 표현할 때 권에 따라 교양어와 속어가 마구 뒤섞여 있다.[215] 넷째, 이 책이 요리 실용서라는 전제 아래 생각해 볼 수 있는 부분이다. 요리에서 가장 중요한 부분 중 하나가 바로 '계량'이다.

---

215 이와 관련 있는 아피키우스의 연구는 브란트(1927)의 훌륭한 논문을 참고하기 바란다.

내용물을 어떠한 조합으로 구성하였는지에 따라 그 맛은 확연하게 달라지기 때문이다. 하지만 아쉽게도 아피키우스는 재료의 정확한 양을 알려주는 데에 매우 인색하다. 물론 중간 중간 제시되어 있는 항목도 있지만 필요한 내용에 크게 미치지 못한다. 아마도 이것은 고대요리가 오늘날처럼 체계적으로 발전하지 못했기 때문이거나, 요리의 능력이란 요리사의 입맛(우리가 손맛이라고 일컫는)에 따라 결정된다는 생각을 갖고 있었기 때문인지도 모른다. 또 다른 가능성으로는, 이 책의 저자는 직업 요리사가 아니기 때문에 정확한 계량의 필요성을 고민해 본 적이 없었을지도 모른다. 그렇기 때문에 아피키우스의 요리법이 수세기에 걸쳐 다음 세대로 전해지면서 비교 발전하기에는 무리가 있었을 것으로 보인다.

원본의 마지막에 부록으로 실려있는, 비니다리우스가 정리한 아피키우스의 발췌본에는 모두 31개의 조리법이 소개되어 있다. 이들은 당시 사용하던 향신료의 목록도 정리하고 있는데, 사용하고 있는 어휘나 목록의 재료들로 미루어 보아 최근 연구에서는 5세기경에 제작된 발췌본이라는 의견에 힘이 실리고 있다. 이 발췌본을 살펴보면 오늘날까지 전해지고 있는 아피키우스 원문과 어떠한 면에서는 직접적으로 일치하지 않는다. 비니다리우스의 발췌본은 원문에서는 찾아 볼 수 없는 언어적, 양식적 통일성을 보여준다. 조리법의 경우도 준비과정의 형태가 간단하면서도 완성된 모습을 하고 있으며, 아피키우스의 책보다 훨씬 더 발전된 형태로 구성되어 있다. 또 다른 흥미로운 점은 아피키우스의 원본과는 다르게, 읽는 이들이 앞뒤 문맥에 맞지 않는 추가적인 내용이 나올까 긴장하지 않고 순서대로 하나하나 읽어나가면서 그대로 준비하여 요리를 할 수 있다는 사실이다. 주된 재료도 비교적 명확하게 정리되어 있으며, 목차의 순서도 본문에 비해 비교적 체계적이다. 처음에는 냄비요리로 시작하여 구이, 생선, 새끼돼지, 어린 양과 염소, 그리고 마지막으로 가금류로 끝을 맺는다. 이는 아피키우스의 정리법에 따른 것이 아니라 오히려 오늘날의 요리책에 훨씬 더 가까운 구성이다.

위에서 언급한 바와 같이 10권으로 된 〈데 레 코퀴나리아〉는 "아피키우스가 저녁 만찬을 시작한다"로 책의 첫 장을 연다.

1권은 일상에 도움이 되는 잡다한 것들을 소개하고 있다. 다른 무엇을 첨가해서 만드는 와인이나, 리부르니아 올리브기름을 대신할 수 있는 조금 더 저렴한 기름을 만드는 방법, 더 이상 못 먹을 정도로 품질이 낮거나 나빠진 재료의 상태를 좋게 만드는 비법 그리고 식재료 보존법을 소개한다. 뿐만 아니라(사실 오늘날의 시각으로 본다면 민간요법에 가까운) 의학적 처리방법도 소개하고 있다.

2권은 육식에 대한 내용으로 채워져 있다. 오늘날의 크로켓이나 굴라쉬, 프리카세, 심지어 소시지 같은 요리의 '조상'으로 보이는 음식을 조리하는 방법이다. 이것과 더불어 견과류를 섞은 포리지 같은 서양식 죽이나 캐서롤 따위도 소개한다.

3권은 채소에 대한 내용이다. 특히 로마인들이 뜰이나 텃밭에서 손수 길러 먹던 채소에는 어떤 것들이 있는지 알 수 있는 좋은 자료다. 아스파라거스, 호박, 오이, 아욱, 리크, 근대, 무, 당근, 아티초크, 녹색 잎 채소 같은 것들의 역사가 아주 오래되었다는 사실이 흥미롭다. 그리고 버섯의 소비가 많았다는 사실도 알 수 있다.

4권은 여러 가지 요리를 소개한다. 테린이나 파테와 비슷한 방법의 요리, 생선이나 고기를 이용한 완자, 라구와 콤포트는 물론, 재료에 따라 여러 가지로 변형할 수 있는 오믈렛 같은 전채요리도 소개하고 있다.

5권은 콩과 식물을 이용한 요리들이다. 고대의 서민들에게 중요한 영양공급원이었던 콩류로 음식을 만드는 방법이다. 완두콩과 렌틸콩을 이용한 조리법이 많다. 퓨레처럼 걸쭉하게 만들어 먹거나 육류에 곁들여 먹는 방법이 대부분이다.

6권은 가금류를 비롯한 날짐승에 관한 내용으로, 오늘날보다 상대적으로 많은 종류의 가금류를 섭취하였다는 사실을 알 수 있다. 비둘기, 오리, 거위, 자고새, 꿩은 물론이고 심지어 타조와 두루미, 지빠귀류, 공작과 플라밍고나 노래하는 작은 새들과 앵무새까지도 먹었다.

7권은 다른 권들과 다르게 미식가를 위한 특별 요리로 구성되어 있다. 암돼지 애기보라든가 염지한 고기나 허파 그리고 달콤한 디저트 같은 것들이다. 우리가 오늘날 일상에서 쉽게 접할 수 있는, 프렌치 토스트라고 부르는 달걀을 입힌 빵 요리도 이 책에서 소개하고 있다. 또, 이와는 전혀 다른, 세계의 진미에 속하는 송로버섯을 이용한 요리나 달팽이 먹는 법 같은 것들도 흥미롭다.

8권은 네발짐승에 대해 따로 다시 소개하고 있다. 물론 이전에 이미 많은 동물성 조리법을 소개하였지만 다른 종류의 조리법을 나아가 덧붙이는 권이라고 이야기할 수 있다. 여기서는 멧돼지나 사슴 같은 사냥한 들짐승들을 처리하는 과정이나 가축들을 조리하는 법도 알려주고 있다. 특히 돼지나 어린 돼지의 속을 채워 만드는 갖가지 방법과 함께 소스를 만드는 법에 집중한다.

9권은 해산물에 대한 내용이다. 닭새우나 가오리 같은 것들을 재우는 방법이나, 오징어나 문어 같은 두족류 조리법을 비롯하여 조개류, 성게 등 푸른 생선 같은 것들을 조리하는 법들을 소개한다. 특이 이 권에서 눈여겨볼 만한 것은 '가짜' 생선 요리이다.

마지막으로 10권은 생선에 대한 책이다. 10권은 다른 권에 비해 내용이 짧다. 옮긴이가 원전으로 사용한 Milham본은 장어에서 그 내용을 끝맺고 있지만 다른 본에서 가져온 대서양전갱이를 이용한 요리법 12가지를 덧붙였다. 이 책을 통해 알 수 있는 고대 로마인들이 즐겨 사용하던 기본적인 조리방법은 갖은 양념에 재우기와 물이나 기름에 끓이거나 지져 먹는 것과 구워 먹는 것이라는 사실을 알 수 있다.

아피키우스의 재료와 양념
고대 로마의 5대 양념: 가룸, 소금, 식초, 기름, 꿀

가룸

고대 로마인들이 중요하게 생각하였던 양념은 다섯 가지로 정리할 수 있는데,

한 가지만 제외하고는 오늘날에도 어렵지 않게 구할 수 있는 것으로, 가룸, 소금, 식초, 기름, 꿀이다. 이들 중 오늘날 우리에게 익숙하지 않은 것은 바로 가룸인데, 아피키우스의 책에서 리쿠아멘이라고 부르고 있다. 이 가룸은 로마의 요리에서 매우 중요한 부분을 차지하고 있다. 생선을 발효시켜 만드는 가룸garum은 그리스어garon에서 유래하였다. 이것은 원래 고대 그리스에서 기원전 5세기경부터 육수를 만들 때 사용하던 생선을 부르던 말이었으나 나중에는 그 생선으로 만든 것을 뜻하게 되었다. 로마에서는 대략 기원전 2세기경부터 사용하였던 흔적을 찾을 수 있다. 플리니우스에 따르면 생선의 내장이나, 일반적으로는 먹지 않고 버리는 생선의 다른 부분을 소금에 절여 만들기 때문에 가룸은 품질이 나쁠 수밖에 없었다고 기록하고 있다. 이에 반해 다른 많은 저술가들은 통상적으로 온전하게 통으로 사용하거나 토막을 쳐서 사용한다고 기록하고 있다. 처음 로마에 들어왔을 때에는 생산방식과 냄새에서 오는 거부감 때문이었는지 가룸에 대한 인식이 그리 좋지 않았으나 시간이 지남에 따라 소금으로 낼 수 없는 특유의 감칠맛에 빠지기 시작한 로마인들이 소규모에서 점점 대량으로 생산할 수 있는 시설을 갖추게 되면서, 가룸의 품질도 여러 등급으로 나뉘게 된다. 가룸은 생선 살코기만 사용하였는지, 아니면 내장과 뼈가 들어갔는지 아니면 생선의 품질이 좋은지 나쁜지에 따라 그 값도 차이가 났다. 가장 좋은 품질의 가룸은 고등어로 것이었다. 그중에서도 이베리아 반도에서 생산한 것을 최상품으로 여겼다. 그 다음 좋은 품질로 여겼던 것은 오늘날 리비아에 속하는 북아프리카의 렙티스 마그나에서 생산한 것이었다. 그 외에도 소아시아에 있었던, 오늘날의 터키에 속하는 이오니아 지역의 클라조메나이의 가룸공방도 유명하였다. 가룸은 주로 돌리움이라 불리는 매우 튼튼하고 커다란, 배가 둥글고 불룩하게 나온 도기에 보관하였다. 큰 것은 성인 남성의 키만큼 높은 것들도 있는데, 주로 이것을 묻어두는 방을 따로 만들어 보관하였다. 가룸을 만드는 법에 대한 비교적 상세한 기록이 〈게오포니카〉에 실려있다: 색줄멸, 작은 촉수과 생선, 대서양전갱이, 연어, 장어, 엘리스 셰이드, 정어리 같은 살이 오른 생선을 준비한 다음 생선에 양념용 말린 향신료허브와

작은 식당 안에 돌리움이라 부르는 커다란 독을 고정시켜 놓은 모습
돌리움에는 주로 와인이나 가룸을 저장함. 헤르쿨라네움

소금을 섞어 두는데, 역청을 바른 튼튼한 단지에, 경작하였거나 자연산인 딜, 회향,
러비지, 민트, 오레가노, 운향, 셀러리, 타임 따위를 잘게 다져 넣고 그 위에 작게 토
막 친 생선을 채우고 세 번째나 네 번째 손가락 두께만큼 소금을 채워 덮는다. 항아
리의 뚜껑을 닫고 1주일 동안 발효되도록 놔두었다가, 20일 동안 매일 항아리 아래
쪽까지 꼼꼼하게 저어 골고루 섞어준다. 3주가 지나면 건더기를 걸러내고 즙만 따로
병에 담아 사용하든가 운송용 용기에 담는다. 고대 로마의 요리책에서 비법처럼 사
용하는 이 가룸은 우리의 어간장과 매우 비슷하다. 약간의 차이점이라면 허브나 그
외의 향신료를 넣는다는 점과, 주로 소금 대신 소금물을 사용한다는 점이며 특히 가
장 큰 차이점이라고 할 수 있는 것은 바로 발효장소일 것이다. 가룸은 땡볕에서 발
효시킨 다음 서늘한 곳에 보관한다. 또, 가룸은 이 책 본문에서 종종 볼 수 있는 것
처럼 다른 것과 섞어서 사용하기도 한다. 물을 섞으면 휘드로가룸, 와인을 섞으면 오
이노가룸, 식초를 섞으면 옥쉬가룸이라고 불렀다. 가룸은 이렇게 다양하게 애용되었

지만, '썩은 생선'으로 오해받을 수 있는 생산방식과 재료의 특성 때문에 모순적인 의견들이 생겨났다. 앞서 이야기한 바와 같이 플리니우스는 생선의 보잘것없는 부분으로 만든다고 설명하면서도 명백하게 사치품으로 규정하고 있다. 심지어 가룸의 가격은 값비싼 향수의 가격과 맞먹었다. 이보다 훨씬 나중이기는 하지만 6세기 초반에 활동한 그리스 출신의 의사 안티우스는 가룸을 양념이라고 할 수 없다고 주장하였으며, 심지어 요리에 가룸을 매일 사용하는 것을 금지하기까지 했다. 이렇게 여러 문헌을 통하여 비교적 자세히 알 수 있는 가룸은 사실상 특정 계층만이 누릴 수 있는 양념이었다.

소금

아피키우스의 책에서는 소금보다 가룸을 압도적으로 많이 사용하고 있다. 그러나 일반적인 상식으로 보자면 식료품을 준비하는 과정 어디에서나 필요했던 것이 바로 소금이었다. 카토의 기록에 따르면 1인당 소금 소비량이 1년 동안 1모디우스(약 8.754리터)였다. 다시 말해서 로마인들은 18.5그램의 소금을 매일 섭취하였다는 계산이 나온다. 오늘날 세계보건기구(WHO)에서 정한 1일 소금 권장량인 5그램에 비하면, 어마어마한 양으로, 모두 직접적으로 섭취하지는 않았던 것으로 보인다. 아마도 보존기술이 발달하지 않은 고대에는 염장을 하는 경우가 빈번하였기 때문에 소비가 오늘날보다 두드러지게 높았던 것으로 보인다. 또, 소금은 로마 병사의 월급이었다. 화폐 대용으로 사용할 만큼 공급이 원활하였고, 매우 중요한 필수품이었다. 소금은 주로 바다소금이었다. 가룸과 달리 소금은 이탈리아 반도 안에서 전량 생산 가능했기 때문에 공급에 어려움이 없었다. 리비우스에 따르면 전설 속의 왕 앙쿠스 마르티우스가 티베르 강(오늘날 테베레 강) 하구에 있던 오스티아 근교에 염전을 건설하였다고 한다. 오스티아는 염전에서 생산된 소금의 교역이 활발했던 항구 도시였다. 이곳에서 나는 소금만으로도 로마 시민들은 부족함 없이 사용할 수 있었다. 그러나 예외적으로 특정 소금만을 수입하였는데, 암염 같은 것은 카파도키아와 스페인에서 수입하였다. 또, 소금의 이름에 '암몬-' 같은 단어가 붙어있다면 이것은 소금화석으로 이집트 나일강 서쪽, 카타라 저지 주변의 오아시스에서 생산된 소금을 의미한다. 이곳에는 짠물 호수가 여기저기 흩어져 있는데, 그중 유명한 곳이 바로 시와(Siwa) 오아시스다. 로마인들은 이곳을 암몬-오아시스라 불렀다. '암몬-소금'은 의술에 사용된 소금으로 요리에 사용한 예는 아피키우스가 유일하다. '살 포풀라리스'나 '살 니게르'라고 불리는 회색빛이 도는 바다소금이 있다. 이것은 서민들이 사용한 일반적인 소금으로 소비자가 직접 며칠에 걸쳐 불순물을 제거한 다음 사용해야만 했다. 이렇게 추출된 소금이 바로 '살 칸디두스'라고 불리는 뽀얀 색을 띤 정제소금이다. 그러나 이렇게 풍부한 소금도 가난한 사람들에게는 귀한 식료품이었다. 이들은 소금 대신 소금을 거르고 난 찌꺼기나 보존식품으로 만들기 위해 방부처리를 하고 남은 소금물을 재활용하였다.

기름

기름은 통상적으로 거의 모든 조리에 필요하다. 이 책에 나오는 거의 모든 요리에도 기름이 사용되고 있다. 이탈리아 반도에 정착한 사람들은 올리브나무가 들어오기 전부터 분명 기름을 사용하였다. 특히 동물성 지방을 섭취하였을 것으로 추정되지만 어떤 종류의 기름을 사용하였는지 아직까지 정확하게 밝혀지지 않았다. 이탈리아 반도 부근의 지중해가 원산지인 올리브 나무는 기원전 1000년경에 그리스로부터 들어왔다. 그리고 기원전 50년경부터 이탈리아는 다른 속주로 올리브기름을 수출하기 시작하였으며 이 기름은 로마인들에게 매우 중요한 일상의 양념이 되었다. 지중해 지역의 음식이 오늘날 건강식으로 인식되는 데에는 바로 이 올리브기름이 커다란 부분을 차지한다. 오늘날 우리에게 익숙한 다른 기름으로는 버터가 있다. 그러나 로마인들이나 그리스인들이 버터를 알고 있었을지는 모르지만 요리에 사용하였다는 기록은 없고, 의술에 사용하였다는 기록만이 남아 있다. 로마인들에게 부엌에서 사용하는 기름이라는 것은 별다른 설명이 없으면 올리브기름을 의미한다. 아피키우스의 조리법에 등장하는 모든 '기름'은 올리브기름이다. 물론 참깨, 아몬드, 호두, 도금양을 비롯하여 서양고추냉이와 같은 다른 허브와 향신료에서 추출한 기름이 존재하였지만 로마인들은 이것들을 주로 미용과 치료의 목적으로 사용하였다. 고대 로마의 올리브기름은 크게 세 등급으로 나뉜다. 처음에 짠 기름이 1등급, 두 번째는 2등급, 세 번째는 3등급이다. 〈디오클레티아누스의 최고 가격제〉에 따르면 1등급 기름의 가격은 1섹스타리우스에 40데나리우스, 2등급은 24데나리우스였다. [216]

많은 식료품을 수입해서 사용하던 로마인들이지만 유독 기름은 이탈리아 내에서 생산된 것을 선호하였다. 아풀리아, 캄파냐, 사비나, 그 밖의 여러 곳에서 생산하였는데, 그중에서도 삼니움 지역의 베나프룸(오늘날 베나프로)산(産)을 최고로 여겼으며 그 생산량도 많았으나, 수요가 점점 늘어남에 따라 스페인이나 아프리카의 대형 올리브 농장을 비롯하여 이스트리아 반도에서 수입하기도 하였다. 여기서 우리는 아피키우스가 추천하는 리부르니아 식 기름을 떠올려 볼 수 있다. 이것은 이스트리아 반도 남쪽에 위치한 리부르니아에서 생산한 기름의 대체식품으로 비싼 운송비 문제를 쉽게 해결할 수 있는 스페인산(産) 기름을 이용하여 최대한 원산지의 맛을 누리고자 한 일종의 '비법'이다.

이들 올리브기름은 오늘날과 다르게 보존기간이 매우 짧았다. 기름을 짠 날로부터 한 달이 지나면 벌써 좋지 않은 냄새가 나기 시작하기 때문에, 빨리 소비를 하는 것이 바람직했다. 그러한 이유로 매우 부유하거나 열심히 부엌일을 하는 가정이 아니면 사용하기가 쉽지 않았다. 로마의 부엌에서 사용된 다른 기름으로 동물성 기름이 있는데, 바로 돼지기름이다. 돼지기름은 올리브기름처럼 로마인들의 사랑을 듬뿍 받지는 못했으나, 올리브기름이 생산되지 않는 시기에 유용하게 쓰였으며, 올리브기

---

216 등급에 따른 올리브기름의 종류는 이 책 1, 28의 각주 참조.

름이 생산되지 않는 추운 지역이나, 올리브기름이 생소한 것으로 여겨지는 지역에서 사용하였다는 기록이 있다. 돼지기름은 보존처리를 한 것과 신선한 것 두 가지 모두 사용되기도 하였다.

식초

플리니우니우스는 식초를 이렇게 설명한다: 그렇게 비싸지도 않으면서 여러 방면으로 유용하게 사용할 수 있기 때문에 그 공이 크며, 이러한 식초가 없다면 쾌적한 삶이 어려울 것이다. 식초는 와인식초가 주를 이루었다. 왜냐하면 포도는 로마의 어느 지역에서든 쉽게 볼 수 있는 작물이었고 또 와인을 제조하는 과정이 아직 발달하지 못하여 제대로 된 와인이 되지 못하고 식초가 되어 버리는 경우가 있었기 때문이다. 제정로마 시대에는 식초를 수입하기도 했는데, 최고로 여긴 식초는 아이러니하게도 포도밭과 별로 상관없는 알렉산드리아의 나일 강 삼각주에서 생산하였다. 게다가 이곳의 식초는 사실상 중간급 정도의 품질이었다고 한다. 오랜 시간 로마의 부엌에서 꾸준하게 사용된 식초는 보편적인 조미료로서 그들에게는 매우 익숙한 것이었다. 심지어 로마 초기에는 샐러드나 채소에 기름을 뿌리지 않고 오로지 식초만 뿌려서 먹었다. 아피키우스의 책만 보더라도 거의 모든 소스에 식초를 사용하고 있으며, 특히 채소가 들어간 음식에는 반드시 식초를 뿌리고 있다. 하지만 시간이 지남에 따라 단순히 식초를 뿌려 요리하는 것만으로는 충분하지 않았다. 따라서 사람들은 가끔 식초에 다른 재료를 섞어 특별한 식초로 가공하여 사용하였다. 후추를 넣어 만들면 아케툼 피페라툼, 가룸과 허브를 섞으면 옥쉬가룸, 꿀과 물과 소금을 섞어 끓이면 옥쉬멜리라고 불렀다. 이렇게 주를 이루는 것은 와인식초였지만 그 밖에도 무화과, 서양배, 복숭아로 식초를 만들기도 하였다. 또한 식초는 음식의 맛을 내는 데 중요한 조미료의 역할을 하였을 뿐만 아니라 생선이나 해산물, 육류를 상하지 않도록 보존하는 데 필요하기도 하였으며, 부엌의 위생을 책임지는 중요한 역할을 하였다.

꿀

고대 로마의 감미료는 꿀이 유일하였다. 아피키우스가 활동하던 시대의 로마인들은 아직 설탕에 대해 알지 못했다. 설탕은 7세기경 팔레스타인 지역에서 사용하기 시작하여 8/9세기경 그리스로 전해졌고, 주로 치료의 목적으로 사용되었다. 꿀은 지중해 지역 어디에서든 구할 수 있는 재료였지만 수요가 많아지자 다른 식료품들과 마찬가지로 수입되기도 하였다. 로마에 대해 납세 의무가 있었던 코르시카 사람들은 이미 기원전 2세기경에 65톤에 이르는 어마어마한 양의 밀랍을 세금으로 납부하였다는 기록이 있다. 이것만 봐도 당시 로마에서 꿀 소비가 대규모로 이루어지고 있었다는 사실을 알 수 있다. 꿀도 품질의 차이에 따라 등급이 있었는데, 꿀의 등급은 꿀을 채취한 꽃에 따라 달라진다. 꿀은 그대로 섭취하거나 요리에 사용할 뿐만 아니라 보존제로도 매우 중요하였다는 사실을 이 책의 본문을 통해서도 알 수 있다. 말려서 보관하는 방법을 뺀 가장 보편적인 보존처리 방법은 꿀에 재우는 것이었다. 하지만 이렇게 유용한 꿀마저도 일반시민들이 사용하기에는 값이 매우 비쌌다. 〈디오클레티아누스의 최고 가격제〉에 따르면 최상품 꿀 1섹스타리우스(약 0.55리터)에 40데나리우스, 그 다음 등급의 꿀이 24데나리우스였다. 최상품 리쿠아멘이 1섹스타리우스에 16데나리우스, 식초는 6데나리우스였으니 꿀도 모든 계층이 사용할 수 있는 감미료는 아니었다. 특정 계층만이 사용할 수 있었던 값진 꿀이었지만, 당시 엄청난 양의 꿀을 수입하고 있었고, 또 그 공급이 수요를 감당할 수 없었다. 꿀 대신 당분을 보충할 수 있는 대체품으로는 아피키우스가 거의 매번 사용하고 있는 데프리툼이나 카로이눔 사파 같은 머스트시럽이나 대추야자시럽을 들 수 있다. 그와 더불어 건포도로 담근 파숨이나 단맛이 나는 와인과 포도, 무화과, 자두, 대추야자 같은 과일을 말려 꿀 대신 사용하였다. 하지만 이러한 과일들도 대부분 수입할 수밖에 없었다.

곡물

고대 로마에서 소비하던 곡류는 근동지역을 비롯한 아나톨리아 지역에 정착하여 경작을 시작한 인류와 밀접한 관계를 맺고 있다. 이탈리아 반도에서 경작을 하기 시작한 첫 곡물은 보리였다. 밀과 보리가 거의 같은 시기에 들어온 것으로 추측되지만 밀보다 저항력이 뛰어난 보리가 조금 더 이른 시기에 수확되었기 때문에 보리의 경작이 더 일찍 있었던 것이라는 의견이 일반적이다. 로마와 마찬가지로 그리스에서도 보리와 밀을 주식으로 삼았으나 환경에 영향을 덜 받는 보리가 밀보다 먼저 빵으로 만들어지게 될 수 있었던 것으로 보인다. 그러나 보리는 껍질이 종자에 붙어 잘 떨어지지 않기 때문에 가루를 내거나 빻기 위해서는 그 전에 반드시 볶아야만 했다. 이러한 단점 때문에 시기적으로 로마인들이 먼저 경작하기 시작한 보리였지만 얼마 되지 않아 그 자리를 밀에게 내어주게 된다. 그러나 개인적인 생각으로는 이러한 곡물의 특성보다는 특정한 맛에 집착했던 로마인들의 입맛에 보리가 맞지 않았기 때문이 아닐까 한다. 상벌이 엄격하였던 로마의 군단에서는 밀 대신 보리를 주는 형벌을 내리기도 하였다는 기록만 보더라도 보리에 대한 로마인들의 인식을 잘 알 수 있다. 그러나 날씨의 영향을 받지 않고 언제나 작황이 좋았던 보리는 1세기경에는 이미 그 경작지가 밀에 비해 매우 넓어진 상태였다. 로마인들의 식탁 위에서 인기가 없었던 보리는 적응력이 뛰어나다는 커다란 장점 때문에 가축의 사료로 자리를 잡게 되면서 매우 유용한 곡물이 되었다. 만약 고대 로마의 문헌에 '곡식'이라는 단어가 등장한다면 그것은 주로 밀을 의미하는 것이다.

또, 밀은 로마 군단의 매우 중요한 기초식량이었다. 폴리비오스의 기록에 따르면 보병 한 사람이 매달 배급받는 통밀이 2/3 메딤노스(약 34.8리터)였다고 하니, 하루에 0.9킬로그램을 지급받은 셈이다. 기병 한 사람당 배급 받은 곡식의 양은 밀 2

메딤노스(약 105.6리터)와 보리 7메딤노스(약 369.6리터)였다고 하는데, 기병이 보병보다 많은 양을 지급 받은 이유는 말을 먹일 보리와 한 명에서 두 명 정도 되는 마부를 돌볼 밀도 포함되어 있었기 때문이다. 일반 시민과 군단에 꼭 필요하였던 곡식이지만 아피키우스의 책에서는 죽을 끓이는 데 사용되거나 소스의 점도를 높이는 등 지극히 제한적인 목적으로만 사용되고 있다. 이와 관련하여 본다면 고대 로마에서 액상요리에 점성을 줄 때 사용한 전분은 전적으로 밀 전분이었다. 전분을 만드는 방법은 그리스에서 로마로 전해졌는데, 플리니우스에 따르면 전분은 키오스 섬 주민들의 발명품으로 여겨진다. 물론 아피키우스의 책에서는 쌀가루를 사용하기도 하시만 이것은 전분이 아닌 쌀풀과 같은 방법으로 사용하였다. 전분을 만드는 법에 대해서는 카토의 기록을 통해 알 수 있다: 질 좋은 밀을 쑤어 큰 독에 넣고 열흘 동안 매일 여러 번 바꿔 준 물에 담가 불린 다음 천으로 싸 물에 이겨 나온 물은 마치 이스트와 비슷한데 이것을 햇볕에 말려 만들었다.

과일

고대 로마인들이 가장 많이 섭취한 과일은 아마도 무화과일 것이다. 소아시아나 지중해 지역이 원산지로 알려진 이 과일은 시간이 지남에 따라 야생에서 시작하여 여러 품종으로 개량되었는데, 이것은 서양배와 포도를 합친 수를 훨씬 넘었다. 이는 무화과의 수요가 매우 많았다는 것을 의미하며, 곧바로 수입으로 이어졌다. 로마는 이 작물을 주로 카리아와 시리아 그리고 아프리카에서 수입하였다. 아피키우스도 카리아산(産) 무화과를 넣은 요리들을 소개하고 있다. 여기서 눈여겨볼 점은 무화과를 디저트나 과일로 사용한 것이 아니라 소스를 만드는 재료로 사용하거나 햄과 빵에 곁들여 내고 있다는 것이다.

무화과 다음으로 로마인들이 특별히 좋아했던 과일은 사과다. 사과나무의 종류가 무려 32종에 달했다는 사실이 연구를 통해 입증되었다. 그중 품종 개량자의 이름을 딴 마티우스사과는 건강에도 이롭다고 알려져 널리 사랑받았다. 이 책 본문에도 마티우스사과를 이용한 마티우스 미누탈의 조리법이 실려있다.

무화과와 사과 외에 로마인들이 좋아했던 과일 중에는 서양배가 있다. 서양배는 6~60종이 있었던 것으로 보인다.

그것들과 마찬가지로 로마인들에게 중요했던 과일이 바로 자두다. 자두에도 여러 품종이 있었던 것으로 보이는데 그중 잘 알려진 것이 다마스쿠스자두다. 색이 짙고 과육에 비해 씨가 큰 것이 특징인 이 자두는 시리아자두의 변종으로 알려져 있다. 이미 오래전에 이탈리아에 들어왔다가 후에 스페인으로 전해진 것으로 알려져 있다. 이 밖에 로마인들이 소비했던 과일로 크레타의 퀴도니아에서 로마로 들여온 마르멜로, 카르타고를 통해 들어온 석류, 페르시아에서 들여온 오디와 복숭아, 소르브사과, 메디아에서 들여온 시트론, 중국이 원산지이나, 어떠한 경로로 로마에 들어왔는지 정확하게 알려지지 않은 살구, 그리고 와인포도와 대추야자가 있다. 물론 이 밖에 다른 과일들도 있었지만 아피키우스의 책에 언급된 종을 중심으로 정리하였다.

고대에는 오늘날처럼 저장기술이 발달하지 않아, 과육이 많은 과일을 저장하는 데 큰 어려움이 있었다. 농가나 일반 가정에서는 수확한 작물들 중에서 바로 소비할 만큼만 빼고 남은 것들을 얼마만큼 제대로 저장하여 비축해 놓는지가 관건이었다. 특히 무더운 여름이나 추운 겨울을 나기 위해서는 효율적인 저장방법을 반드시 알아두어야 했다. 아피키우스도 이 책의 첫 권에서 주로 농가나 일반 가정에서 식료품을 보존하고 저장할 수 있는 방법에 대해 많은 페이지를 할애하고 있다. 다른 많은 농업저술가들도 이 부분에 중점을 두는 경우가 빈번한데, 가장 간단한 저장방법은 말리는 것이다. 수확한 과일을 볕에 널어 말린다. 자두, 체리, 도금양 열매 같은 작은 과일은 통째로, 사과나 배, 마르멜로와 같이 크기가 큰 과일은 잘라서 말려 역청을 바르거나 식초나 훈증으로 소독한 단지에 넣은 다음 밀봉하여 저장하였다. 또 다른 저장방법은 절이는 방법이다. 절이는 방법에는 마멀레이드나 잼, 콩피처럼 가열하여 만드는 방법과 열처리 과정을 거치지 않고 단순히 꿀이나 식초 따위에 절이는 방법이 있었다. 가장 널리 사용한 방법은 액체에 담가 저장하는 방법이었다. 말린 열매로 만든 와인 같은 것을 사용했는데, 그중 한 예로 파숨을 들 수 있다. 아피키우스가 주로 요리에 사용했던 데프리툼이나 사파 같은 머스트로 만든 시럽에 담가 놓기도 했다. 그 밖에도 머스트시럽과 식초를 섞어 만든 액체에 저장하는 방법도 사용하였다.

채소

채소도 곡물과 마찬가지로 고대 로마의 영양을 책임진 기초식량으로서 중요한 자리를 차지하고 있었다. 플리니우스에 따르면 농부는 물론이고 토지를 갖고 있는 사람이라면 누구나 자신의 뜰이나 텃밭에서 채소를 재배할 수 있었다. 뜰이나 텃밭은 로마의 식량 생산에서 중요한 부분을 차지하고 있었으며 대부분의 농가는 자신들만의 채소밭을 가지고 있었는데, 그것을 돌보는 일은 주부들의 몫이었다. 그러나 채소에 밭 작물만 있는 것은 아니었다. 당시에는 야생에서 채취되는 채소가 훨씬 더 큰 비중을 차지하고 있었지만 어떠한 종이 있었는지는 자세히 알 수 없다. 여기서 우리는 꽤나 구체적인 정보를 얻을 수 있는, 아테나이오스나 아피키우스의 저술 같은 문헌기록들조차 고대 그리스와 로마 세계의 식물성 식량자원에 대한 완전하고 제대로 된 그림을 보여주지 못한다는 점을 염두에 두어야 한다. 식물학의 창시자로 불리는 테오프라스토스가 이미 식물분류체계를 어느 정도 정리하고 이름을 지어 놓았다고는 하지만 그의 그러한 업적이 로마시대의 일반인들에게 전파되어 일상에 적용되는 것은 거의 불가능한 일이었다. 이 분야를 연구한 플리니우스도 식물에 대해 많이 알지 못했다. 여기서 우리는 로마인들이 제공하고 있는 모든 정보 중에 적절치 않은 것만을 걸러내는 소극적인 방식을 택할 수 밖에 없다.

뿌리채소 중 무와 순무와 루타바가는 고대 로마인들에게 소중한 작물이었다. 농부들은 다른 작물보다 잘 자라면서 식료품이나 가축의 먹이로 사용될 수 있는 무를 선호하였다. 로마인들이 밀과 누에콩 다음으로 중요하게 여긴 식물성 식료품이 바로 무였던 것이다. 이탈리아의 곡창지대 포(Po) 평야에서 와인포도와 밀 다음의 자리를 차지했던 작물이 바로 무다. 〈디오클레티아누스의 최고 가격제〉에 따르면 시장에서 두 가지 등급의 무가 유통되었는데, 1등급 무는 10개에 4데나리우스였고 2등급 무는 20개에 4데나리우스였다. 이것은 매우 저렴한 가격이었다. 아피키우스가 무를 단순히 삶아서 조리하는 반면에 플리니우스가 전하는 방법은 이보다 더 세련되고 다양하다. 고대인들은 아피키우스가 사용한 두 종류의 순무 중 루타바가를 매우 영양가가 높은 작물로 여겼으며, 특히 무를 겨울 식량으로 매우 소중하게 생각하였다.

당근은 가장 좋은 등급이 한 단에 25개, 그 다음 등급이 한 단에 50개로 각각 6데나리우스였으며, 무와 마찬가지로 가난한 사람들의 저렴한 채소였다. 이 책에 소개된 당근 조리법이 세 가지에 불과한 것만 보더라도 당근이나 무 처럼 저렴한 채소를 미식에 어울리는 것으로 보지 않았다는 사실이 드러난다. 당근과 비슷한 파스닙의 가격도 같았다. 파스닙은 당근보다 훨씬 나중에 로마로 들어온 것으로 추정된다. 정확하지는 않으나 아마도 아우구스투스 시대에 처음으로 이탈리아에 알려졌다는 기록이 있다. 비슷한 겉모양 때문인지 당근과 파스닙을 혼동하여 둘 다 파스닙으로 부르는 경우도 있었다. 티베리우스 황제가 파스닙을 게르마니아에서 재배하도록 하였는데, 이는 척박하고 추운 환경 속에서 키워 뿌리 속의 당분 함량을 높이기 위함이었다는 기록이 남아있다.

그 밖에도 아피키우스가 사용한 뿌리채소에는 올리세라와 토목향, 폴리네시아가 원산지이면서 그리스에서 들어온 타로토란과 양파 그리고 아스칼론에서 들여온 셜롯, 마늘 따위가 있다.

잎채소로는 우리가 양배추라고 부르는 것이 있었다. 양배추는 로마인들에게 널리 사랑받았던 채소로서 매우 많은 종이 있었던 것으로 알려져 있다. 아피키우스의 경우 주로 이듬해 겨울에 난 양배추류의 어린 잎을 주로 사용하였다.

아스파라거스도 마찬가지로 수요가 많은 채소 중 하나였다는 사실을 폼페이나 그 밖의 유적지에서 발굴된 모자이크나 벽화를 통해 알 수 있다. 이른 봄에 올라오기 시작하는 줄기의 윗부분이 피어나기 전에 밑부분을 잘라 수확하는 아스파라거스는 차가운 겨울과 봄 사이에 먹을 수 있는 몇 되지 않는 채소였다. 텃밭에서 재배한 아스파라거스는 25개짜리 한 단이 6데나리우스였고 자연산은 50개짜리 한 단이 4데나리우스였다.

뜰이나 텃밭에서 자란 작물 중 대표적인 것은 박과에 속하는 오이와 호박이었다. 고대에는 오이도 매우 중요한 자리를 차지했지만 영양적으로는 별로 득이 되지 않았던 것 같다. 오이는 껍질째 생으로 먹거나 껍질을 벗겨 가룸이나 식초로 양념을 해서 먹었고 또 경우에 따라서는 익혀 먹기도 했다는 사실을 아피키우스를 통해 알 수 있다. 그러나 고대의 오이는 오늘날 우리가 먹는 것보다 쓴맛이 훨씬 더 강했기 때문에 그 쓴맛을 중화시키기 위해 꿀을 많이 사용하였다. 오이는 고대 로마인들이 가장 많이 먹었던 채소 중 하나로, 그 가격이 저렴하지는 않았다. 오이보다는 호박류가 더 저렴했다고 할 수 있다. 하지만 아피키우스는 오이로 만드는 요리 세 가지에 대해서만 언급하고 있다.

열대 식물인 호박이 어떻게 로마로 들어왔는지에 대해서는 정확하게 알려져 있지 않다. 그리스로부터 들어오지 않았다는 것만이 확실하며 호박에 대한 평가는 극과 극이었던 것 같다. 오이처럼 영양가가 없는 것으로 여겨져 단출한 식탁에 올라오거나 요리사가 식탁에 차려진 호박을 머리로 깨는 '잔치 행사'처럼 익살스럽게 차린 식탁에 올라왔다는 기록이 있는 반면, 호박으로 만든 음식은 가볍고 건강에 좋다는 기록도 있다. 아피키우스도 여러 가지 호박 요리를 소개하고 있다. 전채요리와 주요리에 곁들이거나 심지어 후식으로도 사용하고 있다.

또 다른 텃밭작물로는 콩과 식물이 있다. 누에콩, 렌틸콩, 병아리콩, 호로파, 완두콩, 동부 따위가 있다. 이들도 대부분이 로마의 기초 식량이었으며, 조와 보리처럼 가축의 사료로 사용되기도 하였다. 게다가 이러한 작물들은 다른 것들에 비해 저장이 어렵지 않았기 때문에 당시 존재했던 모든 종류의 식물을 경작하기 위한 연구가 있었던 것으로 보인다.

생물학적으로는 채소에 속하지 않지만 오랫동안 채소로 분류되어 온 버섯의 수요도 적지 않았던 것으로 보인다. 그러나 고대인들이 섭취했던 버섯을 분류하기란 쉽지 않다. 산과 들에 널리 퍼져 발생한 버섯은 그 독특한 향과 맛으로 로마인들이 즐겨 먹기도 하였으나 식용버섯과 독버섯을 확실하게 구별할 방법이 없었다. 시장에 나와 팔리는 버섯이라 해도 그 안전성을 보증받을 수 없었기 때문에 해독제를 만드는 방법이나 조리하기 전 처리과정 같은 것들이 전해지고 있다. 고대인들은 나름대로의 과학적 분류방법을 사용했는데 주로 기생하는 나무이름으로 정리하기는 했지만 로마인들이 섭취했던 버섯의 종류를 오늘날의 시각으로 알아보기란 매우 어려운 일이다. 더우기 그들의 식탁에 올려졌던 버섯 중에는 오늘날 식용이 가능한 종인지조차 제대로 알 수 없는 것들이 있다. 아피키우스가 사용하는 버섯은 세 가지이지만 그중 물푸레나무버섯이 어떤 종류인지에 대해서는 아직까지도 연구가 진행 중이다.

생선과 해산물

바다에 인접해 있는 지역에서 생선은 아주 오래전부터 인간에게 중요한 식량자원이었다. 반도에 자리잡고 있던 로마에서도 생선의 소비가 많을 수밖에 없었는데, 대부분이 바다생선이었다. 고대 로마의 생선에 관한 문헌에서 민물생선이 드물게 언급되고 있다는 점이 이를 뒷받침해준다. 앞서 여러 번 언급한 〈디오클레티아누스의 최고 가격 제한제〉에 나오는 생선의 목록만 보아도 민물생선은 단 두 종류로 바다 생선이 압도적으로 많았다는 것을 알 수 있다. 아피키우스도 메기와 민물장어를 제외하면, 모두 바다생선만을 사용하고 있다. 그의 저서에는 여러 종류의 바다생선을 이용한 조리법이 소개되어 있는데 특히 석쇠에 굽는 방법과 삶아서 양념을 하는 방법이 주를 이룬다. 불에 직접 굽는 방법 중에 하나인 석쇠구이는 기름을 사용하는 방법을 찾아내기 훨씬 전부터 오랫동안 인류가 생선을 익혀 먹는 방법 중 하나였다. 조리법이 발달하면서 삶거나 팬에 기름을 부어 굽는 방식이 생겨나게 된다. 실제로 지금의 루마니아에 속하는 트란스알피나 지역의 갈리아인들은 기원전 1세기까지 생선을 오로지 불에 직접 구워 소금과 식초로 산을 하여 믹었다는 기록이 있다. 생선은 오래전부터 말리거나 소금에 절여 보관하는 것이 기본이었다. 물론 연안지방의 사람들은 가까운 바다에 나가 잡아온 생선을 언제나 신선하게 섭취할 수 있었다. 그러나 바다와 멀리 떨어진 지역의 사람들은 신선한 생선 대신 보존처리 과정을 거친 생선을 먹을 수 밖에없었다. 시간이 지남에 따라 갓 잡은 신선한 생선에 대한 욕구가 커지면서, 마침내 기원전 1세기 초에 이르러 부유한 계층이 연안지역의 빌라에 인공연못을 만들어 민물생선이나 바다생선을 가두어 기르기 시작했다. 인공연못의 발명으로 이제 사람들은 언제든지 원한다면 신선한 생선을 공급받을 수 있게 되었다. 특히 로마인들이 좋아했던 촉수과 생선이나 숭어 같은 것들 그리고 굴과 달팽이류도 길렀다. 그 밖에 로마인들이 먹었던 생선으로는 납서대, 바다장어와 민물장어, 곰치, 퍼치류, 도미류, 전기가오리와 가오리, 다랑어[217], 전갱이, 고래 따위가 있다. 1세기 후반에서 2세기 초반에 활동한 로마의 시인 유베날리스에 따르면 고래고기는 가난한 사람들의 생선(고대에는 생선으로 여겼다)이었다. 플리니우스에 따르면 고래고기는 주로 흑해나 이집트에서 잡아 소금에 절여 로마로 수입되었다.

해산물로는 오징어와 갑오징어, 문어, 스캄피, 닭새우, 성게, 굴 따위가 있었다.

육류

고대 로마의 고기 소비와 목동과 농부들 사이에는 밀접한 관계가 있다. 특히 들짐승이 그러한데 목동은 가축을 방목하는 과정에서 자신들이 돌보는 가축을 공격하는 짐승을 사냥해야 했고, 농부는 작물에 해를 입히는 새나 들짐승을 사냥해야 했다.

---

217 다랑어에 대해서는 이 책 본문 9, 10의 각주 참조.

이렇게 사냥한 짐승을 자연스럽게 음식으로 소비하게 되었다. 숲이 많은 이탈리아 전 지역에는 멧돼지가 많이 서식하고 있었으며 고기의 소비량도 높았다. 엘라가발루스 황제는 열흘 동안 잔치를 베풀었는데, 그 잔치 동안 무려 300마리의 야생 암퇘지를 식탁에 올렸다는 기록만 보아도 그 당시 멧돼지의 수가 얼마나 많았는지 짐작할 수 있다. 멧돼지가 대형 들짐승 중에 가장 비쌌음에도 불구하고 소비량이 많았던 이유에 대해 세네카는 로마인들에게 익숙한 고기였기 때문이라고 설명한다. 아피키우스도 다른 들짐승보다 멧돼지를 재료로 한 여러 가지 조리법을 소개하는 데 공을 들이고 있다.

로마인들은 사슴을 맛이 좋은 고급 고기로 여겼으며 울타리를 친 방목장에서 길렀다는 기록이 있다. 플리니우스에 따르면 농부들은 주로 겨울에 사슴을 사냥하였고, 높은 신분의 여성들이 열을 내리기 위해 아침마다 사슴고기를 먹었다고 한다. 아피키우스는 모두 7가지의 조리법을 소개하고 있는데 고기가 질기므로 먼저 삶은 다음에 요리하기를 권하고 있다.

당시 사람들은 사슴과 비슷하나 일반적으로 덩치가 작은 유럽노루의 고기도 사냥과 사육을 통해 얻을 수 있었다. 노루도 영양이 많은 고기로 알려져 있었으며 사슴과 마찬가지로 고급 고기로 분류되어 값이 비쌌다.

다마사슴은 사슴류 중에 중간 정도의 덩치를 가진 사슴으로, 수컷은 판처럼 넓적한 뿔을 갖고 있다. 이 사슴도 울타리를 친 방목장에서 사육되었는데, 다른 사슴들에 비해 갇혀 사는 생활에 적응을 잘 하는 편이었으며, 빈번히 소비가 되었으나 사슴 중에서는 맛이 가장 떨어졌던 것 같다.

야생 양의 일종인 무플론도 종종 로마인들의 식탁에 올라왔다. 산림이 풍부한 이탈리아 반도는 무플론이 서식하기 좋은 환경을 갖추고 있어, 당시에는 오늘날에 비해 개체수가 현저하게 많았던 것으로 보인다.

네발짐승 중에 로마인들이 즐겨 먹었던 몸집이 작은 들짐승으로는 숲멧토끼와 큰겨울잠쥐가 있다.

당시 이탈리아에서는 12월부터 3월까지가 검은목두루미, 야생오리, 지빠귀류, 휘파람새, 비둘기류, 자고새 따위를 십중적으로 사냥하는 시기였다. 그 밖에 로마인들이 요리의 재료로 사용한 야생조류로는 꿩, 프랑콜리누스, 아프리카에서 수입한 플라밍고와 타조 그리고 공작과 앵무새 따위가 있다.

닭은 고대 로마에서 가장 오랫동안 사육된 가금류이다. 일반적으로 닭은 인도에서 처음 기르기 시작하였다고 알려져 있으며, 지중해를 포함한 유럽지역에서 가장 먼저 닭을 키우기 시작한 사람들은 로마인들 이전에 이탈리아에 정착한 에트루리아인들이었던 것으로 추정된다. 이를 뒷받침할 수 있는 가장 오래된 고고학적 발견으로는 그들이 기원전 7세기경에 제작한 닭의 모양을 한 도기가 있다. 하지만 닭이 어떠한 경로로 이탈리아에 유입되었는지는 아직까지 정확하게 밝혀지지 않았다. 로마시대에는 달걀과 고기를 얻을 수 있는 닭을 거의 모든 농가에서 사육하고 있었으며, 사육사들은 부드럽고 기름진 고기를 얻기 위해 수탉을 중성화시키거나 벼슬을 태워 기르는 따위의 많은 노력을 기울였다.

거위도 오래전부터 사육되었는데 마르티알리스에 따르면 포에니 전쟁이 발발한 시기에 이미 이탈리아에서 널리 기르고 있었다.

아피키우스의 요리법으로 미루어 보면, 로마인들은 조류를 조리할 때 대부분 삶는 방법을 우선으로 하였다는 사실을 알 수 있다. 굽는 요리를 할 때 먼저 삶아서 준비하는 전(前)처리 과정이 필요하였던 이유는 오늘날의 고기보다 육질이 단단하였기 때문일 것이다.

로마인들은 전반적으로 사냥을 통해 육류를 섭취하였던 것으로 추정되지만 가축 사육을 위한 다양한 연구가 이루어졌다는 사실 역시 잘 알려져 있다. 그러나 그들은 덩치가 큰 소나 말처럼 일을 해야 하는 가축은 늙지 않았다면 그리고 전쟁 중이 아니라면 거의 먹지 않았다. 그들이 특히 좋아했던 가축으로는 돼지를 들 수 있다. 앞서 이야기한 것처럼 돼지의 경우에도 다른 가축이나 가금류의 경우처럼 살을 찌워 살코기를 많이 얻을 수 있도록 하는 방법이 개발되었다. 특히 1년 미만의 어린 돼지가 인기가 있었으며, 암돼지의 애기보나 젖퉁이 같은 특수 부위와, 아피키우스가 발명했다는, 무화과를 먹인 돼지의 간 같은 부위를 이용한 다양한 조리법이 있었다.

허브와 향신료

로마인들은 오늘날 우리의 상식으로는 이해하기 어려울 만큼 과도하게 허브와 향신료를 사용하였다. 우리에게 허브와 향신료는 음식의 풍미를 돋우는 '양념'의 개념으로 다가오지만, 로마인들에게 이것은 육류나 생선 그리고 과일과 같은 식료품을 보존하기 위한 일종의 수단이었으며, 건조시키거나 소금이나 식초 같은 것에 절여 저장하였던 식료품의 좋지 않은 맛을 '덮어버리는 데' 반드시 필요한 재료였다. 하지만 이렇게 중요한 향신료나 허브는 대부분 가격이 높았기 때문에 아무나 사용할 수 있는 것은 아니었다. 다시 말해서 로마 시대에는 부엌에서 얼마나 다양하고 많은 허브와 향신료를 사용하는지가 부의 척도가 될 수 있었던 것이다. 이렇다 보니 근동의 이국적인 향신료에 빠진 로마의 요리가 로마를 퇴폐와 타락의 길로 인도하였다고 외치는 도적적인 성향의 저술가들의 의견에 우리는 어느 정도 동의 할 수도 있다는 생각이다. 마르티알리스는 자신의 시에서 로마의 시조 로물루스도 천국에서까지 다른 로마인들과 마찬가지로 무를 먹고 있으며 추운 겨울에도 요긴하게 먹을 수 있는 무는 언제나 그렇듯 기쁨이라며 비꼬고 있다. 중국, 인도, 스리랑카, 인도네시아에서 생산된 향신료는 시리아를 거치는 육로와 인도양을 건너 인도를 경유하거나 지중해 지역에서 홍해를 거쳐 오는 장거리무역을 통하여 로마로 들어왔다. 이러한 무역에 대한 중요한 문헌자료로는 홍해의 뮈오스 호르모스에서 인도까지 도달하는 바닷길의 여정이 담긴, 〈홍해 항해기〉가 있다. 1세기경에 쓰인 이 책에는 항해사와 상인들에게 필요한 중요한 정보가 실려있다. 해안도시, 항구의 입구, 주요 지형물, 닻을 내릴 수 있는 곳, 물을 공급 받을 수 있는 곳은 물론 상아, 거북이등딱지, 비단, 안료,

진주 향신료 따위의 사치품 목록도 명시하고 있다. 이 책을 통하여 향신료를 구입하고자 하는 무역상들은 자신들이 원하는 향신료 원산지에 대해 비교적 정확하게 알수 있었다. 이러한 장거리 무역을 통해 얻는 향신료는 예외 없이 값비싼 사치품이었으며 단순히 부엌에서만 사용하는 것이 아니라 의술, 미용 목적의 향수, 종교적 예식을 위한 향, 장례식용 섬유 따위에도 사용하였다.

이들 값진 향신료들 중 가장 대표적인 것으로는 후추가 있다. 후추는 로마인들이 가장 사랑했던 이국적 향신료 중 하나로, 고대 로마의 부엌에서 가장 빈번하게 사용되었다. 아피키우스도 거의 모든 요리에 후추를 사용하고 있다. 또한 요리사들은 후추를 사용한 요리에는 항상 다른 고가의 향신료나 허브를 적절하게 섞어 사용하여 가장 좋은 맛을 내기 위해 노력하였다. 후추의 수요는 시간이 지나면 지날수록 늘어날 수밖에 없었다. 그 수입양도 엄청났으며 로마에는 후추 저장소를 따로 만들어 이것을 필요로 하는 부유한 계층의 사람들에게 손쉽게 제공할 수 있도록 하였다.

로마인들은 검은 후추와 하얀 후추 그리고 긴 후추를 알고 있었다. 붉은 후추와 녹색 후추는 20세기의 발명품으로 로마인들은 알지 못했다. 검은 후추는 인도의 말라바 지역이 고향이다. 후추의 색은 수확시기와 처리과정에 따라 달라진다. 검은 후추는 채 익지 않은 녹색 후추를 말려서 얻는다. 하얀 후추는 잘 익은 붉은 후추를 여러 날에 걸쳐 흐르는 물에 불려 껍데기를 썩힌 다음 벗겨서 말린 것으로, 다른 후추와 다르게 기록이 많지 않은 것을 보면 매우 귀했던 것으로 보인다. 긴 후추는 인도 북동부가 원산으로, 주로 말려서 사용한다. 이 후추는 다른 후추처럼 열매가 알알이 떨어지지 않고 원추꽃차례에 열매가 맺히면서 점점 더 안쪽으로 녹아 붙듯이 원추형의 덩어리처럼 생긴 모양 때문에 '긴 후추'라고 불린다. 고대에 주로 사용하였던 후추는 우리가 잘 알고 있는 검은 후추가 아니라 긴 후추라는 견해도 있다. 그러나 이러한 의견은 아직까지 확실하게 신뢰를 얻을 수 있을 만큼 검증되지 않았다. 긴 후추는 검은 후추보다 향은 약하지만 맛은 더 맵거나 비슷하며 단맛과 신맛이 뒤에 남는다고 한다. 플리니우스에 따르면 고대에는 이 긴 후추를 최고로 여겼으나 가격이 비싸 상인들이 알렉산드리아산(産) 겨자로 만든 가짜를 진짜처럼 속여 팔기도 하였다고 한다. 후추는 고대에는 요리뿐만 아니라 의술에도 없어서는 안 될 중요한 재료였다.

후추 못지 않게 로마인들이 사랑했던 실피움[218]은 많은 문헌기록에 등장하지만 아직까지 수수께끼로 남아있다. 실피움은 그리스어 '실피온'에서 왔으며 라틴어 문헌에는 실피움이라는 단어보다는 '라저'를 더 많이 사용한다. 종전에는 라저를 실피움과 다른 식물로 보는 견해도 있었으나 최근에 와서는 모두 같은 식물로 보고 있다. 아피키우스의 책에서는 '실피움'과 '라저' 두 단어를 모두 사용하고 있다. 실피움의 고향은 오늘날의 리비아에 속한 지역인 퀴레나이카로 알려져 있다. 그리스인들이 실피움을 발견한 지 7년 후에 퀴레네가 그리스의 식민지가 되었다는 테오프라스토스의 기록으로 보아 이 식물이 7세기 초반 즈음에 그리스에 알려졌던 것으로 보인다. 퀴레네는 기원전 6세기경부터 실피움을 수출하였으며, 동전에 새겨 넣을 정도로 그들의 경제에서 매우 중요한 부분을 차지하였다. 아마 이때부터 로마인들이 실피움을 사용하기 시작하였던 것으로 추정하고 있다. 실피움은 프로메테우스가 인간에게 불을 전해줄 때 사용하였다는 자이언트회향과 흡사하게 생겼으며 셀러리와 비슷한 잎을 가졌다고 전해진다. 로마인들은 주로 기름진 고기 요리에 사용하였는데, 이 식물이 소화에 좋다고 알려져 있었기 때문이다. 하지만 이 식물은 네로 황제 시대의 어느 날 갑자기 지구상에서 자취를 감춰버렸다. 그 원인에 대해서는 여러 기록들이 전해지는데, 가축의 사료로 남용했기 때문이거나 유목민들이 퀴레네를 침략하였을 때 모두 사라졌기 때문이라고 한다. 로마인들은 사라져버린 실피움의 빈자리를 대신할 식물을 찾아야만 했다. 그것은 바로 오늘날 이란이나 아프카니스탄에서 자생하는 아위라는 식물이다. 맛은 실피움과 비슷하나 냄새가 매우 불쾌하고 강하기 때문에 로마인들은 아위에 '악마의 오물'이라는 별명을 붙였다.

---

218 이 책 본문 1, 30의 각주 참조.

그 밖에도 이집트에서 들여오던 고수, 오레가노, 소아시아와 시리아, 리비아 그리고 그 밖의 곳에서 들여온 캐러웨이, 사프란, 인도에서 들여온 카다몸, 코스투스 뿌리, 시엽감송, 인도월계수 잎, 시리아에서 들여온 옻나무 따위가 있다. 이렇듯 값비싸고 다양한 향신료와 허브는 17세기까지도 유럽에서는 매우 부유한 계층의 특권이었다. 대부분의 일반 시민들은 나무열매나 씨앗열매와 그들의 땅에서 자라는 허브로 만족해야만 했다. 이탈리아 내에서 텃밭이나 농토에서 경작할 수 있었던 것으로는 바질, 회향, 월계수, 민트, 파슬리, 페니로열, 루타, 루콜라, 타임 따위가 있다. 주로 잎을 사용하는 허브로 시장에서도 비교적 쉽게 구할 수 있었다. 아피키우스의 책에서도 거의 매번 사용하고 있다.

맺는말

티베리우스의 통치 시절에 활동한 것으로 알려진 아피키우스가 집필한[219] 이 책의 최초 원본은 남아있지 않으며 오늘날까지 전해지는 필사본의 내용을 종합적으로 분석해 보면 3-4세기경에 마지막으로 편집된 흔적을 찾을 수 있다. 또한 이 책은 뛰어난 언어능력을 갖고 있지 않더라도, 라틴어로 읽고 쓰기가 가능한 사람이라면, 그리고 요리에 경험이 있는 사람이라면 누구나 쉽게 접근할 수 있는 문법적 구조를 가지고 있으며 문장이나 표현 따위가 간단하고 쉽다. 심지어 재료의 목록만 나열하고 있는 부분도 상당하다. 요리법은 몇몇 문장의 틀을 정하여 반복적으로 사용하고 있다. 요리법을 기술하는 문체나 표현방법을 통하여 우리는 이 책이 사회적, 경제적 상위계층에만 국한된 문학작품이 아니라 실생활에 필요하거나 도움이 되는 실용서였다는 것을 알 수 있다. 그러나 이렇게 실생활에 유용한 작품이 왜 오랜 기간 제대로 전해지지 못했는지에 대해서는 생각해 볼 필요가 있다. 집약적이면서 읽고 이해하기

---

219 앞서 이 문제에 대해 이미 간단하게 언급하였다. 일반적으로 그렇게 알고 있는 것처럼 편의상 아피키우스를 저자라고 하였다.

쉬운 실용서적인 특성이 문학작품으로서 갖춰야 할 조건에 훨씬 미치지 못하였기 때문에 지식인 계층에게 커다란 인상을 주지 못했을 수 있다. 또, 요리를 비롯하여 실생활에 도움이 되는 수많은 정보를 담고 있는 다른 농업 실용서들과 달리, 이 책은 오로지 요리에 종사하는 사람들에게 도움이 될 만한 내용만을 소개하고 있다. 그렇다면 과연 얼마나 많은 요리사들과 요리에 관련된 사람들이 글을 읽을 줄 알았으며, 또 이 책을 필요로 하였는지 생각해 본다면, 이 책이 출판되었을 당시에는 분명 소수의 사람들만이 읽었을 것이다.

고대의 출판에 대한 정보는 매우 빈약하나, 독자층이 두텁지 못한 책은 오래 생존할 수 없었을 것이 분명하다. 이러한 특징이 오늘날 이 책의 연구에도 커다란 걸림돌로 작용하고 있다. 대부분의 연구자들이 언어학적, 문화적, 역사적 접근방식을 취하고 있기 때문에 요리라는 매우 현실적인 부분은 연구자들의 시야에서 거의 벗어나 있는 것이다. 옮긴이 역시 대부분의 연구자들과 마찬가지 입장이다.

어찌 되었든, 이 책을 통해 우리는 로마와 속주들의 음식문화, 그들의 식료품 소비와 관련된 주변지역들과의 교류 같은 것들도 간접적으로 알 수 있는 기회가 생겼다. 1세기말 제정을 수립한 아우구스투스의 시대부터 5현제의 시대까지 200년간 지속된 평화는 이들의 음식문화에 많은 변화를 가져왔다. 그것은 새로운 발전단계에 들어서기까지 15세기가 훨씬 넘는 기간 동안 지속되었으며, 근동에서 유럽으로 수입된 엄청난 식물성 식량자원의 대부분이 이 시기에 로마에서 모두 소진되었다고 해도 과언이 아니다. 페르시아 전쟁, 알렉산드로스의 원정, 디아도코이의 통치, 아르메니아의 로마 정복사업은 근동에서 운송할 수 있는 모든 식량자원을 로마로 가져올 수 있는 계기를 마련해 주었다.

우리는 이 책을 통해 곡물을 죽의 형태로 섭취하던 시기로부터 점차적으로 빵을 납작하게 만들어 먹는 시기로 옮겨 갔다는 사실도 간접적으로나마 알 수 있었다. 이러한 빵은 여러 발전단계를 거쳐 결국 흰 빵에 그 자리를 내어주었다. 로마인들은 아우구스투스 통치 시절에 파르티아로부터 밀도가 높지 않고 가벼운 빵을 만드는 기술을 전수받았고 또 그 빵을 만드는 데 성공하였다. 그러나 로마의 습관과 입맛은 이처럼 혁신적이라고도 말할 수 있는 새로운 것에 열려 있지 못했다. 그러한 이유로 아피키우스의 책이 이보다 나중에 쓰였지만 빵에 대해 말을 아끼고 있는 것으로 생각된다. 로마인들은 어떤 특정한 몇 가지 맛을 선호하였던 것으로 보인다. 요리에 사용하는 기름은 쓴맛이 나는 것을 최고로 여겼고, 후추는 매운 종일수록 가격이 높았다. 아마도 매운맛을 좋아하지 않았다면 아무리 귀하다 하여도 가격이 그리 높지 않았을 것이다. 고기 중에는 돼지고기를 가장 좋아하였으며, 조류 중에는 지빠귀를, 생선은 노랑촉수를 특히 좋아했다. 또 육류의 섭취는 아피키우스의 책이 쓰인 시기에 이미 급격하게 증가하고 있었던 것으로 보인다. 고기와 젖을 생산할 수 있는 모든 짐승을 가축으로 길렀다. 특히 이탈리아 반도의 로마인들은 근동과 아프리카로부터 닭, 뿔닭, 꿩, 공작 따위를 들여와 섭취하였고 심지어 타조나 플라밍고 같은 야생조류까지도 식탁에 올렸다. 반면, 로마인들은 힘들게 일하는 소나 말 따위의 가축을 귀하게 여기는 관습이 있어 그런 가축들을 최소한으로 섭취하였다. 하지만 이러한 관습마저도 점차 사라지게 된다. 이 책을 통해서 고대 로마에는 우리가 생각했던 것보다 더 다양한 종류의 식료품이 있었다는 사실을 알 수 있었다. 로마 시대 초기에는 식료품의 종류가 더 적었고 음식에 대한 기대치도 없었을 것이다. 생존 수단으로만 여겨지던 식량은 이제 완전히 다른 것이 되어 버렸다. 식량을 하나의 사회적 현상으로 바라본다면, 이 책은 분명 그 빛을 발하지만, '수준미달의 문학작품'이라는 그 시대의 가치평가와 더불어 아무나 쉽게 접할 수 없는 제국주의적 '오트 퀴진'을 다루고 있기 때문에 이 책이 널리 전해지는 데 어려움이 있었던 것으로 보인다. 또한 이것은, 앞서 잠깐 언급한 바와 같이, 동시대의 많은 철학자들로부터 비난을 받았던 이유이기도 하다. 그렇다고 해서 요리의 역할을 과소평가해서는 안 될 것이다. 조금 더 나은 재료와 요리를 갈망하던 요리사나 미식가들이 실험을 통해 많은 시행착오를 거쳤고 또 그러한 경험을 통해 결단하고 실행한 결과가 한편으로는 문화의 발전에 적잖은 영향을 미쳤기 때문이다. 다시 말해서 경험과 결단, 실행을 함으로써, 외부로부터 들여온 동식물을 사육하고 경작하는 방법을 연구하게 되었고, 보존 및 유지 방법, 운송 방법 같은 여러 분야의 발전에 기여하였다. 로마의 요리는 상당 부분 그리스 요리의 영향을 받았다. 음식을 익히는 방법부터 다른 여러 조리기술에 이르기까지 로마는 그리스 없이는 할 수 있는 것이 아무것도 없었다고 해도 과언이 아니다. 이 러한 배경 때문에 아피키우스의 책에서는 그리스어로 된 여러 개념들이 사용되고 있는 것으로 생각된다. 많은 조리법에는 당대의 유명한 사람들의 이름이 붙어 있다. 이 러한 방식으로 요리의 이름이 생기는 것은 '콥 샐러드'나 '시저 샐러드'처럼 오늘날에도 우리의 실생활에서 쉽게 접할 수 있는데, 이미 고대 로마 시대부터 그래 왔다는 사실도 흥미롭다. 또 하나 눈여겨볼 점은, 구운 것이든 튀긴 것이든 삶은 것이든 거의 모든 음식에 소스가 곁들여진다는 점이다. 요리 중에서 가장 난이도가 높은 준비과정이 무엇이냐고 로마인들에게 물어 본다면, 아마 소스 만들기라고 대답할 것이다. 아피키우스는 거의 모든 조리법에서 소스에 집중하고 있다. 이는 보데가 자신의 1999년 논문에서 언급한 대로 로마인들의 건강 상태, 다시 말해서 치아 및 소화 기능과 관련이 있을지도 모른다. 실제로 아피키우스는 이 책에서 여러 번 소화의 중요성을 언급하고 있다. 이 책을 단순히 요리 방법을 나열한 책으로 바라보기보다 다양한 시각에서 접근한다면 고대를 연구하는 데 많은 도움이 될 것으로 보인다.

이 책을 통하여 가장 먼저 눈에 들어오는 것은 당시의 호사스러운 잔치상일지도 모른다. 하지만 이 책에는 그뿐만 아니라 조리법 사이사이에 수많은 정보들이 들어 있다. 예를 들자면, 농업에 종사하는 사람들이 알아야 할 간단한 상식, 아픈 사람들이 섭취하면 좋은 음식, 특별한 쓰임이 있는 음료, 식료품들을 보존하는 방법 따위를 비롯하여 식료품 원산지에 대한 정보와 그 시대의 동물계와 식생(植生) 같은 것들이 포함되어 있다.

그뿐만 아니라 특정 조리법에서 로마인들이 사용하던 조리기구와 식기 따위의 목록은 고고학적으로 발견된 자료와 함께 로마의 음식문화 연구를 뒷받침해 줄 만한 중요한 자료들이다.

이 책에 사용된 로마의 도량형

무게

스크리풀룸: 약 1.14그램

드라크마: 약 4.4그램

세무니카: 약 13.65그램

운키아: 약 27.3그램

폰두스: 약 327.5그램

리브라: 약 327.5 그램

부피

퀴아투스: 약 0.046리터

아케타불룸: 약 0.07리터

헤미나: 약 0.274리터

섹스타리우스: 약 0.55리터

참고문헌

라틴어 원문

- Milham, Mary Ella (Hrsg.) : Apicii decem libri qui dicuntur De re coquinaria et Excerpta a vinidario conscripta. Leipzig 1969.
- Vollmer : Apicii Librorum X qui dicuntur De Re Coquinaria quae extant, C.Girrantano, Fr. Vollmer, Leipzig 1922.
- Apicius. Apici Caeli de re coquinaria libri decem. Novem codicum ope adiutus auxit, restituit, emendavit et correxit, variarum lectionum parte potissima ornavit, strictim et interim explanavit Chr. Theophil. Schuch. Editio secunda. Heidelbergae 1874.
- Apicius in re coquinaria([Reprod.]). Praefatio Antoni Mottae. 1490.

번역

- Danneil, Eduard / Däwertz, Kurt (Hrsgg.) : Apicius Caelius. Altrömische Kochkunst in zehn Büchern. Leipzig 1911.
- Maier, Robert (Hrsg.) : Das römische Kochbuch des Apicius. Lateinisch-deutsch. Stuttgart 1991.
- Vehling, Joseph Dommers (ed.) : Apicius. Cookery and Dining in Ancient Rome. Hill, Chicago 1936.
- Vehling, Joseph Dommers (ed.) : Cookery and Dining in Imperial rome, NY 1978.

2차 연구자료

- André, Jacques : Essen und Trinken im alten Rom. Stuttgart 1981.
- Blanck, Horst : Essen und Trinken bei Griechen und Römern, in: Antike Welt 11, 1980, 17-34.
- Bode, Matthias : Apicius. Anmerkungen zum römischen Kochbuch. Das Kochbuch als Quelle zur Wirtschafts- und Sozialgeschichte. St. Katharinen 1999.
- Brandt, Edward : Untersuchungen zum römischen Kochbuche. Versuch einer Lösung der Apicius-Frage. in : Philologus, Supplementband 19/3. Leipzig 1927.
- Cech, Brigitte : Lukullische Genüsse. Die Küche der alten Römer. Darmstadt 2013.
- Dierbach, Johann Heinrich : Flora Apiciana. Ein Beitrag zur näheren Kenntnis der Nahrungsmittel der alten Römer; mit besonderer Rücksicht auf die Bücher des Caelius Apicius de opsoniis et condimentis sive de arte coquinaria. Heidelberg, Leipzig 1831.
- Edwards, John : The Roman cookery of Apicius. London 1984.
- Guhl, Ernst / Kohner, Wihelm: Leben der Griechen und Römer. Berlin 1893.
- Günther, Linda-Marie : Kochen mit den Römern. Rezepte und Geschichten. München 2015.
- Grocock, Christopher / Grainger, Sally (eds.): Apicius. A critical edition with an introduction and English translation. Totnes, Devon 2006.
- Sickler, Friedrich : Allgemeine Geschichte der Obstkultur von der Urwelt bis auf die neueste Zeit. Frankfurt / Main 1802.

-Hilger, Werner : Lateinische Gefäßnamen. Bezeichnungen, Funktion und Form römischer Gefäße nach den antiken Schriftquellen. Rheinland - Verlag, Düsseldorf 1969.

-Maier, Robert : Römisches Kochbuch. Rezept für die moderne Küche. Stuttgart 2015.

-Stein - Hölkeskamp, Elke : Das römische Gastmahl. Eine Kulturgeschichte. München 2005.

-Tietz, Werner : Dilectus ciborum. Essen im Diskurs der römischen Antiken. Göttingen 2013.

-Peschke, Hans Peter von / Feldmann, Werner : Kochbuch der alten Römer. Mannheim 2013.

아피키우스 관련 고대저술

- 오비디우스: 로마의 축제들. 천병희 옮김. 숲 2010.

-Athenaios : The Deipnosophists or Banquet of the learned, of Athenaeus. With an appendix of poetical fragments, rendered into English verse by various authors, and a general index. 3 Bde. Bohn, London 1854.

-Cassius Dio : Roman History. (http://penelope.uchicago.edu/Thayer/e/roman/texts/cassius_dio/57*.html (2017. 02.20))

-Cato: De Agricultura. Über die Landschaft. Lateinisch / Deutsch. Stuttgart 2009.

-Columella : De re rustica. übers. durch Heinrich Oesterreicher, hrsg. Karl Löffler. Litterar. Verein in Stuttgart, Tübingen 1914.

-Edictum De Pretiis Rerum Venalium. (http://www.hs - augsburg.de/~harsch/

Chronologia/Lspost04/Diocletianus/dio_ep_i.html (2017. 01. 27))

- Geoponica. Agricultral pursuits, translated from Greek by Thomas Owen in two volums. London 1805.

- Horaz : Sämtliche Werke. Lateinisch-Deutsch. Stuttgart 2006.

- Livius : Titi Livi Ab urbe condita libri. Edidit Martinus Hertz. Band 1. Leipzig 1857.

- Martial : Epigramme. Latein-Deutsch. Düsseldorf/Zürich 2002.

- Paladius : opus agriculturae. (http://www.forumromanum.org/literature/palladius/agr.html (2016))

- Plinius d. Ä. : Naturkunde. München 1996.

- Plinius d. Ä. : Naturalis historia. Naturgeschichte. Lateinisch / Deutsch. Stuttgart 2005.

- Plinius d. Ä. : Naturkunde. Latein-Deutsch. Buch XIV/XV. Herausgegeben und übersetzt von R. König, in Zusammenarbeit mit G.Winkler. Zürich 1981.

- Petron : Cena Trimalchionis. Gastmahl bei Trimalchio. Lateinisch-Deutsch. München 1979.

- Petron : Satyriocn. Ein römischer Schelmenroman. Stuttgart 1999.

- Seneca : Epistularum moralium ad Lucilium liber quartus decimus et quintus decimus. (http://www.thelatinlibrary.com/sen/seneca.ep14-15.shtml (2016.11))

- Seneca: Ad Helviam materem de consolatione. (http://www.thelatinlibrary.com/sen/sen.consolatione3.shtml (2016. 11))

- Sueton : Die Kaiserviten. Berühmte Männer. De vita Caesarum. De viris illustribus. Lateinisch / Deutsch. Berlin 2014.

- Tacitus : Annalen I-VI. Stuttgart 2000.

백과사전류와 그 외

- Bilabel, Friedrich: Kochbücher. in : RE, Bd. X,1, 1921, Sp.932-943.

- Bürchner, Ludwig : Karia 1. in: RE, Bd. X,2, 1919, Sp.1943-1947.

- Davidson, Alan : The oxford companion to food. Oxford 2006.

- Iburg, Anne : DuMonts kleines Gewürzlexikon. Eggolsheim 2004.

- Jones, David : Palmen. Köln 2000.

- Keller, Otto : Die antike Tierwelt. Leipzig 1913.

- Kraus, Ludwig August : Kritisch-etymologisches mdicinisches Lexikon, oder Erklärung des Ursprungs der aus dem Griechischen, dem Lateinischen und aus dem Oriental. Sprachen in die Medicin und in die zunächst damit verwandten Wissenschaften aufgenommenen Kunstausdrücke, zugleich als Beispielsammlung für jede Physiologie der Sprache. Göttingen 1844.

- Küster, Hansjörg : Kleine Kulturgeschichte der Gewürze. Ein Lexikon von Anist bis Zimt. München 2003.

- Lenz, Harald Otmar : Botanik der alten Griechen und Römer. Gotha 1859.

- Schönfelder, Peter / Schönfelder, Ingrid: Das neue Handbuch der Heilpflanzen. Botanik, Arzneidrogen, Wirkstoffe, Anwendungen. Stuttgart 2011.

- Wellmann, Max: Caelius 5. in : RE, Bd. III,1, 1897, Sp.1254-1255.

허베르니아
(아일랜드)

하드리아누스 방벽
(122~367)

에부라쿰

데바
(체스터)

브리타니아

카물로두눔
(콜체스터)

론디니움
(런던)

벨기카

콜로니아 아그리피나
(쾰른)

베테라

라인강

아우구스타 트레베로룸
(트리어)

갈리아
루그두넨시스

루테티아

모곤티아쿰

아그리

도쿠멘테스

카스트라 레기나

아르겐토라테
(스트라스부르크)

빈도보

아우구스토두눔

아우구스타
빈델리쿰

센강

빈도니사

라이티아

노리쿰

카르눈툼

갈리아
아퀴타니아

루그두눔

매디올라눔
(밀라노)

판노니아

아퀴타니아

파노니아

부르디갈라 (보르도)

에브로강

타라코넨시스

갈리아
나르보넨시스

게누아
(제노바)

시스키

일류

톨로사

아렐라테

보노니아
(볼로냐)

라벤나

루시타니아

살라만티카

타호강

톨레툼 (톨레도)

나르보

마실리아

에메리타 아우구스타
(메리다)

히스파니아

로마

본국 이탈리아

바이티카

코르두바

타라코 (타라고나)

네아폴리스
(나폴리)

히스팔리스
(세비야)

발렌티아

가데스

카르타고 노바 (카르타헤나)

지중해

타렌툼
타란토

팅기스

메사나

마우레타니아

카이사리아

시티피스

키르타

카타나 (카타

쉬라쿠사이

카르타고

아그리젠툼

누미디아

람바이시스

탑수스

아프리카 프로콘술라리스

렙티스 마그나

바이티카
(안달루시아)

이탈리카　히스팔리스
　　　　세비야
　　　　　문다
　　　　　　　　　　　　카르타고 노바
　　　　　　　　　　　　　　　　　　　루수쿠루
　　　　　　　　　　　　　　　　　　　(델리스)
가데스　　말라카
　　　　(말라가)　　　　　　　　　　이코시움　
　　　　　　　　　　　　　　카이사리아　(알제)　루스구니아이
　　　　　　　　　　　　카르테니이　　티파사
팅기　　　　알보란 해
　　　타무다　　　　　　　　　　　　　　　아우지아
　　　　　　　　　　　　　포르투스
릭수스　　　　루사디르　　　마그누스
(라라슈)　　　(멜리야)
　　　　　　　　　　알불라이
바나사　　　　　　　　　　마우레타니아
　　　　　　　　　　　　카이사리엔시스　　　누미디
살사
　볼루빌리스

마우렌타니아
틴기타나

알보란 해

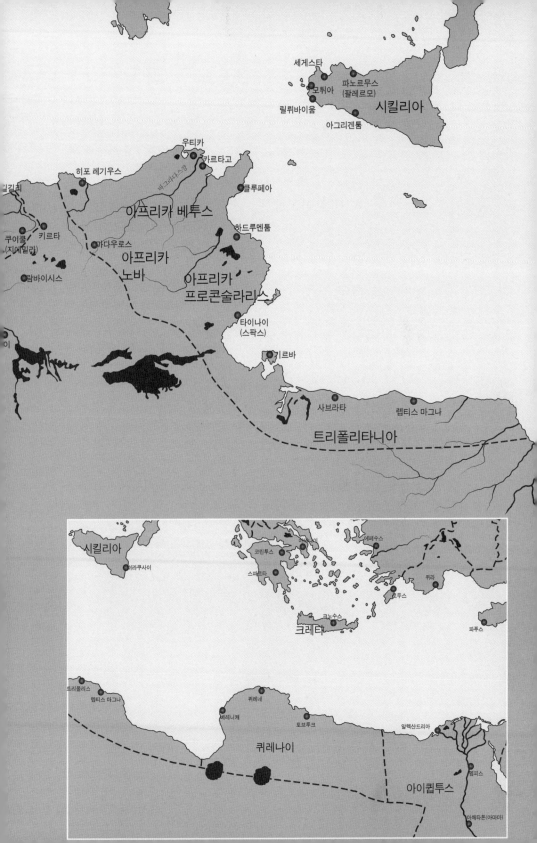

세게스타

파노르무스
(팔레르모)

모튀아

릴뤼바이움

시킬리아

아그리겐툼

우티카

카르타고

바그라다스강

히포 레기우스

클루페아

아프리카 베투스

키킬리

쿠이콜

키르타

아프리카
노바

하드루멘툼

마다우로스

람바이시스

아프리카
프로콘술라리스

타이나이
(스팍스)

기르바

사브라타

렙티스 마그나

트리폴리타니아

시킬리아

쉬라쿠사이

아르길리

에페수스

코린투스

스파르타

쿼리

크노수스

로투스

크레타

파푸스

트리폴리스

렙티스 마그나

퀴레네

세레니케

토브루크

알렉산드리아

퀴레나이

아이귑투스

멤피스

아몬타폰(아마미)

흑해

마르마라해

프로코네수스

퀴지쿠스

파리움

람프사쿠스

아뷔두스

트로아스

레스보스

프뤼기아

페르가뭄

뤼디아

에게해

이오니아

사르데스

스뮈르나

키오스

테우스

키오스

레베두스

에페수스

마그네시아

아프로디시아스

사무스

뮈우스

밀레투스

카리아

킬리키아

코스

카우누스

로두스

로두스

지중해